提升中国企业竞争力
——工商管理精选案例集——

IMPROVING THE COMPETITIVENESS OF CHINESE COMPANIES:
SELECTED CHINESE BUSINESS ADMINISTRATION CASES

梁剑平 陈静 潘兆铭 ◎ 编著

中国财经出版传媒集团
经济科学出版社
Economic Science Press

图书在版编目（CIP）数据

提升中国企业竞争力：工商管理精选案例集／梁剑平，陈静，潘兆铭编著．—北京：经济科学出版社，2019.2

ISBN 978-7-5218-0290-0

Ⅰ.①提… Ⅱ.①梁… ②陈… ③潘… Ⅲ.①企业管理-案例-中国 Ⅳ.①F279.23

中国版本图书馆 CIP 数据核字（2019）第 034556 号

责任编辑：谭志军　李　军
责任印制：王世伟

提升中国企业竞争力
—— 工商管理精选案例集

梁剑平　陈　静　潘兆铭　编著

经济科学出版社出版、发行　新华书店经销

社址：北京市海淀区阜成路甲 28 号　邮编：100142

总编部电话：010-88191217　发行部电话：010-88191522

网址：www.esp.com.cn

电子邮箱：esp@esp.com.cn

天猫网店：经济科学出版社旗舰店

网址：http://jjkxcbs.tmall.com

固安华明印业有限公司印装

710×1000　16 开　17.75 印张　260000 字

2019 年 2 月第 1 版　2019 年 2 月第 1 次印刷

ISBN 978-7-5218-0290-0　定价：48.00 元

（图书出现印装问题，本社负责调换。电话：010-88191510）

（版权所有　侵权必究　打击盗版　举报热线：010-88191661

QQ：2242791300　营销中心电话：010-88191537

电子邮箱：dbts@esp.com.cn）

本书着眼中国企业当前所面临的众多重大问题，从工商管理的视角，围绕中国品牌战略和管理，结合多个交叉学科，探讨包括传统企业如何转型升级、从OEM到ODM到OBM的路径选择，如何通过有效的质量管理打造极具竞争力的中国本土品牌，如何通过全新模式的定位理论在完全竞争的市场中脱颖而出，以及如何有效打通线上和线下的全渠道模式等问题。本书聚焦和精选中国本土的各类型案例，结合国际一流的哈佛商学院及毅伟商学院（全球最大的两家案例出版商学院）的案例写作精粹，为不同行业和大中小规模的中国企业提供重要的决策指导和参考。同时，本书也将呈现在中国这个快速发展的新兴国家背景下，中国企业所面临的许多新问题，而这些新问题和案例建议的解决方案也将给全世界的工商管理研究者和教学人员提供新的研究方向和教学视角[1]，也为学生展现与时俱进的商业管理问题和解决途径。本书可作为高等院校工商管理等商科类本科生、研究生和教师的教学参考书，也可作为企业市场及运营管理人员的参考用书，是一本具有一定理论价值和实践应用价值的案例著作。

---

[1] 案例建议的解决方案及教学指引可联系编著者免费获取，仅供教师教学使用。如有需要，请联系以下电子邮箱获取进一步的信息：casebook@aliyun.com。

作者简介

梁剑平副教授，博导，中山大学管理学院陈瑞球亚太案例开发与研究中心主任及项目负责人，"百人计划"引进人才，获加拿大毅伟（Ivey）商学院市场营销博士学位，曾于哈佛商学院、密西根大学罗斯（Ross）商学院、百森商学院等著名高校学习访问，所著案例被哈佛与毅伟案例库收录。指导学生获国家级（亚军）和省部级（冠军）案例比赛多个奖项。研究领域包括认知与情绪、社会促进行为、品牌管理、创新产品扩散、文化影响研究等。在国内外顶级及知名学术期刊上发表文章，包括 Journal of Consumer Psychology，Internet Research，Journal of Product & Brand Management，Journal of Consumer Behaviour 等。主持国家自然科学基金青年项目（结题优秀）、面上项目（在研）、和重点项目子课题（在研）。为多家国内外知名公司做咨询与培训项目。

陈静博士现任加拿大达尔豪西大学罗商学院运筹及供应链管理系教授。获电子工程学士和自动控制硕士学位。有多年工业界的工作经历。其后陈博士于 2008 年获加拿大西安大略大学毅伟商学院管理科学博士学位。毕业后任教温尼伯大学。其后在达尔豪西大学罗商学院任教本科和 MBA 课程。主要研究方向为供应链管理、市场与运营的互相影响、收益管理、顾客退货。在国际主流期刊上发表论文 40 余篇。2013 年至今任国际期刊 International Transaction in Operational Research 的副主编。兼任 International Transaction in Operational Research 2016 特刊、Annals of Operations Research 2018 和 International Journal of Production Research 2018 特刊的嘉宾主编。

潘兆铭博士任教于加拿大西安大略大学毅伟商学院管理科学系。潘博士在香港出生，于加拿大卑诗省大学获得工程系学士学位。工作数年后，受聘于委内瑞拉一企业的业务发展部门，从 2003 年到 2005 年期间，全力为该公司发展于哥伦比亚、墨西哥、巴拿马和美国等地的业务。2010年，潘博士获取美国印第安纳大学运营管理和管理科学系博士学位，其后于毅伟商学院任教本科、MBA和博士课程。近年，屡获毅伟院长以及大学学生会的教学表扬奖。潘博士的研究重点包括市场推广与运营的关系、合作性供应链管理和医护运营管理。其研究成果，获行内高度认可，并在各大重要刊物上发表，包括 Manufacturing & Service Operations Management，Production and Operations Management，Decision Sciences 等。此外，由2016年至今，受邀为 International Journal of Production Research 副编辑。

序言一

我是在2009年认识剑平老师，当时他刚刚入职中山大学管理学院，我是当时学院的副院长。虽然我们那时的交集并不太多，但我还是对他印象深刻。剑平在国内和国外都有很好的学习和工作经历，既是我院本科校友，亦是全球著名的毅伟商学院（和哈佛商学院齐名的全球第二大案例商学院）博士毕业生，当时我们还是大力争取以"百人计划"人才引进的方式让剑平当了"海龟"，也是当年我院引进的第一个北美博士毕业生。

剑平入职以后，除了很好的完成了学术研究和教学工作外他对于管理案例研发工作有极大的热情和投入。他在我院开设了一门全新的本科课程《案例研究方法》，曾获得全院排名前三的课程评价，并入选学校工商管理专业品牌建设课程。他从2013年开始担任我院案例中心副主任，需要在繁重的科研和教学任务中兼顾，对于年轻学者来说，要做好并不容易，但他还是做到了。案例中心的工作也得到了学校和社会的认可，并获得了著名爱国商人陈瑞球先生的鼎力支持。

我担任院长全面主持学院工作后，和剑平有了更多工作上的交集。我认为陈瑞球案例中心承担了一个很重要的管理教育的桥梁和平台，管理案例可以打通学术界和实务界，连接理论和实践。案例教学法可以说是工商管理专业的教学方法标杆，是国外知名商学院的重要教学方式，也是国内商学院必不可少的教学模式，特别是MBA和EMBA的教学。剑平被任命为案例中心主任后，他不但带领学院的学生参与了众多国内外的大型案例比赛并屡屡获奖，还积极推进我院各类型的教师和学生的案例教学培训、案例撰写和案例评选等工作，率先建立起学生案例俱乐部，在国内起了一定的示范作用。

案例书籍的出版，无疑是案例工作中非常重要的一环，也是剑平所带领的案例团队以及海外著名院校的陈静教授和潘兆铭教授一起努力的成果。虽然我国近几年来案例撰写工作取得了长足的发展，学术界开发了较多基于中国本土的案例，但对比国际上的案例发展，我们仍然需要更多更优秀的本土案例，以适应我国快速发展的杰出工商管理人才培养需求。

  该书是基于中国企业、为中国的学生而写的中文案例集，也是市面上少有的完全基于本土、并具有高质量的工商管理案例集。我相信这本案例集能够帮助广大师生更好的学习和运用工商管理知识，解决本土企业所面临的实际问题，同时也能抛砖引玉，吸引和带动更多我国的学者撰写更加优质的案例，帮助中国企业解决现实问题。值得一提的是，本书所展现案例都非常有趣，背后所提出的问题对于学界和业界都至关重要。

王 帆

教授，博士生导师

中山大学管理学院院长

2019 年 1 月 30 日书于广州康乐园

序言二

浏览完梁剑平、陈静和潘兆铭三位教授合作的这本案例精选集，我有很多感想。

首先想到的，是一个似乎与案例教学无关的问题——请客的时候，有一件事可能让主人很尴尬：自己花大价钱准备的一个"主菜"，却是客人不喜欢吃的。

类似的事情在商学院经常发生。

我这样说，只是用请客吃饭来做一个比喻，并不意味着商学院是一个吃吃喝喝的地方。一定程度上，商学院的课程像一桌酒席，教师身兼主人与厨师两种角色，既要准备丰盛的食物，让学员吃饱喝足，又要活跃就餐时的气氛，让学员心满意足。这件事情难度很高，因为学员们往往职业经验丰富，在知识触手可及的时代，什么知识大餐没有吃过？如果教师在讲台上兴致勃勃滔滔不绝，学员在台下无动于衷昏昏欲睡，场面一定很难堪。

自2000年进入北大光华管理学院，我在商学院任教已经快二十年了。回想自己这些年的教学经历和所见所闻，发现商学院知识大餐中的"主菜"品种，一直在变化之中。因此，虽然同一门课教了十几年，每到新的学期，我往往又想从头再来，重新备课，就像厨师要根据食材市场的变化、新客人的偏好，思考什么样的食谱才真正靠谱。有时真羡慕教《高等数学》的老师，一门课的讲义可以几十年不变，而且还可以轻易地让考试不及格的学生心服口服，承认自己没有数学天分。更羡慕"同一首歌"的演唱者，从1990年一直唱到现在，自己唱不上去的时候，还可以让大家一起唱"同样的感受给了我们同样的渴望，同样的欢乐给了我们同一首歌"。在倡导"颠覆式创新"的商学院，哪有这么好的事？

根据我有限的观察，商学院课程中"主菜"的变化，大致有这样一个轨迹：由以"理论"为主菜，到以"案例"为主菜。其中，对于管理理论的口味，又从以"系统性理论"为主菜，到以"前沿理论"为主菜；对于管理案例的偏好，又从以"国际主流案例"为主菜，到以"情境相关案例"为主菜。对这个变化轨迹，我稍微解释一下。

如果以MBA项目作为工商管理教育的代表，中国改革开放以来的工商管理教育起步较晚。1990年，国务院学位办正式批准设立MBA学位，一年后九所国内高校开展MBA教育试点工作。在起步阶段，中国的工商管理教育以学习、引进北美的MBA教育为重点，当时引进、翻译了大量国外MBA教材，课堂上的教学重点是以"权威教材"为蓝本，系统讲授西方先进的企业管理理论。以营销学为例，科特勒的《营销管理》被当作经典教材，一个教师如果能够把其中的"STP-4P"——道来，阐释清楚，再加上一些企业的实例（还不是真正意义上的案例），就是"营销大师"了。

随着西方管理知识的普及和中外管理学者之间交流的日益频繁，尤其是一批在海外名校接受过西方管理理论系统训练的博士回国，中国的管理教育由起步阶段进入提升阶段。此时，欧美MBA教材所代表的"系统性理论"已经降级为入门级的知识，在主流商学院的课堂上无法再作为主菜，"前沿理论"成为主厨推荐的招牌菜。中国企业国际化进程的加快、一大批互联网企业的兴起，也从需求侧促进了"前沿理论"地位的上升。到了这个阶段，只是解读"权威教材"的老师已经难以在主流商学院立足了，要赢得学员的满意和尊重，教师需要与时俱进，从"权威学术期刊"上的最新研究成果和西方最新的管理思潮中提炼出教学材料。

纸上得来终觉浅，绝知此事要躬行，这句话用于管理教育很合适。即使经历了由阐释经典理论到解读最新前沿理论的演进，管理教育还是停留在"纸上"，与真实的管理实践仍然有着很大的距离。管理学是实践性很强的学科，要提高学员"学以致用"的能力，教学必须与管理实践关联起来。在这样的背景下，案例教学就成为商学院必备的主菜。当然，在上述以系统性理论或前沿理论为主菜的阶段，案例教学法在部分商学院也已经摆上餐桌了,只是没有得到普遍的重视,或者没有得到真正的落实,更多的是作为一道"甜点"。

要进行案例教学,首要的问题是选择用哪些案例。找到合适的案例,比找到合适的教材或学术论文困难很多。选教材的标准可以很简单,找最权威的教材、最流行的教材或者最有名的商学院使用的教材,基本没错。找前沿理论论文的方法也不复杂,从专业领域最顶级的期刊上选择即可。案例可以挑选的范围很广,国际上有哈佛商学院(HBS)、毅伟商学院(Ivey)两大知名案例库,国内有中国管理案例共享中心(CMCC)以及多家知名商学院的案例库。而且,在一个案例库中,同一主题的案例可能有很多个。

根据我的观察,前些年不少商学院老师选择案例时比较偏重"国际主流案例",如哈佛案例或毅伟案例,这相当于请客人吃进口龙虾,显得很高大上。作为知名品牌案例库的产品,这些案例本身的质量肯定有保障,不过,由于时空上及文化上的距离,要用好这些案例并不容易。学员们讨论起来,也多少有点隔靴搔痒。近年来,随着中国经济的发展和本土企业管理经验的积累,加之中国企业管理者不断面临新的问题和挑战,工商管理教学中对于针对中国本土企业的"情境相关案例"的需求越来越多。如果教员能够结合本土案例的研讨来揭示管理智慧,提升学员们的决策能力,学员的收获感自会更强。

需要说明的是,梳理出上述四种"主菜"的变化轨迹,并不是说逐步迭代,线性发展,采用案例教学就不用理睬前沿理论了。事实上,更高的厨艺是综合创新,如果教学中既能分析情境相关的案例,又能够结合前沿的理论和国际经验,学员们的收获一定更大。

说了这么多,终于可以来说说这本书了。我很喜欢这本书,原因很简单:根据上面阐释的标准,这本精选案例集正是进行了综合创新、符合最新趋势的"主菜"。所选案例均源自中国本土企业的实践,具有很高的情境关联性,同时,从价值链、质量管理、定位、渠道等几个与品牌战略密切相关的方面,展现了提升中国企业竞争力的丰富内涵,这些恰恰是有关中国本土品牌管理的前沿课题。此外,三位教授均有毅伟商学院的学习与工作背景，熟悉国际主流案例的写作及教学方法。从四个部分的目录提要，我们可以看到作者的思考脉络。

我准备选用本书中的一些案例用于我自己的课堂教学，也很乐意推荐这本书给商学院的同仁。

彭泗清

北京大学光华管理学院　教授

北京大学管理案例研究中心　副主任

中国高校市场学研究会　秘书长

2019 年 1 月 30 日

前　言

Ivey（毅伟）商学院采用全案例教学法，拥有仅次于哈佛商学院的全球第二大案例库，并为全球及大中华地区的各大商学院培养了一大批教师，使得案例教学法得以被广泛采用。我很荣幸能够在 Ivey 攻读 PhD，除了像在所有顶级商学院一样钻研国际前沿的学术问题，还能在读博期间系统学习案例教学法、作为教学助理参与知名教授的案例教学、以及在获得博士候选人资格后作为讲师亲身进行案例教学。中国的发展一日千里，当我在博士毕业后回到中国，发现案例教学法已经在 MBA 和 EMBA 等专业学位和课程中越来越普及。但是，所使用的案例大多都是国外的案例，并且诸如本科等其它学位和课程并没有太多使用案例教学法，而更多还是运用传统的授课形式。我刚开始在国内使用哈佛或 Ivey 的案例进行教学时，就遇到了学生问的各种问题，例如：这个案例怎么是讲几年前的事情，太旧了吧？拿到这个案例要做什么呀？案例分析是要在课堂上讲一下这个案例的故事吗？这个案例是在西方国家发生的，在中国不可能这样，没有什么参考价值吧？案例就是用来解释一下课本中的理论吧？案例分析和案例研究是一样的吗？为了推广和让学生更好的了解案例，我在本科课程中开设了一门案例研究方法课，把研究型案例和教学型案例进行了较系统的讲解，并让学生在课堂上有机会亲身体验两种不同类型的案例。我现在更加亲自开设专门的案例分析课程以及在专业课程中加入大量的案例教学内容。在陈瑞球博士的慷慨资助下，通过案例中心资助学院教授参加哈佛和 Ivey 等国际知名院校的案例培训项目，建立学生案例俱乐部，主办和参与了全球、亚太区和全国范围的各大案例比赛并屡获奖项，还组织教授和学生积极参与开发基于本土的各类型案例。这本案例书籍就是在这个背景下诞生的。通过开发中国本土的案例，让中国大量优秀的企业案例能够进入工商管理的教学和研究中，让学生可以理论结合实际，思考中国企业家和职业经理人所面临的问题，培养独立思考的能力，并能创造性地提出解决方法，为中国企业的进一步发展添砖加瓦。

梁剑平

于中国中山大学管理学院（广州康乐园）

有幸在 Ivey（毅伟）读 PhD 感受案例教学的文化并在毕业前在 Ivey 商学院教授了一门全案例课程。尽管在其他课程中作为学生参加案例课堂讨论并为教学做准备而听过其他同事及导师的案例教学课程，在刚开始教案例时仍然遇到很多挑战。首先是时间管理问题，因为学生积极参与讨论，我刚开始上课不能够及时转入后续的讨论，到下课时不能按计划完成整个案例分析和讨论。后来，我在学习过程中慢慢摸索出能在比较自然的时候引领学生转向课程计划的后续讨论。另外，由于缺乏经验，没有将整个班级的同学融入讨论中，经常只叫积极举手的少数几个同学，这样没有激发那些试图参与课堂讨论的学生的积极性。经过向有丰富教学经验的同事讨教，我开始有意识地从教室的左面、中间、右面各叫 2~3 同学回答问题，再循环，让每一位同学都有机会参与课堂讨论。这次案例教学体验，对我的教学生涯受益匪浅，也激发我对案例教学的热情。案例教学的优势是把学生放在真实的商业环境中让学生作为案例中的决策者，并在讨论中形成越来越清晰的决策建议。通过决策的过程培养学生评判性思维（Critical Thinking）和建设性思维（Creative Thinking），培养学生未来职业生涯的领导决策能力和职场上决策应变能力。同时，案例教学可以让学生中有与案例相关工作经验的学生在课堂上与其他学生分享他们自己亲身工作经验，学生能够对商业决策有更接地气和更深入地理解。

陈静

于加拿大达尔豪西大学罗（Rowe）商学院

前　言

在加入 Ivey 之前，我在大学和公司培训环境中有过一些教学经验，那时我是一位非常好的老师。然而，在 Ivey 开始我的职业生涯之前，我听闻过一些在案例环境中进行教学的独特性，而案例方法的自由风格对我来说有些令人生畏。事实上，当我第一次加入 Ivey 时，我发现我的一些基于讲授式教学法的技巧并不适用于案例教学。我犯了一些错误（例如经常回答我自己和学生的问题，并且经常忽略了坐在教室两端的学生，无意中偏向于仅和几个学生讨论），这让我感到有些沮丧。幸运的是，经过几年努力攀登学习曲线，我的教学终于达到了令人满意的程度（在"院长的教学表彰信"上被褒奖，这一殊荣仅限于位列前 10% 的 Ivey 教授。我还被任命为多位新教员的教学导师）。根据我的个人经验，我发现案例教学法是一种强大的教学方法，因为可以使用案例来分析管理者每天面临的业务问题——不是虚构的场景，而是实际的现实问题。使用案例教学有助于培养非凡的领导者和发展非凡的职业生涯。当回忆我学习如何教学的个人经历时，我最喜欢的时刻是见证学生的独特背景如何为课堂讨论增添价值。例如，我目前正在教授一门"财务分析"课程，有些学生询问如何在工作环境中使用某种金融工具。我从未在金融行业工作过，但班上有几位 MBA 学生有过相关工作经验。因此，我将讨论引导向这些学生，让他们详细说明课堂知识是如何应用于他们的日常工作中的。我喜欢案例方法的另一个原因是动态性。当鼓励学生分享他们的观点时，学生并不是在单向地接受知识，因此在课堂上能够更加专心。

潘兆铭

于加拿大西安大略大学毅伟（Ivey）商学院

鸣谢：

本书的出版得到国家自然科学基金项目（71102099，71672201，71671081，71832015）的资助，以及中山大学管理学院陈瑞球亚太案例开发与研究中心资助。

感谢中山大学管理学院的大力支持！感谢中山大学管理学院（特别

是其学生案例俱乐部)、加拿大达尔豪西罗商学院、以及加拿大 Ivey 商学院的多位学生（已在案例中注明）协助撰写本书的案例！感谢中山大学管理学院学生郭钰洁为本书出版校对所付出的努力！

由于编著者水平有限，难免有谬误和不妥之处，尚祈专家、读者不吝指正。

目录
CONTENTS

第一部分　价值链提升和品牌战略

美云智数：数字化市场的耕耘之路 …………………………………… 3
淘宝（天猫）的海外扩张 ……………………………………………… 30
时代的弄潮儿——Z市金服的成长历程 ………………………………… 49
腾讯如何在海外移动支付市场大放异彩？ …………………………… 62

第二部分　质量管理和品牌打造

"一只会飞的猪"——猪兼强O2O驾校平台崛起之路 ……………… 91
百度公司国际化 ………………………………………………………… 108

第三部分　定位和品牌战略

古兜温泉：如何顺势而为，升级飞跃？ ……………………………… 125
盒马鲜生的"新零售"时代 …………………………………………… 147
危机中的乐视该何去何从？ …………………………………………… 161

第四部分　销售渠道和品牌战略

"戴着镣铐起舞"的中医药名企——白云山和黄 …………………… 199
HY电子科技公司：如何从代工转型？ ………………………………… 218
扩张美国屡次受挫，华为将如何应对？ ……………………………… 235

第一部分

价值链提升和品牌战略

美云智数：数字化市场的耕耘之路[①]

> **摘 要**：本案例描述了美云智数公司拥有从母公司美的集团成功数字化转型实践得来的优质、成熟产品——企业数字化解决方案，但在向B端企业推广时却遭遇了市场质疑、推广渠道缺乏等营销方面的问题。一面是B端巨大市场机会的诱惑，另一面是早已涉足的互联网企业已经占据一定市场份额的现实，美云智数作为后起之秀，该如何通过差异化定位和全新的营销策略，来避免直接竞争，开拓自己的市场，提高市场份额呢？
>
> **关键词**：差异化定位；竞争优势；整合营销传播；客户关系；案例研究

引言

2018年4月2日，中国（广东）数字经济融合创新大会在广州东方宾馆举行。本次大会以"新时代·新经济·新融合"为主题，由工业和信息化部、广东省人民政府指导，广东省经济和信息化委员会等单位主办。美的集团董事长兼总裁方洪波受邀出席论坛，就《美的数字化转型实践》分享了美的数字化转型的实践经验。现场还设立了美云智数展示专区，展示美的在企业全价值链数字化解决方案方面的成果[②]。

[①] 本案例是在中山大学管理学院的卢敏洁协助下完成。本案例仅供教学使用，并提供材料作课堂讨论，并无任何意图证明、揭示或暗指所涉及的管理情景和管理方式是否合理及有效。出于保密的需要，本案例中的有关名称和数据信息等都有可能进行了必要的匿名、隐藏和掩饰处理。

[②] 美云智数（2018），美的经验：不产生价值的数字化不是好的工业互联网，搜狐网，http://www.sohu.com/a/227770386_100098627，最后访问时间2018年5月1日。

美云智数公司是美的集团数字化转型的成功经验外化而成的产物，致力于帮助企业实现数字化。数字化是未来企业发展的一个大趋势，这一领域的B2B[①]市场有着巨大的市场机会，但是现实是，目前市场上的许多企业出于成本和收益的考虑，对数字化是否值得存在疑虑，美云智数该如何消除这种疑虑，以更好地打开市场呢？此外，美云智数希望提升自己的市场份额，但是由于自身产品特性的限制，目前只能采用直销渠道，客户类型也以大企业为主，美云智数该如何拓宽市场呢？作为后起之秀的美云智数，只有解决这些营销问题，才能进一步在这片市场上站稳脚跟。

1 美的集团——美云智数的试验田和试金石

1.1 美的集团简介

美的于1968年成立于中国广东，是一家集消费电器、暖通空调、机器人与自动化系统、智能供应链（物流）为一体的科技集团，并致力于探索工业互联网、数字化、人工智能、人机交互等领域。美的提供多元化的产品种类，包括以厨房家电、冰箱、洗衣机及各类小家电的消费电器业务；以家用空调、中央空调、供暖及通风系统的暖通空调业务；以库卡集团、安川机器人合资公司等为核心的机器人及工业自动化系统业务；以安得智联为集成解决方案服务平台的智能供应链业务[②]。

迄今为止，美的已建立起全球平台，在世界范围内拥有约200家子公司、60多个海外分支机构及12个战略业务单位，在全球有数亿的用户及各领域的重要客户与战略合作伙伴，并拥有约13万名员工，同时为德国库卡集团最主要股东（约95%）。2017年美的营收2 419.19亿元，

---

① B2B，即Business to business，指的是企业与企业之间建立的商业关系。
② 美的概况，美的官方网站，http://www.midea.com/cn/about_midea/Group_profile/index_pc.shtml，最后访问时间2018年3月31日。

净利润 172.84 亿元①。美的在 2017 年《财富》世界 500 强排名中位列 450 位，利润排名第 208 位；在福布斯 2017 年全球企业 2 000 强榜单中位列 335 位。2017 年末，美的市值达 3 630 亿元，全年涨幅超过 100%。

1.2 美的集团发展历程②

在创业初期（1968～1979 年），创始人何享健带领员工做过塑料瓶盖、五金制品，生产过汽车配件，这些都是美的集团的前身；直到 1980 年，开始生产电风扇，才正式进入家电领域，并于 1981 年正式注册"美的"商标。

1985 年，美的正式进入空调行业，积极引进国外先进技术，成为当时国内最早生产空调的企业之一。1992 年到 21 世纪初，中国经济体系不断完善，美的完成股份制改造，逐渐建立起现代企业制度；发展大小家电产业群，产品不断多元化，加强品牌建设，大力引进人才；推行事业部制，优化市场结构、区域结构、管理结构和经营结构。

2004 年以来，美的集团在国内外建立多个生产基地，收购了荣事达、无锡小天鹅等多家企业，深化与日本东芝等多家国外行业内领先企业的合作，实现规模发展。2011 年以来，美的集团致力于推行战略转型，打造扁平化敏捷型组织，全面开展文化再造；并于 2013 年 9 月 18 日，在深交所实现整体上市。2014 年，美的集团立项在顺德投建创新中心，并在集团架构上增设中央研究院及智慧家居研究院，构建面向未来的科技竞争力。

立足当今新时代，展望未来，面对日益激烈的市场竞争，面对日新月异的科技发展，面对转型升级的行业机遇，美的集团正在启动新一轮的转型，转型的核心是以用户为中心，重构价值链、企业结构和企业文化，改善用户体验，为用户创造价值。为此，美的集团正在进一步聚焦

---

① 《美的集团股份有限公司 2017 年度报告》，美的官方网站，http：//www.midea.com/cn/investor_relations/financial_informationn/key_financials/，最后访问时间 2018 年 3 月 31 日。

② 美的历史，美的官方网站，http：//www.midea.com/cn/about_midea/history.shtml，最后访问时间 2018 年 3 月 31 日。

企业内生式增长；推动企业数字化转型；推动机器人和自动化领域的整合与业务拓展；推动全球经营与并购项目的整合协同；实现产品领先，效率驱动，全球经营。

1.3 美的集团数字化转型战略[①]

当前以信息技术为基础的新一轮科技和产业革命正在萌发，数字经济发展成为全球广泛关注的重大课题。党的十九大提出要推动互联网、大数据、人工智能和实体经济深度融合，如何顺应发展趋势，前瞻布局，通过数字化转型构建工业互联网生态体系，成为众多传统制造企业转型发展的重点。作为行业内率先转型的科技企业，美的的数字化转型之路从2013年开始，已经从数字化1.0阶段进入到数字化2.0阶段。

1.3.1 美的数字化转型的迫切性

美的建设数字化企业，主要有三大迫切性。

第一，经过多年的发展，美的业务系统中数据越存越多，数据之间的关系越来越复杂。与此同时，数据质量不高、重复冲突明显、无法集成共享等问题相继出现，导致数据可靠性和可利用率极低，使决策层无法获得准确的信息，制约了企业的进一步发展。

第二，产业环境的变迁促使美的需要更精细化的运营。当下，涌入家电行业的厂商越来越多，各个厂商对市场的把握越发成熟。然而市场容量却没有相应增加，为此整个家电产业竞争日益激烈。为了抢占市场先机，美的开发每一款产品时，都要进行深入的产品研究和用户调研，而这离不开数据的支持。

第三，美的拥有1万多家旗舰店、3亿用户、700万会员、10万智慧家居用户，以及众多合作伙伴、供应商、渠道商。美的迫切地需要将大量用户信息聚合在统一的大数据平台上，将内外部数据全面融合，并标签化、模型化、可视化，构建出用户的全景视图。以家电制造业为主的美的，大数据建设已经迫在眉睫。

---

① 资料来源：企业内部资料。

1.3.2 数字化转型的支撑

美的数字化转型以企业战略为指引,以 IT 战略为铺垫(附录一)。

(1)企业战略

1)美的不再将自己定义为传统的家电制造企业,而是定位为科技型集团;

2)美的确立了"产品领先,效率驱动,全球经营"三大战略主轴,以及"智慧家居+智能制造"战略;

3)在基础信息平台的搭建方面,美的坚持"一个美的,一个体系,一个标准",解决之前集团存在的体系缺失、流程割裂、标准不统一等问题,建立集团级管控流程,贯通上下各层级流程,统一各单位流程标准,使得经营运作得以整体监控、评价和优化。

(2)IT 战略

1)通过加大 IT 投入(增人、增资),重构 IT 治理机制(组织化、集中化),全面重构系统(实施 632 战略规划,建立集团级统一的流程、数据、系统),改变了原先 IT 组织、系统分散的状态,使得美的在 2012~2014 年完成企业信息化;并进一步在 2015~2020 年实现互联网化、数字化、智能化和全球化。

2)632 战略:美的集团在 2012 年确定了 632 战略,历经三年,投入 20 亿+,全面重构美的的信息系统,建成了六大运营系统、三大管理平台、两大门户和集成技术平台,实现统一的端到端流程,统一的主数据管理。

1.3.3 数字化转型的过程

(1)智能制造

以前,在制造领域,大部分的流程,如研发、供应链、生产、物流、销售及售后,都是和消费者割裂开的,而美的智能制造的本质就是改变这种状态,基于大数据的分析和打通,让所有业务的互联互通。所以智能制造不仅仅是引进机器人,打造无人工厂这么简单粗暴。美的智能制造目的是将制造端的价值链拉通,这分为 5 个方面:设备自动化、生产透明化、物流智能化、管理移动化和决策数据化。美的智能制造聚焦交付

精准、效率提升、品质改善和数字透明化,那么该如何做到呢?(附录二)

·计划以及物流拉动。整个制造执行端的提升是以计划为龙头,关注上、下游,总、部装的物流拉通。通过计划的准确、刚性执行以及拉动,提升物料配送的精准性。

·工艺管理。将人工经验数据化,利用大数据和人工智能技术实现工艺的深度学习优化。

·全生命周期的产品追溯体系。追溯的流程涵盖了计划、采购、仓库、生产、质量、工艺;组织范围包括供应商、信维生产车间、信维仓储、信维营销体系;关键元素包括人、机、料、法、环;追溯精度包括精确追溯和模糊追溯;追溯方法包括正向追溯和反向追溯。

·全透明、高效的供应链协作。开发丰富移动化应用"美的通",联通上下游,强化供应链协作,构建供应商协同生态圈。

·M-smart 大数据平台。

成功案例:

美的空调武汉智能工厂项目[①]。项目范围包括 2 个总装车间,4 个部装车间,员工总数约 1 400 人。项目收益如下:全流程人员节省 14 人;人均小时产出提升 33%;原材料、在制品下降 80%;物料提前期缩短 61%;物流损失工时减少 57%;市场维修下降 10%;生产损耗下降 68%,其中不良品损耗下降 50%;作业及时完成率提升 30%。

(2)大数据建设

2014 年,美的大数据团队正式成立,从企业内部数据分析运营做起;2015 年,美的发布大数据开普勒系统,逐步推出 6 大产品;2016 年,美的深度运营和应用大数据,践行产研销一体化闭环管理。3 年时间,美的投入 2 亿+,组建 100+人的优秀团队,自主研发企业级大数据平台,为集团各事业部提供专业的数据运营和分析决策支持。那么美的具体是怎么做的呢?(附录三)

---

① 资料来源:美云智数官方企业微信平台,https://mp.weixin.qq.com/mp/profile_ext?action=home&__biz=MzI5MTYyMDkyMw==&scene=124#wechat_redirect,最后访问时间 2018 年 8 月 15 日。

·拉通内部数据：打造面向全集团的美的经营分析中心。通过12大业务领域，2 000+业务报表，3 000+业务指标，4层数据模型，将集团内部全价值链拉通，全局掌握多领域的运营。

·融合外部数据：将企业在互联网上的表现一网打尽。实时采集主流电商平台和大型综合网站的2 000万+商品、2亿条用户评论数据，进行产品分析、市场监控和舆情监控，为改进产品、优化服务和提升销售提供全方位的决策支持。

·整合用户数据：勾勒用户画像，精准制导，辅助精确营销。整合内外部数据，构建用户全景视图，分析用户10亿+行为数据，形成800+标签类型、1.68亿（日增20万）唯一身份识别用户，为各类促销活动提供精准支持。

·运营IOT①数据：产品的运营数据。

成功案例：

从用户中来，完成油汀产品的生产流程优化②。利用大数据分析油汀的用户口碑，监控油汀差评率的变化，对油汀的差评指标进行分析，最终锁定需要改进的产品型号，使油汀错漏件概率下降41%，用户满意度提升23%。

（3）移动化建设

·B2C③：面向消费者一站式服务。通过建设运营美的App和美的微信平台，增强用户黏性，打通包括咨询、体验、购买、配送、使用、售后等全过程服务，助力销售增长和品牌提升。

·B2B：打通企业全流程价值链。依托632战略落地，快速推进研发、生产、销售、配送、客服等领域移动化升级，实现业务提速。

---

① IOT，即Internet of things（物联网），指通过各种信息传感设备，实时采集任何需要监控、连接、互动的物体或过程等的信息，与互联网结合形成一个巨大的网络。其目的是实现物与物、物与人等所有物品与网络的连接，方便识别、管理和控制。简单来说，就是物物相连的互联网。

② 资料来源：美云智数官方企业微信平台，https://mp.weixin.qq.com/mp/profile_ext?action=home&__biz=MzI5MTYyMDkyMw==&scene=124#wechat_redirect，最后访问时间2018年8月15日。

③ B2C，即Business to customer，指企业与消费者建立的商业关系。

·B2B：实现信息共享，提升协同效率。加速内部财务、BI、HR、OA 等协同，构建扁平化组织管理模式。

成功案例：

美的企业协同办公移动化建设案例①。美的的 MP 类员工多达 5 万，内部员工人数庞大，且很多员工出差及办公地点不固定，而传统 PC 协同办公效率很低。为解决此类问题，美的成功开发属于自己的移动协作 App——"美信"，涵盖日程提醒、公文审批、通讯、一卡通、IT5000 报障、出差报销、文档传送、随时查经营日报等多样功能，有效提高内部人员沟通效率，统一沟通渠道，大幅提升办公响应速度，各业务主体得以通过"美信"进行有效的连接。

(4) 美的云建设

·iPeople②：以人为本的人才供应链管理，实现从 HR 赋能到业务赋能到员工赋能；

·美捷报：企业商旅/集采、费控管理、财务共享三大解决方案让财务服务更加智能；

·营销云：全渠道数字化营销，不仅是线上线下销售的营销融合，更是企业营销策略、渠道商能力、物流效率、终端零售多样化与企业敏捷交付能力的一体化衔接与全面数据化透明，提升全渠道价值链的竞争力。

·电商云：在平台对接、库存共享、电商玩法、协调经营、数据透明等方面深耕电商经济。

---

① 资料来源：美云智数官方企业微信平台，https://mp.weixin.qq.com/mp/profile_ext?action=home&__biz=MzI5MTYyMDkyMw==&scene=124#wechat_redirect，最后访问时间 2018 年 8 月 15 日。

② iPeople 是基于移动互联、云计算、软件服务打造的全球化人才管理平台，该平台包含了 iHR、美课、美福、美+等系列产品，助力企业构建人才优势，为 HR 赋能，为业务赋能，为员工赋能。

成功案例：

美的财务共享建设案例①。实施效果：财务共享中心服务全集团员工 10 万人，服务组织单元共 141 个，覆盖场景 139 个；业务整体流程比实施前减少耗时 5 个自然日；业务处理量提升约 6 万单；财务人员减少 19%。

这些成为美云智数公司主要产品的前身。

1.3.4 数字化转型的结果

数字化转型帮助美的逐步构建起了自己的工业互联网平台，并延伸至上下游，实现企业全价值链的卓越运营能力，并对外输出至其他制造企业，美云智数就是美的集团将自己的经验、技术积累产品化以对外输出的窗口。

2017 年，美的营收总收入达 2 419.19 亿元，同比增长 51.35%；归母公司净利润 172.84 亿元，同比增长 17.7%②；截至 2018 年 3 月底，市值已超过 3 500 亿元，与 2013 年 9 月整体上市之初相比，不到五年间增长超过五倍③。这些成果的取得离不开数字化转型战略的实施。

2 美云智数发展情况

2.1 公司发展历程和经营现状

2012 年到 2016 年，美的集团转型升级，积累了许多的人才、技术、经验，为美云智数的成立打下了基础；2016 年 7 月，美云智数的产品打磨成熟，包括智造云、数据云、美信云、慧享云等；2016 年 11 月，深圳

---

① 资料来源：美云智数官方企业微信平台，https：//mp. weixin. qq. com/mp/profile_ext？action = home&__biz = MzI5MTYyMDkyMw = = &scene = 124#wechat_redirect，最后访问时间 2018 年 8 月 15 日。

② 《美的集团股份有限公司 2017 年度报告》，http：//pdf. dfcfw. com/pdf/H2_AN201803301115302340_1. pdf，最后访问时间 2018 年 3 月 31 日。

③ J 科技（2018），美的 2017 年营收增长 51% 美的转型成果显现，http：//mini. eastday. com/mobile/180331002256336. html#，最后访问时间 2018 年 5 月 1 日。

美云智数科技有限公司正式成立①。美云智数是美的集团内部孵化的云服务商，源自美的集团信息科技，自主研发 5 大产品体系、16 个"全价值链+云化体系+数据智慧"SaaS 产品以及解决方案，广泛应用于智能制造、大数据、移动化、信息化等多领域，其智造云、数据云、美信云、慧享云四大产品，致力于推动企业数字化转型。公司当前员工 700 多人，技术团队占比 80%，主要来自互联网公司、大型企业、跨国 IT 企业以及国内外一流学府。美云智数成立不足 1 年，2017 年外部合同额超过 1 亿元人民币，总共收入 2.3 亿元人民币，预计 2018 年突破 2.5 亿元人民币合同额，目前已经有长安汽车、比亚迪、永辉超市、上海电气、安踏、立白集团、天合光能、视源股份等近 60 家客户②。

2.2　核心产品③

（1）智造云：包括智造公有云、智造 MES④、排程易、电子 MES、注塑 MES。主要关注制造方面的生产计划、车间排程、工厂建模、设备管理、物料管理、工艺管理、能效管理、人员绩效等，用精益生产、智能生产，助力企业迈入工业 4.0。

（2）营销云：包括电商云、慧销云、渠道云。产品功能覆盖营销端从线上到线下，从渠道到用户的全价值链范围，关注从找客—引流—转化—成交到留存的全流程管控，多端结合，促成交易。

（3）数据云：包括观星台、地动仪、服务号、水晶球、陀螺仪等系列产品。主要功能是全方位整合外部互联网数据、内部业务数据和智能设备数据，为企业在精细化经营管理、用户营销和服务、产品改善和创

---

①　美云智数全价值链企业云，美云智数官方网站，http：//www.meicloud.com/，最后访问时间 2018 年 5 月 1 日。
②　资料来源：企业内部资料。
③　美云智数全价值链企业云，美云智数官方网站，http：//www.meicloud.com/，最后访问时间 2018 年 5 月 1 日。
④　MES，即 Manufacturing Execution System（制造执行系统），是一套面向制造企业车间执行层的生产信息化管理系统。MES 可为企业提供包括制造数据管理、计划排程管理、生产调度管理、库存管理、质量管理、设备管理、工具工装管理、成本管理、生产过程控制、底层/上层数据集成分析等管理模块。

新领域提供完整的大数据支持。

（4）美信云：包括企业移动门户、移动应用掌控、企业移动平台。主要功能是提供企业全价值链的移动信息化解决方案，覆盖HR、销售、智能制造、供应链、办公、财务等部门。

（5）慧享云：包括iPeople、美捷报等。

2.3 美云智数的竞争优势——从企业中来，更懂企业

与国外相比，虽然国外的云服务公司技术更好，但是国外软件和中国市场的契合度低，不能很好适应中国市场情况和中国企业情况；从国内来看，国内软件公司以传统应用为主，或是创业型的技术公司，相同技术起点，带着制造业背景的美云智数更懂得应用场景，产品更适合中国企业，更适合中国制造业。

3 大数据产业发展情况

3.1 大数据产业定义

大数据产业指以数据生产、采集、存储、加工、分析、服务为主的相关经济活动，包括数据资源建设、大数据软硬件产品的开发、销售和租赁活动，以及相关信息技术服务[①]。

3.2 大数据产业政策利好

2015年是大数据政策顶层设计年，2016年是大数据细化落地年，国家发改委、工信部、网信办、科技部等部门均出台大数据发展相关意见

---

① 《大数据产业发展规划2016—2020》，http://www.ndrc.gov.cn/fzgggz/fzgh/ghwb/gjjgh/201706/t20170622_852127.html，工业和信息化部，2016年12月18日，最后访问时间2018年8月15日。

和方案（附录四）①。大数据政策从全面、总体规划逐渐向各大行业、各新分领域延伸和拓展，大数据发展也逐步从理论研究步入实际应用之路。特别是在工业大数据领域，为了支撑中国制造2025战略，国家特别投入资源深化工业大数据的创新应用，包括加快工业大数据基础设施建设、推进大数据全流程应用、培育数据驱动的制造业新模式。这为拥有制造业基因的美云智数提供了更加有力的政策支持。

3.3　大数据产业生态链

整个大数据产业分为大数据采集与存储、大数据分析计算、大数据交易和大数据应用（附录五）。美云智数的经营业务主要位于大数据应用这一环。

（1）大数据采集与存储围绕数据如何获取，获取后的数据如何存储为重点，对应的是数据资源—数据采集—数据中心—云平台。

（2）大数据分析计算围绕的是数据如何挖掘处理和分析计算，对应的是大数据加工—大数据分析—大数据可视化—大数据人工智能。

（3）大数据交易围绕加工好的数据如何实现交易流通，对应的是大数据流通交易平台—数据需求商。

（4）大数据应用主要是大数据加速向传统产业渗透，驱动生产方式和管理模式变革，推动制造业向网络化、数字化和智能化方向发展。

3.4　大数据产业分类

依据从数据采集—数据存储—数据处理—数据分析—数据应用—产业支撑这条产业链进行梳理，形成如图所示（附录六）的大数据产业分类：

3.5　大数据产业市场

目前全球大数据市场中，行业解决方案、计算分析服务、存储服务、

---

① 赛智时代（2017），2017年中国大数据产业发展梳理研究（附图），编辑：王培，http://www.360doc.com/content/17/1114/13/29955225_703723360.shtml，最后访问时间2018年5月1日。

数据库服务和大数据应用为市场份额排名最靠前的细分市场，分别占据35.40%、17.30%、14.70%、12.50%和7.90%的市场份额（附录七）①。

随着近年来企业信息化的不断完善和社会化网络建立、云计算、移动互联网和物联网等新一代信息技术的应用，全球数据产业高速增长，中国目前的大数据应用仍处初级阶段，据《中国大数据发展调查报告（2017年）》②估算2017年市场规模或超过234亿元，2020年有望达到578亿元规模（附录八）。

我国大数据企业竞争格局总体呈现数据资源型企业、技术服务型企业和应用服务型企业"三足鼎立"局面③。

（1）数据资源型企业，这些企业基于自身的海量高价值数据开始对外提供金融、生活、语音、旅游、健康和教育等多种服务。互联网企业积累的数据，其中以百度为首的搜索引擎企业的优势在于搜索数据、浏览器数据；以阿里为首的电商企业的优势在于电商数据和支付数据；以腾讯为首的社交类企业的优势在于社交、游戏等数据，这些互联网企业逐渐利用自身优势开展各种数据服务。典型代表企业腾讯、百度、阿里巴巴、数据堂、星图数据、优易数据等。

（2）技术服务型企业，主要是以技术开发为主的，即专注开发数据采集、存储、分析以及可视化工具的企业，包括软件企业、硬件企业和解决方案商。代表企业华为、用友、联想、浪潮、星环科技、永洪科技、南大通用、曙光等。

（3）应用服务型企业，主要是为客户提供云服务和数据服务的应用服务型企业，这类企业广泛对接各个行业，专注于产品的便捷化和易维

---

① 机器人前沿（2018），深度报告：全球大数据产业发展分析报告，搜狐财经，搜狐网，http：//www.sohu.com/a/223057309_739557，最后访问时间2018年3月31日。

② 中国信息通信研究院（2017），工信部《中国大数据发展调查报告（2017年）》，http：//www.360doc.com/content/17/0328/13/40745881_640818906.shtml，最后访问时间2018年3月31日。

③ 言数堂大数据（2017），2017年中国大数据产业发展梳理研究（附图）http：//k.21cn.com/share/2017/1219/10/6c584182e3c2d94199bbfdd9.shtml，最后访问时间2018年3月31日。

护性，同时要针对不同行业客户的需求提供差异化的服务和解决方案。代表企业百分点、明略数据、TalkingData 等。

3.6 大数据产业发展特征

我国的大数据产业发展从无到有，未来发展潜力巨大，总体呈现以下几种特征：

（1）大数据产业规模加速增长

十二五以来，我国大数据产业从无到有，全国各地发展大数据积极性较高，行业应用得到快速推广，市场规模增速明显，国家政策的接连出台为推动大数据产业快速成长提供了良好的发展环境。而美的集团将自己的数字化转型经验外化为产品也正是看中了大数据行业应用市场规模的巨大潜力，抓住了行业发展的风口。

（2）大数据技术创新基础初具

我国企业已经在大数据领域开始布局，不仅加强物理存储设备与处理能力的建设，也加快技术产品的研发与人才队伍的培养。在软硬件方面，国内骨干软硬件企业陆续推出自主研发的大数据基础平台产品，一批信息服务企业面向特定领域研发数据分析工具，提供创新型数据服务。在平台建设方面，阿里、百度、腾讯等互联网龙头企业服务器集群规模达到上万台，具备建设和运维超大规模大数据平台的技术实力。在智能分析方面，科大讯飞、第四范式等企业积极布局深度学习等人工智能前沿技术，在语音识别、图像理解、文本挖掘等方面抢占技术制高点。在开源技术方面，我国对国际大数据开源软件社区的贡献不断增大。面对各行业的特性需求和不同用户的个性化需求，企业不断地创新出新技术、新产品、新业态和新模式。来自美的集团的美云智数深谙制造业企业的需求痛点，针对生产、营销、组织管理等制造业特性需求，开发相应产品，并结合企业独特情况个性化实施。

（3）大数据投融资日益活跃

我国大数据领域融资并购活动逐渐兴起，呈现持续升温的态势（附录九）①。经初步统计，2017 年前三个月便有 150 多家企业获得融资，大数据领域持续获得资本市场的高度青睐。行业应用成为投融资热点。在已披露的融资并购事件中，资本更热衷于投向掌握行业应用产品和服务的企业，或具有行业应用开发潜力的公司。其中，行业化应用（如金融大数据、旅游大数据、交通大数据等）和垂直化应用（如智能营销、业务性能管理、移动开发者服务等）的融资并购频繁。

（4）大数据应用领域不断丰富

大数据在互联网服务中得到广泛应用，大幅度提升网络社交、电商、广告、搜索等服务的个性化和智能化水平，催生共享经济等数据驱动的新兴业态。大数据加速向传统产业渗透，驱动生产方式和管理模式变革，推动制造业向网络化、数字化和智能化方向发展。电信、金融、交通等行业利用已积累的丰富数据资源，积极探索客户细分、风险防控、信用评价等应用，加快服务优化、业务创新和产业升级步伐。美的集团诞生美云智数便是大数据向传统产业渗透的鲜活例子，美云智数致力于帮助企业特别是制造业企业向网络化、数字化发展。

（5）大数据产业体系初具雏形

2015 年，我国信息产业收入达到 17.1 万亿元，比 2010 年进入十二五前翻了一番。其中软件和信息技术服务业实现软件业务收入 4.3 万亿元，同比增长 15.7%。大型数据中心向绿色化、集约化发展，跨地区经营互联网数据中心（IDC）业务的企业达到 295 家②。云计算服务逐渐成熟，主要云计算平台的数据处理规模已跻身世界前列，为大数据提供强大的计算存储能力并促进数据集聚。在大数据资源建设、大数据技术、大数据应用领域涌现出一批新模式和新业态。龙头企业引领，上下游企业互动的产业格局初步形成。基于大数据的创新创业日趋活跃，大数据技术、产业与服务成为社会资本投入的热点。

---

① 36 氪研究院（2016），《和璧隋珠，得之者富——大数据服务行业研究报告》，https://36kr.com/p/5049483.html，2016 年 6 月，最后访问时间 2018 年 8 月 15 日。

② 工业和信息化部（2016），《大数据产业发展规划 2016—2020》，http://www.ndrc.gov.cn/fzggz/fzgh/ghwb/gjjgh/201706/t20170622_852127.html，最后访问时间 2018 年 8 月 15 日。

3.7 大数据产业存在问题

虽然我国大数据产业加速发展，但是仍存在行业发展良莠不齐、数据开放程度较低、安全风险日益突出、技术应用创新滞后等问题。

（1）行业发展良莠不齐

我国大数据目前仍处于起步发展阶段，行业标准和管理机制尚未成熟，在"大众创业万众创新"的大环境下，大量的大数据企业不断涌现，存在很多企业借大数据概念热潮投机倒把，行业发展良莠不齐。

（2）数据开放程度低（数据孤岛问题）

大数据的基础在于数据，但是如果拿不到底层的数据，数据分析也就无从谈起。一方面，社会大数据是一种社会公共资源，但是由于政府部门之间、企业之间、政府和企业间信息不对称、制度法律不具体、缺乏公共平台和共享渠道等多重因素，还有多样的设备、各式各样的应用场景，导致大量政府数据存在"不愿公开、不敢公开、不能公开、不会公开"的问题，造就了一个个企业和政府管理部门的数据孤岛；另一方面，基于安全的考虑成为阻碍数据共享的另一个主要原因，不少企业以保护商业机密或节省数据整理成本等为理由，不愿交易自身数据。数据孤岛的痛不是技术问题，是利益问题，背后隐藏的利益导致了数据孤岛的产生。

（3）安全风险日益突出

随着云计算、物联网和移动互联网等新一代信息技术的飞速发展，大数据应用规模日趋扩大，在数据采集、存储、开放共享、等均存在安全隐患，数据隐私管理法规不健全，数据产权的立法滞后，缺乏推动各个部门数据交换和共享的制度、规范和标准，导致公民隐私得不到合法保护，同时社交网站的隐私数据也可能被不法商家利用等，这都给数据安全带来了巨大的挑战。

（4）技术应用创新滞后

我国大数据产业虽然与国际大数据发展几近步伐相同，但是仍然存在技术及应用滞后的差距，在新型计算平台、分布式计算架构、大数据处理、分析和呈现方面与国外仍存在较大差距，对开源技术和相关生态系统影响力弱。市场上，由于国内大数据企业技术上的不足，用户更加青睐 Google、IBM、Oracle、SAP 等国外 IT 企业。

4 "制造业 + 大数据"

4.1 大数据技术 + 行业知识 + 业务知识 = 大数据应用

一般来看，一个产业的成长轨迹都是源于技术、成于产品、终于应用。大数据产业也不例外，整个产业是由于云计算、大数据技术而出现的，各个厂商开发出比较成熟的产品并推向市场，最终在应用中带来实际的价值并得到用户认可。处于不同发展阶段的关注点不同：技术阶段看谁的技术更先进；产品阶段看谁的产品性能更好，性价比更高；应用阶段则看谁能更好解决用户的具体问题，并提供差异化的服务。所以"制造业 + 大数据"就是大数据技术与制造业的行业知识和业务知识相结合，目前国内的"制造业 + 大数据"或许还处在技术竞争和产品竞争阶段，未来将会更加注重围绕某个应用解决方案的开发和完善，致力于更好地解决用户的具体问题。

（1）起于行业，与行业知识结合是大数据应用落地的第一步

从图（附录十）[①] 可以看到，制造业的大数据应用成熟度不高（成熟度指标更多的是大数据在各个行业中应用情况的横向比较，纵向来看都远没有发展成熟），但是应用价值巨大，发展潜力巨大。

（2）止于功能，让大数据满足客户实际的业务需求

从图（附录十一）可以看到，制造业大数据主要用于提高生产效率，降低生产成本。

---

① 欧小刚（2017），趋势：大数据应用落地分析，天善智能，中国软件网，https://mp.weixin.qq.com/s/snQ2meh9ji8NSjTtMG0Xnw，最后访问时间 2018 年 3 月 31 日。

4.2 "制造业+大数据"的典型应用

目前,"制造业+大数据"的典型应用主要包括产品创新、产品故障诊断与预测、工业物联网生产线分析、工业供应链优化和产品精准营销等6个方面[①]:

(1) 产品创新

客户与企业之间的交互和交易行为将产生大量数据,挖掘和分析这些客户动态数据,能够加速产品创新。

(2) 产品故障诊断与预测

无所不在的传感器、互联网技术的引入,使得产品故障实时诊断变为现实,大数据应用、建模与仿真技术则使得预测动态性成为可能。

(3) 工业物联网生产线

现代化工业制造生产线安装有数以千计的小型传感器,来探测温度、压力、热能、振动和噪声,每隔几秒就收集一次数据。利用这些数据,可以实现很多形式的分析,包括设备诊断、用电量分析、能耗分析、质量事故分析等。比如,在生产工艺改进方面,使用这些大数据,就能分析整个生产流程,了解每个环节是如何执行的。一旦有某个流程偏离了标准工艺,就会发出报警信号,快速地发现错误,解决问题。

(4) 工业供应链优化

当前,RFID等产品电子标识技术、物联网技术以及移动互联网技术,能帮助制造企业获得完整的产品供应链大数据,利用大数据分析,能大幅提升仓储、配送、销售效率,大幅下降成本。

(5) 生产计划与排产

制造业面对多品种小批量的生产模式,数据的精细化自动及时方便的采集(MES/DCS)及多变性导致数据剧烈增大,再加上十几年的信息化的历史数据,对于需要快速响应的APS来说,是一个巨大的挑战。大数据可以给予我们更详细的数据信息,发现历史预测与实际的偏差概率,

---

① 康拓普 (2017),"大数据+制造业"怎么做?请看这6大应用场景,搜狐科技,搜狐网,http://www.sohu.com/a/125679239_399076,最后访问时间2018年3月31日。

考虑产能约束、人员技能约束、物料可用约束、工装模具约束，通过智能的优化算法，制定预计划排产，并监控计划与现场实际的偏差，动态的调整计划排产。

（6）产品精准营销

大数据是一个很好的销售分析工具，通过历史数据的多维度组合，可以看出区域性需求占比和变化、产品品类的市场受欢迎程度以及最常见的组合形式、消费者的层次等，以此来调整产品策略和铺货策略，实现产品的精准营销，节省营销费用。

4.3 美云智数独辟蹊径

美云智数是"制造业＋大数据"企业的典型代表，与很多技术创业型公司沿着"源于技术，成于产品、终于应用"的成长轨迹不同，美云智数的技术积累、产品形态和应用落地都在美的内部完成了，最终变革的只是将解决方案升级为可复制的商业化产品。而这种从成熟企业中走出来的方式，其产品和应用往往植入了高水平的企业管理理念、经营理念以及在特定行业下的行业理念，落地实施也一定经过企业苛刻的业务验证，往往代表着高水平的行业认知、经验和价值的输出。对于大数据应用行业的发展而言，美云智数的独辟蹊径不失为一种有益的尝试，值得借鉴。而不论是哪种路径，最终聚焦的还应是业务价值。应用落地，解决好用户的业务痛点，才是大数据应用企业应该追求的终极目标。

5 美云智数在"B2B"营销中面临的问题

在政策利好，技术发展，数据积累，需求大增的趋势之下，大数据产业的发展前景被十分看好，可以说是正在迎来行业的风口。而来源于美的集团的美云智数公司，带着它独特的竞争优势，刚成立一年多，就已经在这片市场上取得了不俗的表现。但是，美云智数想要进一步提升自己的市场份额，在市场上站稳脚跟，还有一些营销上的问题需要去解决和完善。

其一，虽然现在越来越多的企业在谈论数字化，数字化似乎是一辆必须搭上的变革快车，但是从企业经营的实际来看，很多企业还是对数字化是否值得心存疑虑，特别是出于成本和收益的角度考虑，企业数字化的成本很高，而收益的回报周期长，甚至是否可以带来与成本相匹配的收益都是不确定的，风险较大。因此，对于以帮助企业数字化转型为使命的美云智数来说，如何应对市场上的这种心存疑虑心理现状，以更好地推广自己的产品，是一个需要解决的问题。

其二，美云智数希望可以尽可能地快速扩张，提升自己的市场份额，但是现实是目前服务的客户企业类型单一，营销推广的渠道缺乏，竞争对手众多。快速扩张较难主要是由于以下三个原因：第一，B2B市场虽然规模庞大但是却十分分散，例如，即便是在B2B已经相当成熟的美国，有着20万家客户的Salesforce，其所覆盖的企业也不过只占市场总规模的10%①。第二，B2B的交易由于其决策过程较为理性，需要更多的沟通交流，所以每一次交易完成的周期较长。第三，由于美云智数的产品特性，需要专业人员提供专业的安装、运行、维护等服务，服务口碑十分重要，所以较难通过分销形式销售，目前只能以直销为主。那么，美云智数该如何做才能尽快提升自己的市场份额呢？

6 结语

美云智数从美的中来，以美的为试验田和试金石，带着较为成熟的产品服务和较为成熟的经验，一经问世就获得了较高的市场起点。但是面对自身"B2B"营销存在的问题，制造业经验出身的美云智数想要扩大自己的市场份额，在以互联网企业为主导的市场上占据一席之地，还需要更加明确自己的目标客户，明确自身定位，采取更主动的措施去创造、沟通、传递价值，解决这些营销问题。

---

① 青读一刻 mp（2016），难怪99%的B2B企业都做不大，原来全栽在这五大痛点上！_搜狐财经_搜狐网，http://www.sohu.com/a/119747815_498753，最后访问时间2018年3月31日。

附 录

附录一：

表1　美的集团数字换转型的企业战略和 IT 战略

	企业战略	IT 战略
工业互联网平台	美的科技型集团	构建工业互联网平台，实现业务软件化，决策数字化，实现全价值链上下游业务 24 小时在线管理
智能制造、移动化、大数据	集团 3 大战略主轴+"双智"战略	推进 632+，支撑美的向数字化企业转型
基础信息平台	"一个美的，一个体系，一个标准"	实施 632 战略：六大运营系统、三大管理平台、门户和集成两大平台

资料来源：企业内部资料。

```
┌─────────────────────────────────────┐
│         MIP 统一门户平台              │
├────┬────┬────┬────┬────┬────┬──────┤
│PLM │APS │SRM │ERP │MES │CRM │ M    │
├────┴────┴────┴────┴────┴────┤ D  集 │
│            BI                │ P  成 │
├─────────────────────────────┤    平 │
│            FMS               │    台 │
├─────────────────────────────┤      │
│            HRMS              │      │
└─────────────────────────────────────┘
```

图 1　美的集团 632 战略内容

资料来源：企业内部资料。

附录二：

```
 ┌─────┐     ┌─────┐     ┌─────┐     ┌─────┐     ┌─────┐
 │设备 │─────│生产 │─────│物流 │─────│管理 │─────│决策 │
 │自动化│     │透明化│     │智能化│     │移动化│     │数据化│
 └─────┘     └─────┘     └─────┘     └─────┘     └─────┘
自动化产线   订单跟踪全程追溯  流程拉通供应商互联  App单据电子化   品质在线管控
GPS物理信息网络  采购透明计划拉通  过程自动智能化    看板供应商移动化  数据采集及大数据应用
```

图 2　美的集团智能制造的 5 个方面

资料来源：企业内部资料。

附录三：

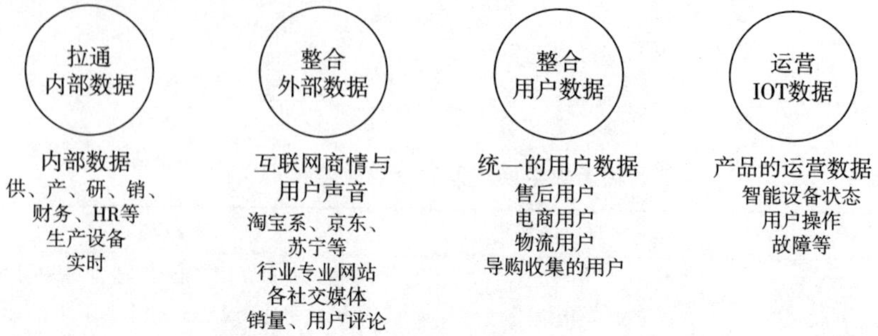

```
( 拉通     )   ( 整合     )   ( 整合     )   ( 运营    )
  内部数据       外部数据       用户数据       IOT数据
```

内部数据　　　互联网商情与　　统一的用户数据　产品的运营数据
供、产、研、销、　用户声音　　　售后用户　　　智能设备状态
财务、HR等　　淘宝系、京东、　电商用户　　　用户操作
生产设备　　　苏宁等　　　　　物流用户　　　故障等
实时　　　　　行业专业网站　　导购收集的用户
　　　　　　　各社交媒体
　　　　　　　销量、用户评论

图 3　美的大数据建设的 4 个方面

资料来源：企业内部资料。

附录四：

表 2　　　　　　　　大数据发展政策一览表

序号	文件名称	发文单位
1	《大数据产业发展规划（2016—2020 年）》	工信部
2	《信息产业发展指南》	工信部、国家发改委等
3	《软件和信息技术服务业发展规划（2016—2020 年）》	工信部
4	《云计算发展三年行动计划（2017—2019 年）》	工信部
5	《智能制造发展规划（2016—2020 年）》	工信部
6	《工业和信息化部关于印发信息化和工业化融合发展规划（2016—2020 年）》	工信部
7	《政务信息资源共享管理暂行办法》	国务院办公厅
8	《国务院关于加快推进"互联网+政务服务"工作的指导意见》	国务院办公厅
9	《关于促进和规范健康医疗大数据应用发展的指导意见》	国务院办公厅
10	《农业农村大数据试点方案》	农业部
11	《关于推进交通运输行业数据资源开放共享的实施意见》	交通部

续表

序号	文件名称	发文单位
12	《关于加快中国林业大数据发展的指导意见》	林业局
13	国家林业局落实《促进大数据发展行动纲要》的三年工作方案	林业局
14	《生态环境大数据建设总体方案》	环保部
15	《促进大数据发展三年工作方案》	国家发改委等部委
16	《促进国土资源大数据应用发展的实施意见》	国土资源部
17	《关于推进全国发展改革系统大数据工作的指导意见》	国家发改委

资料来源：赛智时代 Innov100，赛智时代（2017），2017 年中国大数据产业发展梳理研究（附图），编辑：王培，http://www.360doc.com/content/17/1114/13/29955225_703723360.shtml，最后访问时间 2018 年 5 月 1 日。

附录五：

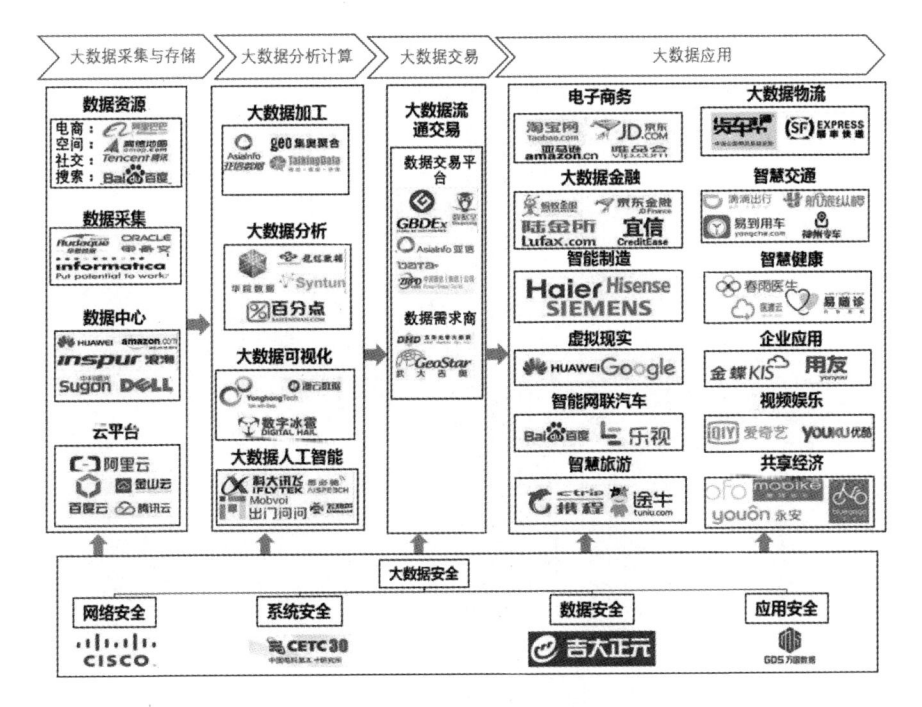

图 4　大数据产业链

资料来源：赛智时代 Innov, 100 赛智时代（2017），2017 年中国大数据产业发展梳理研究（附图），编辑：王培，http://www.360doc.com/content/17/1114/13/29955225_703723360.shtml，最后访问时间 2018 年 5 月 1 日。

附录六：

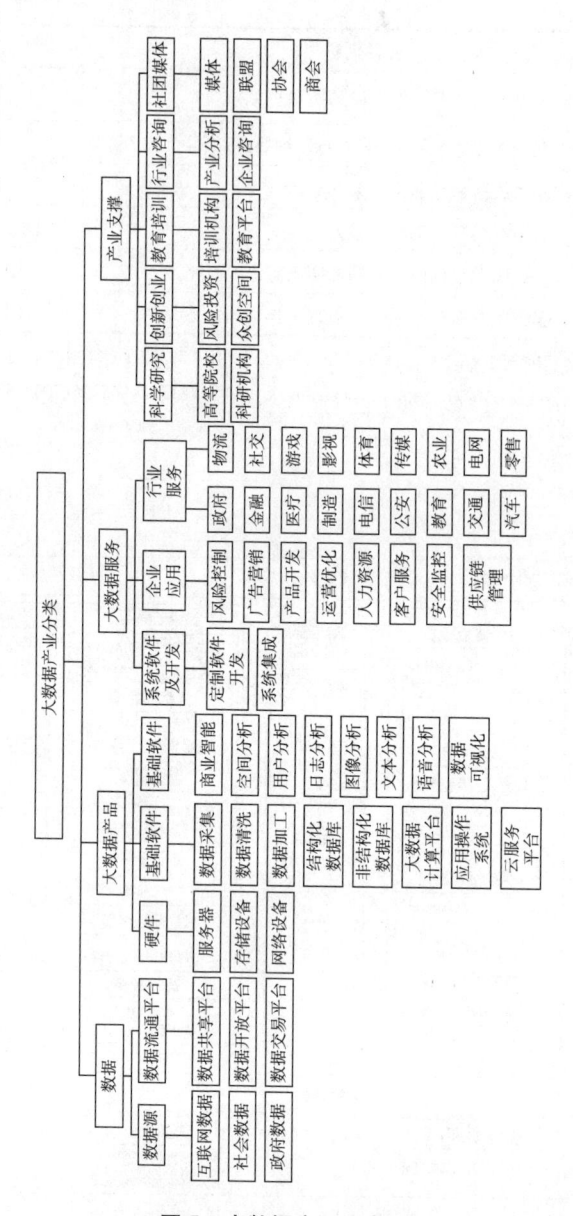

图5　大数据产业分类图

资料来源：赛智时代Innov100，赛智时代（2017），2017年中国大数据产业发展梳理研究（附图），编辑：王培，http://www.360doc.com/content/17/1114/13/29955225_703723360.shtml，最后访问时间2018年5月1日。

附录七：

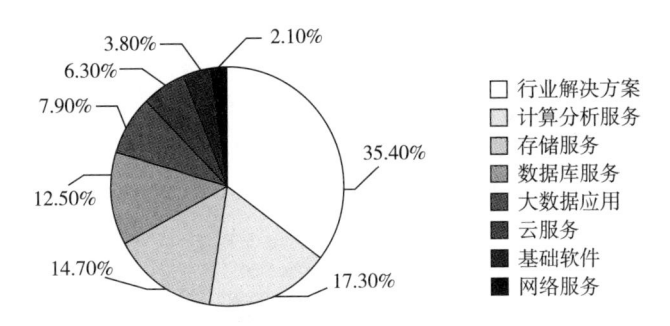

饼图数据：
- 行业解决方案 35.40%
- 计算分析服务 17.30%
- 存储服务 14.70%
- 数据库服务 12.50%
- 大数据应用 7.90%
- 云服务 6.30%
- 基础软件 3.80%
- 网络服务 2.10%

图 6　全球大数据市场结构

资料来源：伙伴产业研究院（PAISI）整理，机器人前沿（2018），深度报告_全球大数据产业发展分析报告_搜狐财经_搜狐网，http：//www.sohu.com/a/223057309_739557，最后访问时间 2018 年 3 月 31 日。

附录八：

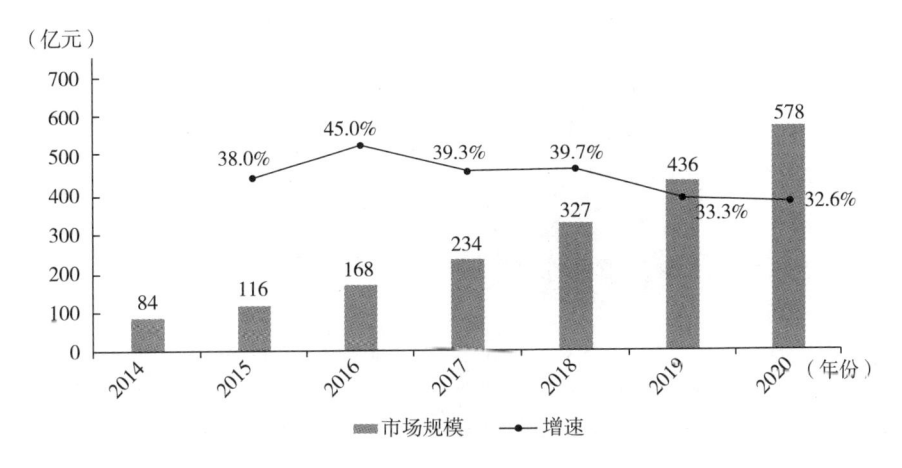

市场规模（亿元）与增速数据：
- 2014：84，38.0%
- 2015：116，45.0%
- 2016：168，39.3%
- 2017：234，39.7%
- 2018：327，39.7%
- 2019：436，33.3%
- 2020：578，32.6%

图 7　中国大数据市场规模及增速

资料来源：中国信息通信研究院（2017），工信部《中国大数据发展调查报告（2017年）》全文 http：//www.360doc.com/content/17/0328/13/40745881_640818906.shtml，最后访问时间 2018 年 3 月 31 日。

附录九：

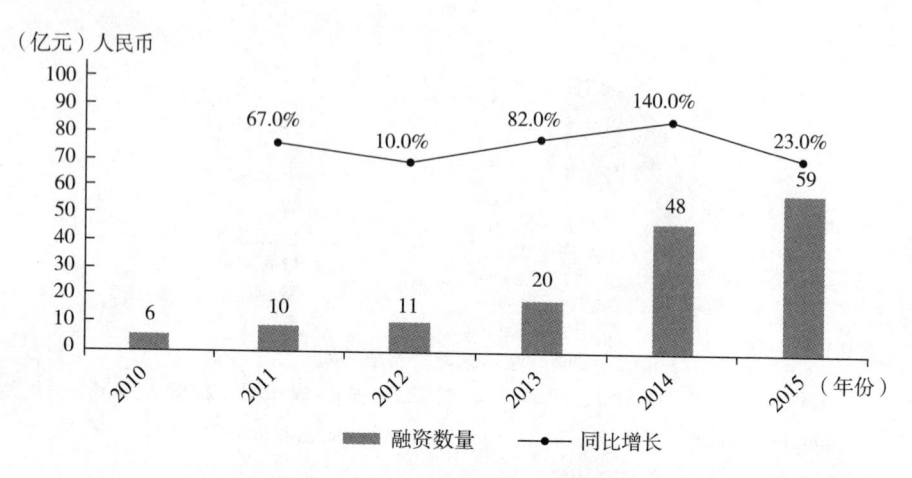

图8　2010～2015年大数据企业融资数量

资料来源：36氪研究院（2016），《和璧隋珠，得之者富——大数据服务行业研究报告》，https：//36kr.com/p/5049483.html，最后访问时间2018年8月15日。

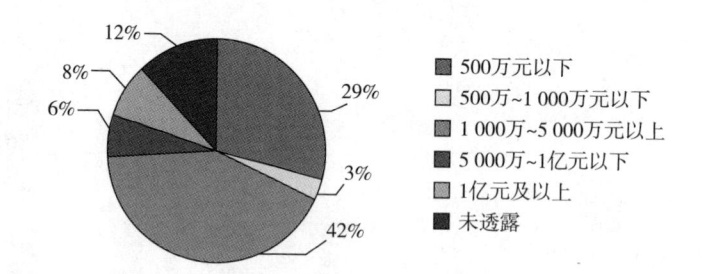

图9　2010～2015年大数据企业融资金额

资料来源：36氪研究院（2016），《和璧隋珠，得之者富——大数据服务行业研究报告》，https：//36kr.com/p/5049483.html，最后访问时间2018年8月15日。

附录十：

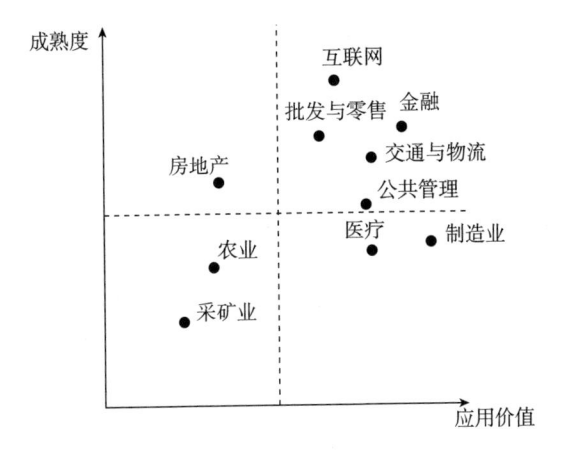

图10 不同行业的大数据行业图谱

资料来源：欧小刚（2017），趋势：大数据应用落地分析 天善智能，中国软件网，https://mp.weixin.qq.com/s/snQ2meh9ji8NSjTtMG0Xnw，最后访问时间2018年3月31日。

附录十一：

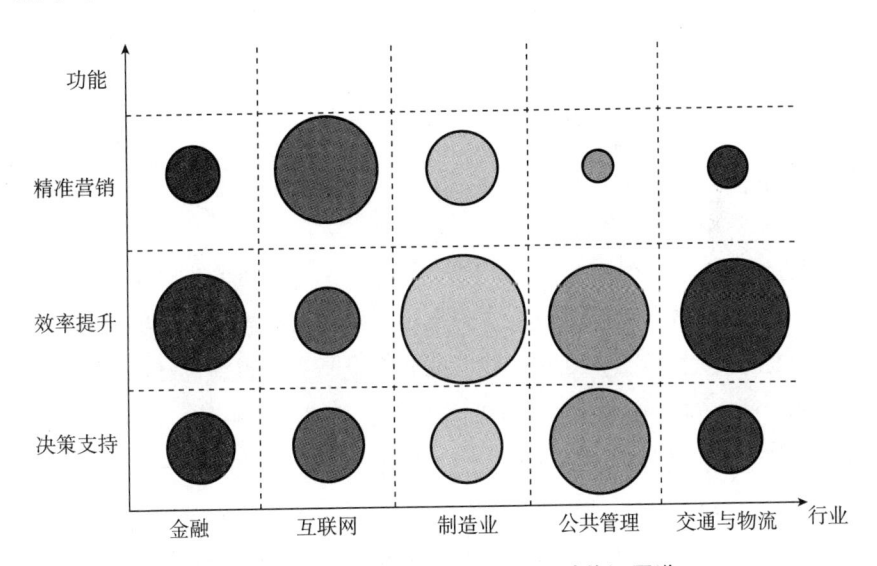

图11 不同行业大数据应用场景（功能）图谱

资料来源：欧小刚（2017），趋势_大数据应用落地分析 天善智能，中国软件网，https://mp.weixin.qq.com/s/snQ2meh9ji8NSjTtMG0Xnw，最后访问时间2018年3月31日。

淘宝（天猫）的海外扩张[①]

> **摘　要**：在淘宝出海之前，阿里巴巴集团的海外电子商务业务主要是通过阿里巴巴速卖通进行交易的，速卖通这种方式也已经取得一定的成绩，但速卖通主要面对的是一些大国。目前淘宝的海外扩张则关注一些速卖通之前没有关注的区域。本案例从阿里巴巴集团的简单介绍开始，进而对我国内部电子商务市场的情况和世界电商市场进行一个概括性的描述，最后着重强调淘宝目前海外扩张的主要区域——东南亚电子商务市场的情况。在面临中国一二线城市电商市场已经基本饱和的情况下，淘宝该采用什么样的战略和策略来推动它在整个电商市场的进一步扩张？是继续发力东南亚，还是着眼世界，像亚马逊一样成为一家世界级的电商？
>
> **关键词**：阿里巴巴；淘宝；海外市场

1　引语

1994年，互联网接入中国，亚马逊在1995年成立，四年后，在大洋彼岸，马云等18位合伙人成立了阿里巴巴集团。从阿里巴巴集团创立到现在，已经走过了将近20年。我国的整个电子商务市场也已经取得了长足发展，电子商务市场一直处于世界前列，形成了完整的市场生态体系，跨境电商、人工智能、"一带一路"等将持续影响电子商务的发展。阿

[①] 本案例是在中山大学管理学院程鹏协助下完成。本案例仅供教学使用，并提供材料作课堂讨论，并无任何意图证明、揭示或暗指所涉及的管理情景和管理方式是否合理及有效。出于保密的需要，本案例中的有关名称和数据信息等都有可能进行了必要的匿名、隐藏和掩饰处理。

里巴巴在这将近 20 年的时光里，也一直处于高速发展当中，成为世界上最大的企业集团之一。

随着我国市场的不断开拓，有京东、唯品会等其他电商的加入，拼多多等电商专注于我国三四线城市，也有苏宁、国美等传统的线下零售商场进入电商市场。电商市场的竞争越来越同质化，我国主要城市的互联网第一波红利已经被收割。

与此同时，海外的电商市场仍然没有得到很好的发展，在央视财经频道联合中国社科院财经战略研究院对外发布了 2017 年中国电商年度报告显示，我国电商占了全球市场份额的 40%。[1] 有更大的电商市场等待着阿里巴巴去开拓。

2　阿里巴巴介绍[2]

1999 年，阿里巴巴集团由马云为首的 18 人在杭州创立。创始人创立阿里巴巴集团，是为了维护小企业的利益，他们相信互联网能够创造公平的竞争环境，让小企业通过创新与科技扩展业务，并在参与国内或全球市场竞争时处于更有利的位置。阿里巴巴的使命是让天下没有难做的生意。

阿里巴巴旨在赋能企业改变营销、销售和经营的方式。他们为商家、品牌及其他企业提供基本的互联网基础设施以及营销平台，让其可借助互联网的力量与用户和客户互动。阿里巴巴的业务包括核心电商、云计算、数字媒体和娱乐以及创新项目和其他业务。并且通过子公司菜鸟网络及所投资的关联公司口碑，参与物流和本地服务行业，同时与蚂蚁金融服务集团有战略合作，该金融服务集团主要通过中国领先的第三方网上支付平台支付宝运营。

---

[1] 2017 中国电商年度报告：中国占据全球电商市场 40% 份额. 太平洋电脑网. 2017.11.12，http://tech.sina.com.cn/roll/2017-11-12/doc-ifynsait7487306.shtml 最后访问时间 2018 年 5 月 19 日星期六。

[2] 公司简介. 阿里巴巴. https://www.alibabagroup.com/cn/about/overview 最后访问时间 2018 年 9 月 28 日星期五。

1.1 领导团队①

1.1.1 马云：董事局主席

马云为阿里巴巴集团主要创始人，于2013年5月出任董事局主席。自1999年集团成立以来直至2013年5月，马云一直兼任主席及首席执行官。他同时是浙江马云公益基金会创立者。

马云现担任日本软银的董事，该公司为一家于东京证券交易所挂牌交易的公司。马云同时是世界经济论坛（WEF）基金会董事、浙商总会会长以及中国企业家俱乐部主席。马云于2016年1月成为联合国"可持续发展目标"的倡导者，并于2016年9月成为联合国助理秘书长、联合国贸易和发展会议青年创业和小企业特别顾问。

1.1.2 蔡崇信：执行副主席

蔡崇信于1999年加入阿里巴巴集团，是公司18位创始人之一，2013年5月前一直担任首席财务官，目前担任阿里巴巴集团董事局执行副主席，并负责阿里巴巴集团的战略收购和投资事务。自公司成立以来，蔡崇信一直担任董事会成员，是阿里巴巴合伙的创始合伙人之一，同时担任合伙人委员会成员。

蔡崇信现任多家阿里巴巴集团投资的公司之董事，包括口碑（本地服务）、饿了么（外卖服务）、菜鸟网络（物流）及 Magic Leap。

1.1.3 其他成员

张勇任首席执行官，他亦是阿里巴巴的18位创始人之一；迈克·埃文斯（J. Michael Evans）任总裁，负责欧美地区的公共事务战略，并负责集团海外战略；武卫任首席财务官，任职期间曾领导阿里巴巴财务体系的建设，为其于2007年11月上市铺路，并曾联合领导阿里巴巴2012年中的私有化项目；童文红是首席人才官，负责人才及组织文化发展策略与执行，同时兼任菜鸟网络董事长。她是阿里巴巴合伙的创始合伙人之一。

---

① 领导团队．阿里巴巴．https://www.alibabagroup.com/cn/about/leadership 最后访问时间2018年5月20日星期日．

1.2 企业文化[①]

阿里巴巴集团的文化关乎维护小企业的利益。阿里巴巴经营的商业生态系统,让包括消费者、商家、第三方服务供应商和其他人士在内的所有参与者,都享有成长或获益的机会。其业务成功和快速增长有赖于我们尊崇企业家精神和创新精神,并且始终如一地关注和满足客户的需求。

阿里巴巴的价值观可以概括为六个词:客户第一;团队合作;拥抱变化;诚信;激情;敬业。

1.3 淘宝简介

淘宝网是中国深受欢迎的网购零售平台。截至 2011 年底,淘宝网单日交易额峰值达到 43.8 亿元,创造 270.8 万个直接且充分就业机会。随着淘宝网规模的扩大和用户数量的增加,淘宝也从单一的 C2C 网络集市变成了包括 C2C、团购、分销、拍卖等多种电子商务模式在内的综合性零售商圈。目前已经成为世界范围的电子商务交易平台之一。

在中国大陆,淘宝网是第一代电商平台的代表,是阿里巴巴的集团的主要电商平台。在经过阿里巴巴集团对商家和消费者进行分级之后,天猫和淘宝分别代表了相对的高端消费和相对的低端消费。而在海外部门中,淘宝和天猫没有严格的区分,淘宝精选和 Lazada 电商平台共同构成了天猫海外的两大平台。

2 业务范畴[②]

阿里巴巴集团经营多项业务,另外也从关联公司的业务和服务中取

[①] 企业文化. 阿里巴巴集团. https://www.alibabagroup.com/cn/about/culture 最后访问时间 2018 年 5 月 20 日星期日.

[②] 业务范畴. 阿里巴巴集团. http://www.alibabagroup.com/cn/about/businesse 最后访问时间 2018 年 4 月 15 日星期日.

得经营商业生态系统上的支援。在淘宝在海外扩张市场的过程中，阿里巴巴集团的其他业务也将扮演着重要的角色，阿里巴巴的其他业务都会成为淘宝出海有力的助手。

2.1 电商平台

淘宝：中国最大的移动商务平台。淘宝网创立于2003年，是以商务为导向的社交平台，通过大数据分析为消费者提供既有参与感又有个性化的购物体验。在淘宝网上，消费者能够从商家处获取高度相关、具吸引力的内容及实时更新，从而掌握产品与潮流资讯并与其他消费者或喜爱的商家和品牌互动。平台上的商家主要是个体户和小企业。根据艾瑞咨询基于2016年商品交易额（GMV）的统计，淘宝网是中国最大的移动商务平台。

天猫：中国最大的第三方品牌及零售平台。天猫创立于2008年，致力为消费者提供选购品牌产品的优质购物体验。至今，多个国际和中国本地品牌及零售商已在天猫上开设店铺。根据艾瑞咨询基于2016年商品交易额（GMV）的统计，天猫是中国最大的第三方品牌及零售平台。

淘宝与天猫的区别：在服务上，天猫专注于B2C服务，而淘宝则专注于C2C服务。在服从于阿里集团消费者的情况下，天猫的消费相对于淘宝更加高端一些。而在海外部门，天猫和淘宝没有分别。天猫海外的前身即时淘宝海外，而"淘宝"这个名称则用在天猫海外的下属两个平台，分别是"淘宝精选"和"Lazada"。

全球速卖通：为全球消费者而设的零售平台。全球速卖通创立于2010年，是为全球消费者而设的零售平台，其主要买家市场包括俄罗斯、美国、巴西、西班牙、法国和英国。世界各地的消费者可以通过全球速卖通，直接从中国制造商和分销商购买产品。

阿里巴巴国际交易市场：领先的全球批发贸易平台。阿里巴巴国际交易市场是阿里巴巴集团最先创立的业务，目前是领先的全球批发贸易平台。阿里巴巴国际交易市场上的买家来自全球200多个国家和地区（截至2017年3月31日），一般是从事进出口业务的贸易代理商、批发商、零售商、制造商及中小企业。阿里巴巴国际交易市场同时向其会员及其他中小企业，提供通关、退税、贸易融资和物流等进出口供应链服务。

1688：中国领先的网上批发平台。1688创立于1999年，是中国领先的网上批发平台，覆盖普通商品、服装、电子产品、原材料、工业部件、农产品和化工产品等多个行业的买家和卖家。1688为在阿里巴巴集团旗下零售平台经营业务的商家，提供了从本地批发商采购产品的渠道。

2.2 电商支持服务

阿里妈妈：网上营销技术平台。阿里妈妈创立于2007年，是让商家和品牌在阿里巴巴集团旗下电商平台及第三方平台投放各类广告信息的网上营销技术平台。阿里妈妈通过其联盟营销计划，让商家于第三方网站和手机客户端投放广告，从而令营销和推广效果触达阿里巴巴集团电商平台以外的平台和用户。

阿里云：全球三大IaaS供应商之一。阿里云创立于2009年，为阿里巴巴集团旗下的云计算业务。Gartner及IDC的资料分别显示，阿里云是全球三大基础设施即服务（IaaS）供应商之一以及中国最大的公共云服务供应商。阿里云向阿里巴巴集团电商平台上的商家以及初创公司、企业与政府机构等全球用户，提供一整套云计算服务。阿里云为奥运会官方云服务供应商。

菜鸟网络：物流数据平台运营商。菜鸟网络是阿里巴巴集团旗下业务，致力于满足现在及未来中国网上和移动商务业在物流方面的需求。菜鸟网络经营的物流数据平台运用物流合作伙伴的产能和能力，大规模实现商家和消费者之间的交易。此外，菜鸟网络使用数据洞察和科技，来提高整个物流价值链的效率。

蚂蚁金融服务集团：专注于服务小微企业与消费者的金融服务供应商。蚂蚁金融服务集团专注于服务小微企业与普通消费者。蚂蚁金融服务集团正打造一个开放的生态系统，与金融机构一起，共同为未来社会的金融提供支撑。蚂蚁金融服务集团旗下业务包括支付宝、蚂蚁聚宝、芝麻信用和网商银行等。

由上面可以看到,阿里巴巴集团在整体业务布局依然是以电商为核心,并开展一些其他与之相关的业务,在电商科技层面,阿里巴巴集团的实力也不可小觑。在国内电商的分层上,海外电商,电商科技,消费金融,物流服务以及为中小企业营销服务均有相应的业务为其提供服务。而且,阿里巴巴集团还拥有一系列的子公司和孙公司等。这些业务和服务能够为天猫国际业务中心提供什么样的服务呢?

3 中国电商市场[①]

3.1 交易规模

2017 年上半年中国电子商务交易额 13.35 万亿元,同比增长 27.1%。其中,B2B 市场交易额 9.8 万亿元,网络零售市场交易额 3.1 万亿元,生活服务电商交易额 0.45 万亿元。从 2012 年至 2017 年,中国电商市场交易额一直在高速增加,从 2012 年的 3.5 万亿元增长到 2013 年的 13.35 万亿元,具体可参考附录一。

3.2 网购用户规模

随着互联网以及网购的普及,网购用户的增长趋势逐渐放缓。在现今消费升级市场环境下,消费者对商品品质以及商品个性化的要求越来越高,越来越看重购物体验,开始有消费者愿意在线下进行购物。随着众多电商品牌开始实行线上线下同价机制,消费者在线下购买就能享受线上购买商品的优惠。据中国电子商务研究中心(100EC.CN)监测数据显示,2017 年上半年中国网购用户达到了 5.16 亿人,较 2016 年上半年的 4.8 亿人,同比增长了 7.5%。预计 2017 年中国网络购物用户规模将达到 5.4 亿人。

---

① 2017 年(上)中国电子商务市场数据监测报告. 中国电子商务研究中心, http://www.100ec.cn/detail-6418193.html, 2017.9.10.

3.3 购买者的议价能力

在电商市场，平台上的商家可以认为是电商市场服务的购买者。在这个市场中，我国的淘宝天猫平台和京东平台占据非常重要的位置。商家具有较低的议价能力，以2013年淘宝平台将商家分层为天猫和淘宝的案例来看，商家具有较弱的议价能力。

3.4 新进入者的威胁

电商市场需要巨大的进入成本。以京东为例，京东于1998年建立，直到2014年上市，2016年才开始盈利，当年利润为10亿元人民币，而在2015年京东仍然亏损了9亿元人民币。电商市场由于其自身的特点，是一个需要以大量用户和商家为基础才可以进入这一市场的，这对于新进入者都是巨大的壁垒。因此，可以说，在电商市场，新进入者的威胁较小。

3.5 同业竞争者的竞争程度

据中国电子商务研究中心（100EC.CN）监测数据显示，按GMV进行计算，2017年上半年中国B2C网络零售市场（包括开放平台式与自营销售式，不含品牌电商），天猫排名第一，占50.2%份额，较2016年上半年下降了3%；京东名列第二，占据24.5%份额，同比上升了0.3%；唯品会位于第三，占6.5%份额，同比上升了2.7%；苏宁易购排名第四，占5.4%的市场份额，同比上升了2.1%；国美在线位列第五，占4.1%的份额，同比上升了2.5%；其他平台包括1号店、亚马逊中国、当当、聚美优品等B2C平台占据整个市场的9.3%份额。详细可见于附录三。

由此可见，阿里巴巴作为电子商务市场中国的开拓者的红利已经渐渐消失，下一步的淘宝，将要采取什么样的战略和策略面对这样的情况呢？

京东：截至2018年3月31日，京东过去12个月的活跃用户数达3.018亿，同比增长27.6%；而其在2018年第一季度净收入达到1001亿元人民币，同比增长33.1%，服务净收入为86亿元人民币（约14亿美元），同比增长60.0%，GMV（网站成交金额）3302亿元人民币，同比增长30.4%。

苏宁：2017年上半年，苏宁云商线上GMV达500亿人民币，市场份额同比增长了2.1%。苏宁继续实施积极的市场竞争策略，一方面加大广告促销投入，优化服务体验，加快用户规模增长；另一方面，继续巩固家电、3C产品的优势，新品类发展提速，实现了整体销售规模的较快增长，O2O融合模式下的规模效应也进一步显现，经营效益持续改善。

唯品会：连续19个季度盈利，GMV持续增长，2017年上半年光是净收入就达到了334.7亿元，活跃用户数达到了2810万人。唯品会上半年专注提升品质服务、加大促销力度，实施扩大市场份额的策略；同时持续增加对人才资源、先进技术、新媒体营销及互联网金融、品骏物流的战略性投入，以保持未来可持续发展的动力。

拼多多：拼多多成立于2015年9月，上线不到一年，单日成交额就突破了1000万，2018年年初的月流水达到了400亿元。拼多多的主要优势在于消费分级的趋势和微信提供的强大的流量。为应对拼多多的快速增长淘宝推出了特价版App。

我国电商市场仍然处于相对较快的发展状态中，并且随着整体经济的快速发展，人们的消费水平也越来越高，消费能力也在逐渐提升。而电商之间的竞争也显得越来越激烈，在电商领域依然有着较大的利润，因此依然又很多竞争对手存在。但电商平台自带的网络效应对潜在进入者来说，是一个相当大的障碍。

整体来看，阿里巴巴旗下的天猫和淘宝网依然是中国电商的领头羊，并且成功做到了消费分级，将天猫与淘宝网的用户和商家区分开来。

4 我国跨境电商现状

4.1 交易规模

据中国电子商务研究中心（100EC.CN）监测数据显示，2017年上半年中国出口跨境电商交易规模2.75万亿元，同比增长31.5%。在2012年到2016年中国出口跨境电商交易规模也在不断增加。从2012年的 1.86 万亿元到 2016 年的 5.5 万亿元，平均每年增幅达到 14.37。①

根据商务部，目前中国各类跨境平台企业已超过 5 000 家，通过平台开展跨境电商的外贸企业逾 20 万家，根据中国电子研究商务中心，2016 年跨境电商市场规模达到 6.7 万亿元，出口部分达到 5.5 万亿元，其中跨境出口 B2C 规模在 2015 年超过 5 000 亿元，根据预计到 2020 年市场规模可超过两万亿元，巨大的市场空间待挖掘。②

4.2 出口国别

从国别看，目前出口跨境电商主要面向美国、欧美、东盟、日本等发达市场的中低端客群，其中美国和欧盟为主要市场，占比超过 30%，同时俄罗斯、巴西、印度、东南亚、非洲等新兴市场呈高速增长态势。③

4.3 交易模式

从模式上看，B2B 业务由于发展历史已久，业务已经趋成熟。1998 年开始，以阿里巴巴 B2B、中国制造网等为代表的早一批跨境电商 B2B 网站诞生，到目前，B2B 模式已具有稳定客源，买卖双方已经有了长期交易的经验，行业集中度较高。而 B2C 业务相比于 B2B 业务则要缓慢许多，2016 年，跨境电商采用 B2C 出口的占到跨境电商出口总额的 17%，前五年则一直保持在 12% 到 16% 之间。

5 天猫出海现状

5.1 历史发展

2016 年 9 月，淘宝海外（天猫海外）正式成立，与天猫国际并称天

---

① 2017 年（上）中国电子商务市场数据监测报告.中国电子商务研究中心, http://www.100ec.cn/detail-6418193.html, 2017.9.10。

② 2017 年中国跨境电商行业出口状况分析.中国产业信息.2017.12.22 http://www.chyxx.com/industry/201712/595670.html 最后访问时间 2018 年 5 月 13 日星期日。

③ 2017 年中国跨境电商行业出口状况分析.中国产业信息.2017.12.22 http://www.chyxx.com/industry/201712/595670.html 最后访问时间 2018 年 5 月 13 日星期日。

猫进出口事业部。2017年3月,"淘宝精选"Lazada新加坡站点上线,随后的几个月,在马来西亚、印度尼西亚、菲律宾等国家逐步上线了"淘宝精选"。2016年下半年相对于上半年成交增速达到29%,海外会员增长达到40%。[①]

5.2 出海双通道

建立了Lazada和淘宝海外两个平台和天猫店铺。对于海外华人消费者,天猫建立起海外淘宝平台,与国内的订单差异不大,商家需要提供国际物流和跨境退换货服务;对于海外本地消费者,则建立起Lazada平台,平台承担了国际物流的成本,也不提供跨境退换货服务。

5.3 八大海外运营中心

淘宝海外成立了八大海外运营中心。分别分布在中国香港、中国台湾、新加坡、马来西亚、澳大利亚、美国、加拿大,Lazada的"淘宝精选"运营中心,则负责印度尼西亚、菲律宾等5大东南亚市场。这些运营中心将基于本地化的精细运作,可以帮助品牌实现分国别的人货市场重构。八大海外中心可以推进品牌本土化进程,还会通过大数据来帮助商家进行商品选品、本地化营销和品牌宣传,以及提供更好的本地化服务体验。

5.4 海外物流体系构建

由菜鸟主导的海外物流体系,也在不断完善中。菜鸟国际总经理关晓东指出,菜鸟今年的工作重点,不仅仅是运货,更是要打通跨境出口报关、海外数据等全链路通道。为此,菜鸟不但要在海外进行自有的物流基建,也将和当地合作伙伴一起,不断完善这张网络。今年4月,菜鸟甚至将龙舟这样巨大的商品,通过跨境电商的方式,运到了悉尼的达令港。[②]

---

① 一篇文章看懂天猫(淘宝)出海. 张牧歌. 2018.1.24, http://www.ebrun.com/20180124/262402.shtml 最后访问时间2018年5月13日星期日。

② 天猫推出全球计划,要带中国品牌分享8.8万亿海外市场. 2018.5.9, https://zhuanlan.zhihu.com/p/36643807 最后访问时间2018年9月28日星期五。

5.5 海外商家赋能策略

淘宝海外将进一步为商家改善数据、物流、服务方面的体验，推出退货险等服务，助力商家深耕海外市场。天猫在今年将要推出"超新星全球计划"则将以定向邀约的方式，将中国知名品牌投入海外市场，快速提升成交量，增强品牌海外影响力。2018年1月，淘宝海外携包括许多传统老字号在内的千余家中国品牌共同打造海外年货节，并且推出"天字号"计划，进一步增强品牌的海外心智。

5.6 文化输出策略

根据淘宝海外总监冷月表示，天猫出海计划在短期内是帮助中国商家卖货，但实际上也是文化输出的一部分。要想文化输出，首先要做到产品的输出。①

6 世界电商市场

从2013年到2015年，全球电子商务市场规模从18万亿美元增加到22万亿美元。经过数据调整（主要是对B2C销售数据的调整），联合国贸发会议认为2015年全球电子商务市场规模达到25万亿美元，其中是90%是企业对企业（B2B）交易，剩下10%为企业对消费者（B2C）交易。

电商在过去的几年中，在世界各个主要国家都得到了迅猛发展。欧洲在2013年的电商市场规模大约是3 500亿欧元，其中最主要的三个国家与地区是德国、俄罗斯和东欧地区。以国家来讲，最重要的是英国，德国，法国，西班牙和俄罗斯这五个国家，其中，英国、德国和法国的电商规模基本上占了整个欧洲的60%以上，三国市场的规模总和超过了1 800亿欧元。2014年日本主要的电商交易规模包括乐天，20 058亿日元；雅虎，11 800亿日元；亚马逊日本，9 494亿日元。美国电商规模达到了3 417亿美元。

---

① "一盘货卖全球"之后，天猫今年将推出国货"出海2.0版". 2018.5.28, http://wemedia.ifeng.com/59831640/wemedia.shtml 最后访问时间2018年9月28日星期五。

亚马逊：亚马逊于 1995 年由杰夫·贝索斯创立，1997 年 1 月亚马逊在纳斯达克成功上市。亚马逊是目前世界上最大的电商平台之一，最初以销售书籍起家，现在已经扩展为全品类经营。

成立至今 21 个年头，已成功涉足硬件、物流、生鲜、文化等领域，2015 年亚马逊开始布局线下零售店。旗下包括了 Alexa Internet、a9、lab126 和互联网电影数据库（Internet Movie Database，IMDB）等子公司。亚马逊在美国、加拿大、英国、法国、德国、意大利、西班牙、巴西、日本、中国、印度和墨西哥等国家均开设了零售网站，其旗下的部分商品通过国际航运的物流方式销往这些国家。

平台上的产品数量超过 10 亿，北美站产品总数超过 2000 万件，网站月访问量有 1.75 亿。截至 2017 年 8 月 22 日，亚马逊的市值为 4579 亿美元。

乐天：1997 年由三木谷浩史（Hiroshi Mikitani）在日本创立。Rakuten 是日本最大的电子商务集团，最初专门从事计算机及电子产品的网络销售，到后来拓展为全品类商品销售。

2000 年 4 月登陆 JASDAQ，随后开始扩张布局，如今已经发展成一家综合性集团公司，核心业务包括电子商务、旅游、信用及支付、金融证券、新闻门户等。

亿贝：亿贝在 1995 年由皮埃尔·奥秘戴尔（Pierre Omidyar）在美国创立。eBay 有 29 个国家用户在该平台进行交易，占有世界电商市场较大的市场份额。2015 年营业额达到 94.96 亿美元，同年 PayPal 从 eBay 分拆，且 eBay 在五年内不得推出支付服务，而 PayPal 则不能拥有自己的在线交易平台。

7 东南亚电商平台

7.1 市场概况

据 Nielsen 预测，东盟国家（其中包括 10 个东南亚国家）的中产阶级消费者数量将从 2012 年的 1.9 亿增长到 2020 年的 4 亿；东南亚地区网络用户不断增长,有 1.3 亿用户拥有智能手机,互联网用户达 2 亿,而且预计到 2025 年,互联网用户预计将达 6 亿。根据谷歌和投资公司 Temasek Holdings 最新的研究预测,东南亚电商销售额将在 2025 年增长至 880 亿美元,并将占零售总额的 6%。①

7.2 Shopee②

成立于 2015 年,Shopee 是东南亚与中国台湾最大的电商平台,覆盖印度尼西亚、马来西亚、中国台湾、越南、泰国、菲律宾和新加坡,同时在中国深圳、上海和中国香港地区设立办公室。Shopee 2017 年 GMV 达到 41 亿美元,同比增长 258%,区域内 App 下载量名列前茅;目前员工遍布东南亚与中国,总人数达 5000 人,是该地区发展最迅猛的电商平台。

Shopee 为卖家提供自建物流 SLS、小语种客服和支付保障等解决方案,卖家可通过平台触达东南亚与中国台湾 7 大市场。Shopee 为买家打造一站式的社交购物平台,营造轻松愉快、高效便捷的购物环境,提供性价比高的海量商品,方便买家随时随地浏览、购买商品并进行即时分享。

Shopee 的母公司是 Sea。Sea 成立于 2009 年,为首间于纽交所上市的东南亚互联网领导企业,扎根于拥有 6 亿人口的东南亚与中国台湾市场,包括印度尼西亚、中国台湾、越南、泰国、菲律宾、马来西亚和新加坡,集团理念为运用科技的力量改善当地消费者及中小企业的生活。

Sea 旗下的游戏、电子商务和电子金融业务首屈一指:Garena 是东南亚和中国港澳台地区最流行的网络游戏和社交平台;Shopee 则是东南亚与中国台湾市场最大电商平台,2017 年 GMV 达到 41 亿美元,同比增长 258%;Airpay 为用户及中小企业提供互联网金融服务,已成长为该地区交易量最大的互联网金融平台。

---

① 为什么电商巨头们都纷纷布局东南亚,原来都看到这 7 大趋势. 雨果网. http://www.cifnews.com/article/31662 最后访问时间 2018 年 5 月 20 日星期日。

② 关于我们. shopee. https://shopee.cn/gywm/index_4.aspx 最后访问时间 2018 年 5 月 20 日星期日。

7.3 Lazada

拉扎达（Lazada）于 2012 年推出，是东南亚地区首屈一指的网上购物和销售目的地，目前覆盖印度尼西亚、马来西亚、菲律宾、新加坡、泰国和越南。作为东南亚电子商务生态系统的先驱，拉扎达通过其市场平台帮助超过 155 000 家本地和国际卖家以及 3 000 个品牌，服务该区域 5.6 亿消费者，并提供广泛的量身定制的营销数据和服务方案。

拉扎达提供超过 3 亿个 SKU，提供从消费类电子产品到家居用品、玩具、时装、运动器材和杂货等多种类别的产品。以提供卓越的客户体验为重点，它提供多种支付方式，包括货到付款，全面的客户服务和通过自己的第一和"最后一英里"交付部门的无障碍回报（这些交付部门由超过 100 个物流合作伙伴提供支持）。拉扎达集团由阿里巴巴集团控股有限公司（纽约证券交易所股票代码：BABA）控股。①

2017 年 3 月，拉扎达的月活跃用户达到了 300 万。② 拉扎达业务遍及印度尼西亚、马来西亚、菲律宾、新加坡、泰国和越南，从自营模式和销售 3C 产品起家，是典型的京东 B2C 模式。拉扎达的用户分布参见附录五。

集团 2015 年交易总额达到 13 亿美元。到 2015 年末，已拥有 10 座物流中心、80 多个配送中心以及超过 2 000 辆车的"最后一英里"配送车队，同时还与 100 多家第三方物流公司达成合作。

2018 年 3 月 9 日，阿里巴巴集团宣布，向东南亚最大电商平台拉扎达追加 20 亿美元，持股达到 51%。而蚂蚁金服的董事长彭蕾将成为拉扎达新一任 CEO。

在东南亚市场，Shopee 和 Lazada 依然是最大的两家电商平台，而天猫国际已经收购了拉扎达平台，占据了 51% 的股份。再下一步，天猫国

---

① 集团介绍. lazada. https：//www. lazada. com/最后访问时间 2018 年 5 月 20 日星期日。
② 阿里追投 Lazada10 亿美元，东南亚电商战争再升级. 百度百科. 2017. 6. 29. https：// baike. baidu. com/tashuo/browse/content? id = 6d6b44f74052b01e1e4d81e3a&lemmaId = &fromLemmaModule = pcBottom 最后访问时间 2018 年 5 月 20 日星期日。

际想要吞并东南亚市场，就必须作为市场挑战者的角色挑战 Shopee 的地位。而蚂蚁金服的董事长彭蕾出任拉扎达新一任董事长也意味着天猫海外以及阿里集团对于东南亚市场的重视。

8 结语

按 2016 年 9 月计算，截至目前，淘宝扩张海外的计划已经实行了接近两年。这两年，淘宝海外已经拓展了东南亚、澳大利亚等地区和国家，通过双平台通道建设，适应不同消费者的需要。并且凭借着菜鸟物流的协助，淘宝海外已经做出了一定的成果，并且菜鸟物流也在相关市场有了较为突出的表现。

十多年前，亿贝进入中国的时候，完全没有想到会被淘宝打败。今日的淘宝选择进入东南亚市场，是否会遇到当年亿贝遇到的困境？在服从阿里巴巴集团的整个大布局的前提下，淘宝海外是否会进一步拓展海外市场？进入海外市场，又必然面对亚马逊和亿贝这些世界级的巨头，淘宝能否攻坚克难，勇攀高峰，成功在亚马逊，亿贝等世界级的大电商和进入国家当地电商的双重压力下的分一杯羹？

在已经进入东南亚市场两年的情况下，天猫海外已经不满足于第二的位置，那又要通过什么样的战略和策略挑战 Shopee，在 Shopee 已经成为老牌电商平台，成功培养消费者习惯的情况下，挑战 Shopee 的地位？

在全球这个大市场，淘宝是否要挑战亚马逊和速卖通的地位？还是采用利基战略，专注于东南亚以及澳大利亚这些巨头尚未占领的地方？淘宝海外要怎样做才能更好地扩张自己，迎来自己的第二个发展阶段，这些都是值得深究的问题。

附 录

附录一：

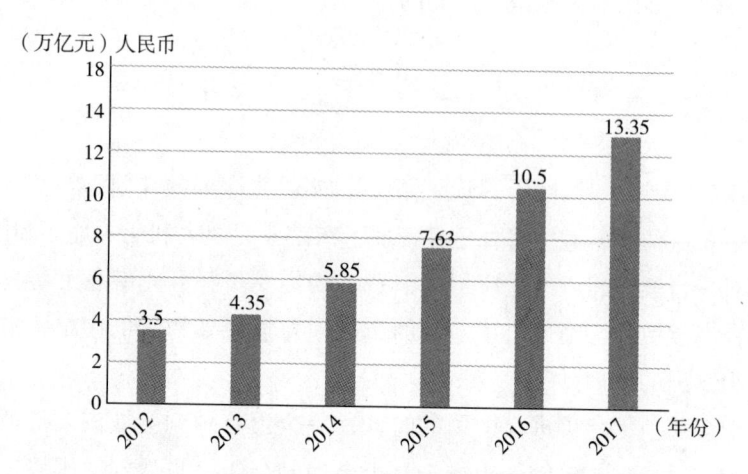

图1　2012～2017年（上）中国电子商务市场交易规模

资料来源：2017年（上）中国电子商务市场数据监测报告. 中国电子商务研究中心, http://www.100ec.cn/detail-6418193.html. 2017.9.10, 最后访问时间2018年8月15日。

附录二：

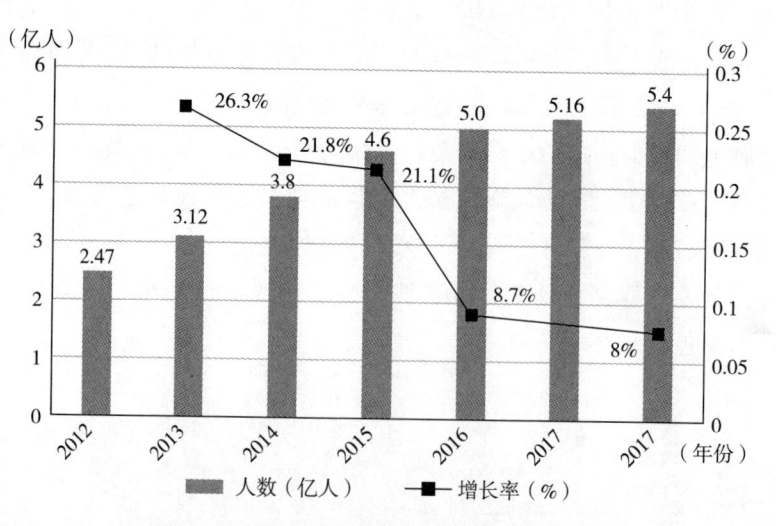

图2　2012～2017年中国网络购物用户规模

资料来源：2017年（上）中国电子商务市场数据监测报告. 中国电子商务研究中心. http://www.100ec.cn/detail-6418193.html, 2017.9.10, 最后访问时间2018年8月15日。

附录三：

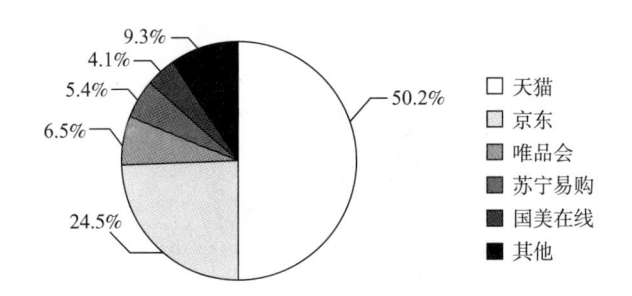

图3　2017年上半年中国B2C网络零售市场占比

资料来源：2017年（上）中国电子商务市场数据监测报告．中国电子商务研究中心．http://www.100ec.cn/detail-6418193.html，2017.9.10，最后访问时间2018年8月15日。

附录四：

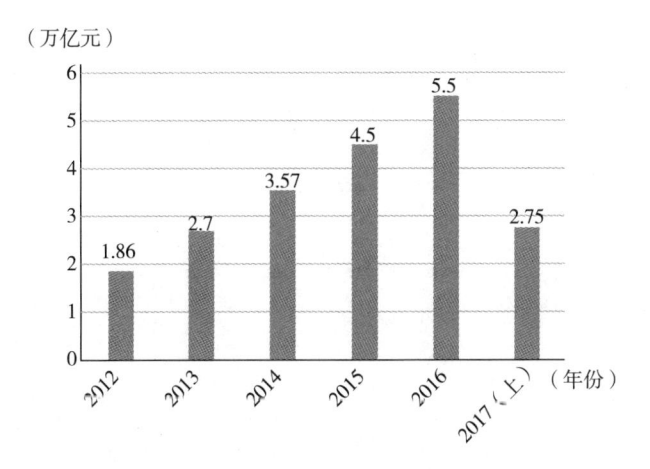

图4　2012～2017年中国出口跨境电商交易规模

资料来源：2017年（上）中国电子商务市场数据监测报告．中国电子商务研究中心．http://www.100ec.cn/detail-6418193.html，2017.9.10，最后访问时间2018年8月15日。

附录五：

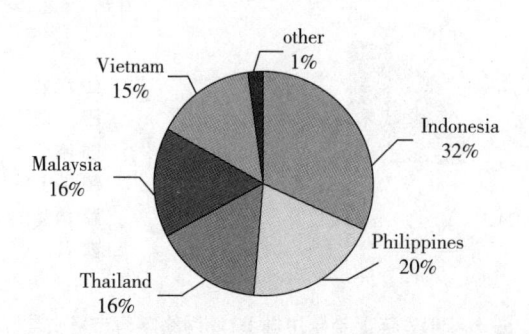

图 5 Lazada 的用户分布

注：用户分布 = App 在一国的周活跃用户数/App 在全球的周活跃用户数。

时代的弄潮儿——Z市金服的成长历程[①]

> **摘 要：** 于2015年建立的Z市金服，是Z市政府控股的金融集团下属子公司。Z市金服的设立就是Z市控股抓住了"互联网金融"蓬勃发展的机会。Z市金服设立已经三年多，但是它大部分业务依然是传统的借贷服务，业务范围也主要局限于Z市地区。随着"互联网金融"的持续发展，行业逐渐出现了诸如蚂蚁金服等大公司，政府对这一领域也加强了监管。在这样的环境下，Z市金服要采用什么样的战略和营销模式推动它"普惠金融"的定位，并且能进一步布局全国市场呢？
>
> **关键词：** Z市金服；国有企业；互联网金融；战略选择

引语

近几年来，以互联网为代表的现代信息科技，特别是移动支付、社交网络、搜索引擎和云计算等对当代各个产业都产生了巨大的影响，同样的，这些也对传统的金融模式产生了巨大的冲击。由此而生的互联网金融也成为时代的一个热点，也有越来越多的互联网金融平台慢慢崛起。

Z市金服踏着时代的大潮，于2015年成立，专注于金融市场，并且一直在积蓄实力，希望占据更多的全国市场，成为互联网企业的巨头之一，为客户提供更好的金融服务。

[①] 本案例是在中山大学管理学院的程鹏和谭佳怡协助下完成。本案例仅供教学使用，并提供材料作课堂讨论，并无任何意图证明、揭示或暗指所涉及的管理情景和管理方式是否合理及有效。出于保密的需要，本案例中的有关名称和数据信息等都有可能进行了必要的匿名、隐藏和掩饰处理。

1 行业介绍：互联网金融与 P2P

互联网金融是传统金融机构与互联网企业（以下统称从业机构）利用互联网技术和信息通信技术实现资金融通、支付、投资和信息中介服务的新型金融业务模式。① 传统金融市场可以根据融资模式分为两种：一种是以股票，债券等证券为代表的直接融资模式，另一种是以商业银行为代表的间接融资模式。而互联网金融则既不同于商业银行，也不属于间接融资方式，而这种方式就称之为"互联网金融模式"。

在互联网金融模式下，通过互联网获得信息更加快速有效，因此市场信息不对称程度更低；同时由于技术的发展，双方信息匹配，交易更加快速，降低了交易成本。同时由于在互联网金融中，商业银行，证券公司都没有承担着金融中介的作用，而是资金的供需双方直接交易，在保证了交易效率的同时，也降低了交易成本。

1.1 P2P

在互联网金融中，P2P 是一个耀眼的新星，仍然处在高速发展中。根据网贷之家发布的《P2P 网贷行业 2017 年 10 月月报》，截至 2017 年 10 月底，P2P 网贷行业历史累计成交达到 57 812.89 亿元，去年同期历史成交量仅为 29 650.33 亿元，上升幅度达到了 94.98%。正常运营平台数量为 1 975 家，累计停业及问题平台为 3 974 家。②

与传统商业银行以多种金融负债筹集资金，用各种金融资产进行信用创造，形成派生存款然后将闲置资金再投资的方式不同，P2P 是以互联网为基础，为资金的借贷双方提供相关的信息，并撮合交易。除此之外，相对于传统银行融资，P2P 的服务对象大部分是小微企业，且贷款

---

① 中华人民共和国中央人民政府. 人民银行等十部门发布《关于促进互联网金融健康发展的指导意见》. http://www.gov.cn/xinwen/2015-07/18/content_2899360.htm，2015-07-18，最后访问时间 2018 年 8 月 15 日。

② 网贷之家. 10 月 P2P 平台数跌破 2000 家又有 30 家出事（名单）. http://p2p.hexun.com/2017-11-02/191476142.html，最后访问时间 2017 年 11 月 22 日星期三。

利率较高，要求的担保条件更加宽松。

1.2 供应链金融

在供应链金融模式中，由于融资依据的资产主要为应收账款、存货等资产，这些资产的规模大小也将影响我国供应链金融的整体市场规模。根据国家统计局的数据，我国2006~2015年工业企业应收账款净额年均复合增长率为15.6%，从2006年的31 692.21亿元增长到2015年的117 246.31亿元，增幅超过了3倍；我国2006~2015年工业企业存货复合增长率为12.0%，2015年达到102 804亿元，相比2006年的36 999.26亿元，十年里增长了1.8倍。应收账款和存货等资产的不断增长为我国供应链金融的发展奠定了坚实的基础。据相关数据预测，2020年我国供应链金融的市场规模将达到14.98万亿元左右。[①]

1.3 消费金融

互联网消费金融，指依托互联网技术发展起来的新型消费金融模式，即借助网络进行线上的审核、放款、消费、还款等业务流程。互联网消费金融亦可分为狭义与广义。广义的互联网消费金融泛指一切依靠互联网打造的金融服务平台，包括传统消费金融的互联网化。狭义的互联网消费金融仅指互联网公司创办的消费金融平台。本报告中以狭义的互联网消费金融为重点研究对象。传统消费金融专注于大额信贷产品，且用户大部分为净值较高的人群。互联网消费金融是作为传统消费金融的补充而存在的。[②]

2015年11月23日，国务院发布《关于积极发挥新消费引领作用加快培育形成新供给新动力的指导意见》。《意见》指出，需推动金融产品和服务创新，支持发展消费信贷，鼓励符合条件的市场主体成立消费金

---

① 深圳元立方金融服务有限公司.供应链金融的发展现状.https://wenku.baidu.com/view/a3260352a517866fb84ae45c3b3567ec102ddc63.html 最后访问时间2018年1月28日星期日。

② 艾瑞咨询.2017年中国消费金融洞察报告.2017.4. http://www.iresearch.com.cn/最后访问时间2018年2月2日星期五。

融公司,将消费金融公司试点范围推广至全国。但同时在2017年4月,银监会出台《关于银行业风险防控工作的指导意见》,明确提出要推进网络借贷平台(P2P)风险专项整治,做好校园网贷、"现金贷"清理整顿,这将有利于消除行业发展中不利因素,促进行业进一步健康发展。根据央行数据,2015年消费支出占GDP的比例为66.4%,较2014年大幅提升15.2%,2016年维持在64.6%的高位,2017年上半年,全国社会消费品零售总额达17.2万亿元,同比增长10.4%,与发达国家80%的占比,仍具有相当的上涨空间。[1]

据艾瑞深《2017年中国互联网消费金融行业报告》分析,消费金融想要成功在于获客能力、用户体验以及风控能力。消费金融主要发展动力在于年轻群体可支配收入少,超前消费意愿十分强烈,其次,信贷人口渗透率不足三成,传统金融机构服务能力有限,科技改变了传统的风控模式也是消费金融发展的动力源。

2 公司介绍

2.1 国资公司的特点

2015年,中国企业法人共12593254家,其中国有企业就有133631家[2]。相比于外资企业与民营企业,国有企业一般体量更大,更容易受到政策影响,风险更加可控。

国有企业背后拥有强大的政府支撑。国有企业有着政府的保驾护航,有着天生的独特优势,在国资委下属的企业单位、行政事业单位等机构甚至民营企业更愿意选择国有企业的服务,以建立与政府的良好关系。其次,在信用上,依靠政府信用背书,在财务上,更加容易获得融资,

---

[1] 报告大厅. 消费金融市场现状. 2017.12.06. http://www.chinabgao.com/k/jinrong/30519.html 最后访问时间2018年1月28日星期日。

[2] 国家数据,中华人民共和国国家统计局,http://data.stats.gov.cn/easyquery.htm? cn = C01&zb = A010402&sj = 2015, 最后访问时间2017年11月22日。

尤其是国有银行受到政府制约,更愿意给国有企业做存储一定的让步;在市场上,同样是由于政府信用的作用,消费者对于产品和服务的安全性有着更高的信赖度,而对于金融行业来说,风险和收益是消费者购买产品主要考虑的因素。中国政府对于金融行业有着严格的监管。因此,国有金融公司相比与外资金融公司和私营的金融企业在中国大陆有着来自政府力量的优势。

2.2 公司及管理团队介绍

2015 年 Z 市金服公司在 Z 市成立。Z 市金服公司是 Z 市以 P2P 为主营业务的国有控股公司,是由 Z 市金融控股集团有限公司控股、由核心经营团队、国内优秀互联网企业参股共同发起设立的专业从事民间借贷居间服务的专业金融服务机构。作为 Z 市金服集团布局"互联网+金融"的战略机构,融资总额已超 20 亿元,并且每个月仍然在以一个亿的速度增长。

Z 市金服作为一所将科技和金融结合的公司。虽然成立时间短,但发展迅速。不仅营业额快速增加,在科研方面也屡屡做出新的成就,并且已经拿到许多政府设立的奖项。Z 市金服网络金融服务股份有限公司的母公司是 Z 市金融控股集团有限公司(以下简称"Z 市金控"),是市政府整合市属金融产业的平台,其成立旨在发展有综合竞争优势、能提供综合服务、具备综合经营能力的金融控股集团。

公司的核心管理团队均拥有十年以上金融、财务管理经验,而且大多数是银行高管出身,这对于他们发展供应链金融尤为有利。其中董事长拥有 10 多年大型国资资本管理经历,精通财务管理及企业运作。CEO 和风控总监都十分擅长风险管理及控制。

2.3 公司发展历程

Z 市金服由国资控股,掌握着很多资源。2015 年,平台成交量就突破了 2 亿元,在 2016 年,业绩又有着大幅上涨,上涨幅度达到 300% 以上,业绩可以说是突飞猛进,并且获得了 Z 市关于科技创新的若干个的奖项。2017年，Z市金服进入新模式，开始进行业务的转型。全新的消费金融产品上线；后来又加入了G省地方金融风险监测防控平台，平台成交量突破20亿元，并且公司也从原来的位置搬进了Z市的中心商务区。公司的交易和投资大部分发生在Z市本地。

3 市场定位

Z市金服目前的业务仍然是以传统的专业市场、供应链金融、消费金融为主，其中，传统业务要占到较大的比例。但随着控股的发展，企业愿景也变成了"普惠金融"。基于供应链金融，服务于中小微企业，降低他们的融资压力；消费者金融，主要面对个人的借贷业务，为个人消费提供小额的借贷。

供应链金融可以定义为：银行围绕核心企业，管理上下游中小企业的资金流和物流，并把单个企业的不可控风险转变为供应链企业整体的可控风险，通过立体获取各类信息，将风险控制在最低的金融服务。[1] 传统消费金融是指向各阶层消费者提供消费贷款的现代金融服务方式。[2]

关于市场定位，Z市金服专注于普惠金融。共有六条标准描述其市场定位，分别是"普惠金融非标资产的安全生产者""降解风险管理的颗粒度细化、动态化难题""穿透底层资产""精选垂直领域或电商平台""解决普惠金融小额、分散、高频痛点""主体授信与金融科技风控技术高度融合"。

为了控制风险，Z市金服对于客群质量也有着严格的把控。Z市金服是要选择自己的客户，投资人复投率也是达到了五成。借助于互联网金融服务平台，线上和线下风控相互结合，优化客户资源。因此，Z市金服的客户在信用上大部分有着良好的记录，也拥有较为雄厚的资产。反

---

[1] 百度百科. 供应链金融（金融服务）. https://baike.baidu.com/item/%E4%BE%9B%E5%BA%94%E9%93%BE%E9%87%91%E8%9E%8D/9993766，最后访问时间2017年12月25日星期一。

[2] 百度百科. 消费金融. https://baike.baidu.com/item/%E6%B6%88%E8%B4%B9%E9%87%91%E8%9E%8D 最后访问时间2017年12月25日星期一。

之，一些资产较少的，信用较差的就不会成为客户。

4 渠道

Z市金服的主要业务来自自建的平台app。也即是之前提到的Z市金服的新模式。通过客户的消费贷和在这一平台购买Z市金服的相关投资产品。其注册、投资流程方便快捷，随时随地可以投资。仅需注册、充值、投资三步即可完成投资。

除了自己直接面向客户，Z市金服也通过和第三方合作，增加自己的利润。2016年与Z市当地多名著名企业合作，2017年分别与Z市专业市场公共服务平台，Z市清算中心合作，共拓供应链金融板块。

Z市金服还会与一些更大的金融公司合作，吸引一些较大的金融公司不愿意接纳的客户，为他们提供小额的贷款或者金融产品的服务。到目前为止，Z市金服靠中介企业对接客户的模式已经发展了多个中间商。

但是，事实上，Z市金服依然更多地依靠后两种手段。而这样的渠道手段明显不符合它专注于"普惠金融"的市场定位。这样的渠道目前看来只适合于Z市金服当前发展阶段的状态，而后期采用什么样的营销手段可以增加它与直接消费者直接接触的可能性对于它的业务转型有着重要的影响。

5 促销

Z市金服采用新模式，安全、稳健、便捷的投资，借助日益普及的移动端，帮助Z市金融推进了它的新平台。

在日常促销方面，Z市金服通过一些诸如话费、游戏充值、购物卡、红包奖励、加息券等，全方位覆盖投资者的日常生活。打造更方便快捷的投资服务体验，进一步带动投资者对于Z市金服App的使用，从而增加相关投资。

在慈善方面，也积极响应国家号召，践行国企的优良风格，参与贫困地区对口帮扶。这些举措在提升企业形象的同时，也与政府建立了良好的关系，改善了企业自身的经营环境、营销环境等。

6 竞争对手

在 P2P 和互联网金融蓬勃发展的现在，Z 市金服可以说是具有相当多的竞争对手。仅 P2P 平台目前就已经有了 1 000 多家，更有蚂蚁金服这样的巨头存在。在消费贷上，京东白条借助京东的平台，蚂蚁花呗借助淘宝、天猫等平台发展得如火如荼。同时还有传统的信用卡等占据着一定的消费贷市场。在供应链金融方面，蚂蚁金服、京东金融、苏宁金融等巨头下的公司依然是 Z 市金服的主要对手。

蚂蚁金服旗下拥有支付宝、支付宝钱包、余额宝、招财宝、蚂蚁小贷及筹备中的网商银行等品牌。具有支付切入对阵社交切入、抢占线下渠道、对外合作等突出优势，旗下还有阿里小贷、菜鸟物流作支撑。

京东金融已建立起八大业务板块——供应链金融、消费金融、众筹、财富管理、支付、保险、证券和数据服务，京东金融集团定位金融科技公司，遵从金融本质，以风控能力建设为战略第一位，以数据为基础，以技术为手段，搭建服务金融机构和非金融机构的开放生态，致力于提升金融服务效率，降低金融服务成本。[①]

7 风险控制

风险控制是 Z 市金服作为一家金融公司重点关注的地方，也是一家金融公司让投资者值得相信的地方。而 Z 市金服在这一方面则是做得较为不错的一家公司。

首先，Z 市金服建立了一套金融网贷的风控体系。第一，在客户源头对客户的挑选有着严格的管理制度；第二，采用了微贷技术；第三，

---

① 帝友．新鲜出炉的供应链金融公司排名．http：//www.diyou.cn/news/a1671.html 最后访问时间 2017 年 12 月 30 日星期六．

与其他机构合作；第四，采用增信措施；第五，采用大数据风控。

其次，Z市金服也进一步加强了业务风控措施。在借贷之前，借款人必须经过风控的多道审批环节，包括初审、终核。在借贷过程中，项目数据动态监管，所有协议文档全部采用电子签章存证，确保合同的有效性、唯一性、合法性和不可篡改性。在还款整个过程中，业务和风控团队协助借款人完成信息变更、提前还款等工作，系统自动提醒借款人按时还款，分层监控，一旦出现逾期，则根据不同的业务模式启动安全垫管理机制，完成逾期处理、资产回收的工作。

同时，线上线下同时进行风险控制。线上方面，风控规则包括快速审批、公安部门个人信息校验、银行信息四要素校验、手机用户信息校验、反欺诈校验。而在线下方面，则主要是面对企业，因此相关风控措施也是针对一些合作机构。在公司的两大业务中，由于供应链金融风控的主体不同，因此也进行了差异化的设计。相对于银行来说，实行更加严格的企业信贷用户准入、风控审核标准。

在保障客户信息安全方面，Z市金服也做了很多的准备。Z市金服建立了国家级信息安全防护；在信息安全方面，建立了国家公安部信息等级保护三级预案；在网站安全保障方面，借助了阿里云的服务。同时，拥有增值电信业务经营许可证，经营许可证是作为开展资金存管的必备条件之一。由此可见，Z市金服在安全防护方面具有较强的实力。

8 科研力量

随着经济的发展，越来越多的公司从劳动密集型企业转换为技术密集型企业，而科技则是在这一转变中，起着极大的作用。而Z市金服自创办伊始，就以科技和金融相结合的模式进军互联网金融，并通过互联网的模式，做到普惠金融。因此，Z市金服在起步时期，就花费了大量的资产用于科研。

Z市金服是一家将科研融入金融的公司。因此在科研方面，Z市金服也是做出了很大的付出。在科研方面，Z市金服尤其重视人才。通过向外引入，内部培养的方式，组建了专业的产品和技术研发团队，并通过完善创新激励措施等来留住公司的人才。到目前为止，Z市金服已经获得多项关于技术创新的奖项。

9 现在面临的问题

伴随着金融网贷监管的加强，诸如Z市金服这样的公司受到越来越多监管的影响，业务量下降，那么Z市金服又该如何应对这些政策上的变换呢？

随着网络上出现了对于P2P的一些负面报道，并且出于对大公司的信任，一些用户也开始减少P2P的使用，在消费贷上更愿意使用传统的信用卡等进行替代，Z市金服又要利用什么样的营销手段来宣传"可信"的形象呢？

如前面所提到的，尽管Z市金服目前服务于华南地区的金融服务，但事实上，Z市金服早就有逐鹿中原的渴望，而面对全国市场，Z市金服又要采用什么样的战略呢？

10 结语

Z市金服成立快四年了，从互联网刚进入我们的生活到今天，"互联网＋"从一个新概念变成了人们老生常谈的话题，金融也不再像以前那样高高在上，而是进入万家百姓的盈利工具。而互联网金融也逐渐有了巨头兴起，蚂蚁金服、京东金融已经成为这个行业的领导者。

Z市金服是要成为市场追随者呢，还是成为他们的挑战者？成为他们的挑战者Z市金服又有什么优势呢？Z市金服要怎样做才能更好地壮大自己，获得更多的利润呢？雄关漫漫真如铁，Z市金服还有很长的路要走，成功与否，还要时间的见证。

附　录

附录一：

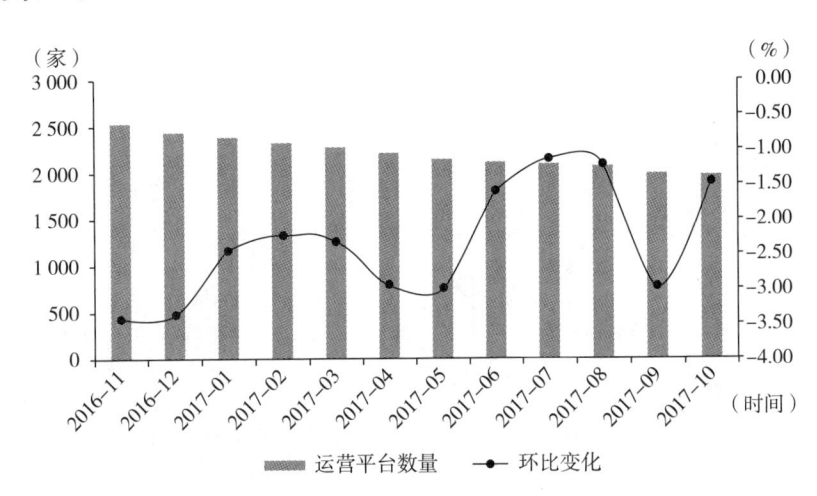

图1　P2P网贷行业正常运营平台数量走势

资料来源：网贷之家研究中心. P2P网贷行业2017年10月月报. https://www.piZcaifu.com/node/industryNews/2017110302 最后访问时间2018年2月2日星期五。

附录二：

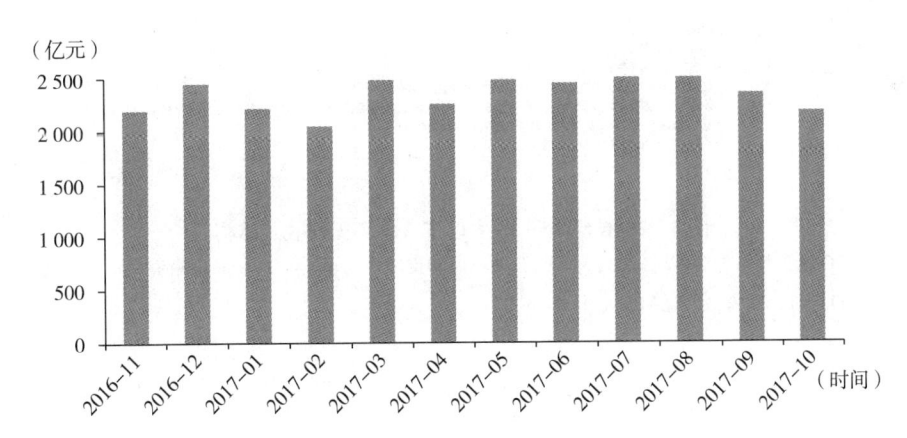

图2　P2P网贷行业成交量走势

资料来源：网贷之家研究中心. P2P网贷行业2017年10月月报. https://www.piZcaifu.com/node/industryNews/2017110302 最后访问时间2018年2月2日星期五。

附录三：

国资绝对控股：超过50%；网络科技公司持股略大于核心经营团队持股。

附录四：

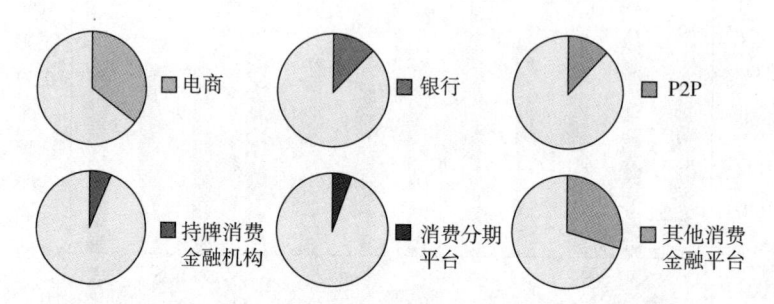

图3 2017年中国各互联网消费金融市场参与放贷规模占比

资料来源：艾瑞咨询.2017年中国消费金融洞察报告.2017.4. http：//www.iresearch.com.cn/ 最后访问时间2018年2月2日星期五。

附录五：

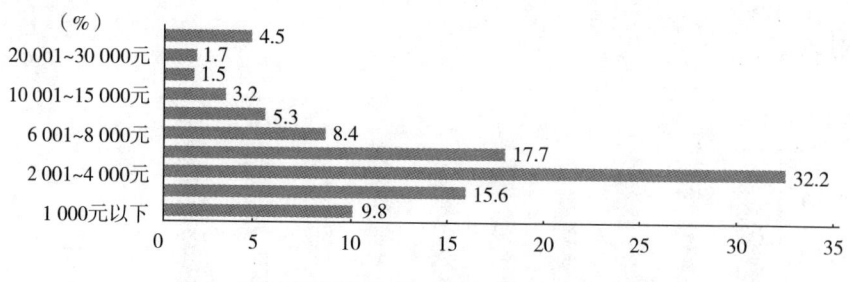

图4 2016年中国30岁以下人均可支配收入结构

收入区间	占比（%）
20 001~30 000元	4.5
15 001~20 000元	1.7
10 001~15 000元	1.5
8 001~10 000元	3.2
6 001~8 000元	5.3
4 001~6 000元	8.4
2 001~4 000元	17.7
1 001~2 000元	32.2
1 000元以下	15.6
（无数据项）	9.8

资料来源：艾瑞咨询.2017年中国消费金融洞察报告. http：//www.iresearch.com.cn/，最后访问时间2018年2月2日星期五。

（％）

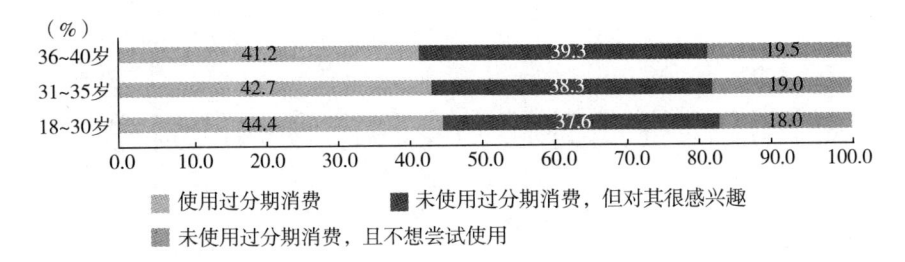

年龄	使用过分期消费	未使用过分期消费，但对其很感兴趣	未使用过分期消费，且不想尝试使用
36~40岁	41.2	39.3	19.5
31~35岁	42.7	38.3	19.0
18~30岁	44.3	37.6	18.0

图5　2016年中国18～40岁人群超前消费意愿比例

资料来源：艾瑞咨询.2017年中国消费金融洞察报告.http：//www.iresearch.com.cn/，最后访问时间2018年2月2日星期五。

腾讯如何在海外移动支付市场大放异彩?[①]

摘　要：根据《中国第三方支付移动支付市场季度监测报告2018年第1季度》显示，2018年第一季度，中国第三方支付移动支付市场交易规模达40 3645.1亿元人民币，环比增长6.99%。支付宝和腾讯金融二者的移动支付市场交易份额达到了92.71%，腾讯金融（微信支付服务）市场份额拥有38.95%，位列市场第二位。腾讯支付相关服务极大限度地促进了腾讯收入增长。面对支付宝和其他移动支付服务的步步扩张，以及国内市场逐渐饱和局面，如何拓展支付服务在移动支付领域的业务、发展完善线下支付场景、布局海外市场成为支撑腾讯可持续发展的重要战略构成。

关键词：微信；移动（微信）支付；创新；海外市场

1　腾讯控股有限公司

腾讯控股有限公司（腾讯或"集团"）经营一系列综合互联网平台并提供各种服务，包括通信、社交网络、在线游戏、信息和视频内容，总部位于广东省深圳市，民营IT企业，主要运营范围在中国。[②] 1998年中国互联网发展初期，腾讯创始人马化腾当时注意到广州电信想要购买一个中文即时通信工具，于是拉着许晨晔、张志东、陈一丹和曾李青共

[①] 本案列在柳诗颖（加拿大达尔豪西大学2017届毕业生）的协助下完成。本案例仅供教学使用，并提供材料作课堂讨论，并无任何意图证明、揭示或暗指所涉及的管理情景和管理方式是否合理及有效。出于保密的需要，本案例中的有关名称和数据信息等都有可能进行了必要的匿名、隐藏和掩饰处理。

[②] 百度百科．(2018)．腾讯．https://baike.baidu.com/item/腾讯#reference-[22]-1591-wrap，最后访问时间2018年8月15日．

同创业，1998年11月11日，腾讯公司成立。作为中国式改造的ICQ和在线即时通讯软件，1999年2月10日OICQ发布，这也是QQ的前身。作为一款操作简单、界面合理、功能新颖的免费通讯软件，在2000年腾讯的QICQ（即后来的QQ）已经占领了中国在线即时通讯90%以上的市场份额。[①] 2003年腾讯推出了QQ秀，开始向用户收费。这是腾讯抓住了用户的虚拟需求和自我实现的关系，推出互联网增值服务，从而使腾讯开始大规模盈利。2004年，腾讯开始进军网游市场，游戏业务成为奠定腾讯商业模式的重要开始；同时，腾讯开始致力于媒体和广告业务，推出了qq.com新闻平台。同年6月腾讯控股在中国香港联合交易所主板正式挂牌，成为第一家在中国香港主板上市的中国互联网企业。2009年腾讯开始将所有PC产品无线化。2011年，腾讯推出为智能手机提供即时通讯服务的免费应用程序——微信。微信的推出使腾讯又一次抓住了移动互联网的入口，并且借助微信实现又一次的起飞，变得更加强大[②③]。2015年，腾讯实现了移动支付绑卡账户数超过2亿[④]，移动支付所建立的支付平台逐渐成为腾讯创收模式之一。

经过20年的发展，腾讯集团已经在互联网服务领域占有举足轻重的一席之地。2018年5月29日，《2018年BrandZ全球最具价值品牌100强》公布，腾讯以1 790亿美元的品牌价值排名第五，同比增加65%[⑤]。2018年7月19日，2018年《财富》世界500强排行榜发布，腾讯公司

[①] bilibili网络游戏专栏（2017-09-27）.回顾腾讯20年发展史（1）—— QQ是如何成功的（上）. https://www.bilibili.com/read/cv21057/，最后访问时间2018年8月15日.

[②] 新浪游戏.（2015-11-11）.一张图看懂腾讯17年发展史的3大阶段、13个关键点. http://games.sina.com.cn/y/n/2015-11-11/fxkniur3052211.shtml，最后访问时间2018年8月15日.

[③] 得智，快报（2018-03-07）《腾讯传》：解密中国互联网巨头崛起的原因和腾讯快速发展的20年. https://kuaibao.qq.com/s/20180307G1Q51G00?refer=spider，最后访问时间2018年8月15日.

[④] 腾讯官网.（2018）.发展历程. https://www.tencent.com/zh-cn/company.html，最后访问时间2018年8月15日.

[⑤] 新浪科技.（2018-05-29）.BrandZ发布全球最有价值品牌榜单：腾讯阿里入围前十. http://tech.sina.com.cn/it/2018-05-29/doc-ihcffhsu7576498.shtml，最后访问时间2018年8月15日.

位列 331 位①。

腾讯重视创新，突破与创新是腾讯产品的灵魂。腾讯以创新作为企业发展的驱动力，创新能力名列世界前茅。腾讯在超过 20 个国家和地区中申请超过 17 000 项专利，专利数量中国第一，在全球互联网企业名列第三。并且，在 2015 年，根据波士顿咨询公司全球最具创新力企业报告，腾讯品牌价值为中国企业排名最高。2018 年 3 月 7 日，腾讯联手联发科技共同成立创新实验室，围绕手机游戏及其他互娱产品的开发与优化达成战略合作，共同探索人工智能（AI）在终端侧的应用②③。目前，腾讯 50%以上员工为研发人员，运营着国内在安全性、规模性、先进性上领先的云计算系统。拥有完善的自主研发体系，在存储技术、数据挖掘、多媒体、中文处理、分布式网络、无线技术六大方向上技术突出。微信和微信支付，正是腾讯的创新理念重要体现之一。

2 腾讯业绩

根据 2018 年 5 月 16 日，腾讯发布的 2018 年第一季度报表，腾讯总收入为人民币 735.28 亿元，比上年同期增长 48%，净利润为人民币 239.73 亿元，同比增长 65%，净利润率亦由去年同期的 29%增长至 33%④（收入结构见图 1）⑤。

在 2018 年第一季度，腾讯增值服务业务在 2018 年第一季度的收入同比增长 34%至人民币 468.77 亿元，占总收入的 63.8%。其中网络游

---

① 财富中文网．(2018 – 07 – 19)．2018 年财富世界 500 强排行榜．http：//www.fortunechina.com/fortune500/c/2018 – 07/19/content_311046.htm，最后访问时间 2018 年 8 月 15 日．

② IT 之家．(2018 – 03 – 07)．联发科联合腾讯搞事情！优化腾讯游戏．https：//www.ithome.com/html/it/350040.htm，最后访问时间 2018 年 8 月 15 日．

③ 腾讯官网．(2018)．腾讯发展史．https：//hr.tencent.com/about.php，最后访问时间 2018 年 8 月 15 日．

④ 腾讯官网．(2018 – 05 – 16)．腾讯公布 2018 年第一季度业绩．https：//www.tencent.com/zh-cn/articles/8003491526469767.pdf，最后访问时间 2018 年 8 月 15 日．

⑤ 马宁宁，南方都市报．(2018 – 05 – 18)．腾讯、网易、微博 Q1 收入上涨股价下跌，都是抖音闯的"祸"？http：//m.mp.oeeee.com/a/BAAFRD00002018051880399.html，最后访问时间 2018 年 8 月 15 日．

戏收入增长了 26% 达人民币 287.78 亿元,占总收入比重近 40%。个人计算机客户端游戏的收入基本保持稳定。社交网络收入增长了 47% 达人民币 180.99 亿元。网络广告业务在 2018 年第一季度的收入同比增长 55% 至人民币 106.89 亿元,占总收入的 14.5%。社交及其他广告收入增长 69% 至人民币 73.90 亿元,媒体广告收入增长 31% 至人民币 32.99 亿元。值得一提的是,其他业务在 2018 年第一季度的收入同比增长 111% 至人民币 159.62 亿元,占总收入的 21.7%。腾讯支付相关服务及云服务业务规模的扩大为其他业务的增长做出了巨大贡献。

根据腾讯 2013~2018 第一季度的营业收入统计(见图 2)[1],腾讯在 5 年内实现了总收入约 5.4 倍增长。2013~2014 年腾讯按照增值服务、网络广告、电子商务、其他业务对营收进行业务分类,2015 年第一季度开始,腾讯不再单独公布电子商务交易额,将电商业务收入并入"其他业务"。增值服务从 2013 年第一季度占总收入的 78.7% 减少到 2018 年第一季度占总收入的 63.8%,但增值服务依旧是腾讯公司最主要的收入来源。其中网络游戏业务是腾讯增值服务(增值服务收入包括网络游戏收入和社交网络收入)中的重要支柱,也是腾讯收入的重要部分。2011 年至 2015 年腾讯财报显示,游戏业务占总营收比例均超过 50%,2016 年占比为 46%,也是近年来首次游戏收入占比低于 50%。[2] 见图 3 和表 1,[3] 截至 2017 年第三季度,腾讯的游戏营收同比增速达到 48%。2017 年,游戏年化收入突破 1 000 亿元大关,根据 2018 年第一季度财报,一季度网络游戏收入增长 26% 至人民币 287.78 亿元,PC 端收入基本稳定,游戏收入增长主要是受益于腾讯主要的玩家对战及角色扮演游戏类型的智能手机游戏的贡献,腾讯这个全球最大的游戏帝国在进一步稳定游戏

---

[1] 新浪科技. (2018-05-17). 腾讯财报解读:发力短视频微视、QQ 看点被提上财报. http://tech.sina.com.cn/i/2018-05-17/doc-iharvfhu3629093.shtml,最后访问时间 2018 年 8 月 15 日。

[2] 搜狐财经. (2018-03-22). 腾讯 2017 净利润同比大增 75%,净利润强劲增长可期,进取策略布局新零售. http://www.sohu.com/a/226129099_313170,最后访问时间 2018 年 8 月 15 日。

[3] 老虎社区. (2018-03-26). 腾讯控股(HK0700)历年财报数据汇总. https://www.laohu8.com/post/171221,最后访问时间 2018 年 8 月 15 日。

收入的同时，不断拓展新的收入增长点。①②

相比游戏业务和广告业务，支付业务和云计算业务显现出高增长的趋势。从 2016 年第二季度，其他业务一直保持着占总收入的 22% 左右。其中，支付业务在 2018 年第一季度实现了三位数的增长，同时毛利率达到了创新高的 25%，支付解决方案业务增长主要是因为线下商业支付交易量及消费者提现手续费快速增长。移动支付逐步成为腾讯收入和发展的重要领域。

谈到移动支付，必不可少地要比较 QQ，微信及 WeChat 用户数据。在腾讯 2018 年第一季度报表，QQ 月活跃账户数达到 8.05 亿，比去年同期下降 6.4%。QQ 智能终端月活跃账户数达到 6.94 亿，比去年同期上升 2.4%。微信和 WeChat 的合并月活跃账户数达到 10.40 亿，比去年同期增长 10.9%。腾讯在 2018 年三月底向第三方游戏开发商开放小游戏平台，鼓励更多零售商及其他开发商使用小程序，为商家推出"扫码购"作为智慧零售的解决方案之一。为整合了小程序与微信支付，客户可避免排队结账，提高了高峰时段的交易效率。③ 对比 2013 年第一季度到 2018 年第一季度的 QQ 和微信月活跃账户数（见图 4），QQ 的活跃账户数从 2013 年至 2017 年第三季度一直保持在 8.15 亿~8.7 亿之间，活跃用户数趋于平稳，但在 2017 年第四季度下降到 7.83 亿，比去年同期下降 9.8%。反观微信的月活跃账户数，从开始公布数据的 2013 年第一季度，微信的活跃账户数为 1.94 亿，每个季度保持平稳增长，到 2017 年第四季度达到 9.89 亿，比去年同期增长 11.2%。④ 四年时间，微信账户活跃数增长了 5.1 倍。微信活跃账户数，是腾讯扩大移动支付领域和商

---

① 雪花新闻．（2018-05-16）．腾讯一季度日赚 2.66 亿元，游戏年化收入破 1000 亿元大关．https：//www.xuehua.us/2018/05/16/腾讯一季度日赚 2 亿~66 亿元，游戏年化收入破 1000 亿元大关，最后访问时间 2018 年 8 月 15 日．

② 36kr 氪媒体．（2017-03-22）．腾讯 2016 年总营收 1519 亿元，游戏年收入占比首次低于 50%，效果广告季度同比增 77%．https：//36kr.com/p/5067783.html，最后访问时间 2018 年 8 月 15 日．

③ 腾讯官网．（2018-05-16）．腾讯公布 2018 年第一季度业绩．

④ 腾讯官网．（2018-03-21）．腾讯公布 2017 年第四季度及全年业绩．https：//www.tencent.com/zh-cn/articles/8003481521633431.pdf，最后访问时间 2018 年 8 月 15 日．

业交易领域的重要基础，也是腾讯发展支付相关服务的必要条件之一。

3 腾讯移动支付市场

根据《中国第三方支付移动支付市场季度监测报告 2018 年第 1 季度》数据显示，2018 年第一季度，中国第三方支付移动支付市场交易规模达 403 645.1 亿元人民币，环比增长 6.99%。① 与 2017 年第一季度对比，移动支付行业交易规模在 2018 年第一季度继续保持规模增长，但由于受到季节性因素影响，加之整体交易规模量级已经达到较高规模，因此在环比增速上略有下滑（见图 5）。在 2018 年第一季度中国第三方移动支付市场交易份额对比图中（见图 6），根据易观分析认为，腾讯金融第一季度受益于传统强势季度社交支付交易规模的增长，带动总体规模较快增加，个人转账类业务也因此受益，虽然其信用卡还款业务在收费后整体增速有所下降，但交易规模继续增加，微信入口流量带动作用明显。此外，由于其对整体商业支付场景的持续拓展，一季度摇一摇红包等活动的开展也进一步带动其线下商业交易规模增加。本季度腾讯金融市场份额增至 38.95%，位列市场第二位。总体上看，支付宝和腾讯金融二者的市场份额达到了 92.71%，仍然占据绝对主导的地位。

值得一提的是，根据 2018 年 6 月 30 日金融科技专场上，从腾讯金融科技副总裁陈起儒《腾讯移动支付：从红包到国际化》演讲可以知道，经过 4 年时间的发展，2018 年参与收发微信红包的总人数达到 7.68 亿。正如陈起儒所说："虽然目前移动支付不像以前那样迅猛增长，但红包给移动支付带来助力的作用，很多人的第一次支付就是在红包上完成，这就是红包的时代意义。"② 根据陈起儒介绍，随着移动支付的发展，其

---

① 易观. (2018 – 07 – 03). 易观：2018 年第 1 季度中国第三方支付移动支付市场交易规模 403645 亿元人民币. http://m.analysys.cn/point/detail/1001417.html，最后访问时间 2018 年 8 月 15 日。

② 李秀琴 (2018 – 06 – 30)，雷锋网，腾讯移动支付的国际化：始于红包，跨境支付和汇款成新动力. https://www.leiphone.com/news/201806/FfC1PhQhV9LxJ0XG.html，最后访问时间 2018 年 8 月 15 日。

目前呈现的态势已由一二线城市逐步向更偏远的小城市甚至向村落渗透。从腾讯内部的数据来看，在 2016 年至 2017 年，一二线城市已实现基本覆盖，但支付量还在增长。经过排查，发现其中增长最快的来自 60 岁以上的群体。不仅如此，像西藏、贵州和海南以及中西部省份，在这两年的支付市场也得到了较快的发展。

然而，另一方面，随着国内支付市场趋于饱和，以及国内出境旅游需求越发旺盛，腾讯早已将目光转向了对跨境支付的关注。据陈起儒介绍，目前，腾讯在境外支付业务布局上有两条发展路径：一是通过跨境支付满足中国游客境外旅行的便捷支付需求；二是在微信用户量比较高的地区，例如中国香港和马来西亚，腾讯申请了当地的支付牌照，以本地钱包向中国香港、马来西亚当地用户提供便利的移动支付服务，为当地居民提供吃穿住行一站式的生活服。①

根据统计数据发现，年轻人出国的数字看出境旅行成为刚需。陈起儒提到未来腾讯会加大加快海外移动支付的布局，以便未来能为更多更广泛的国家和地区提供支付的服务。至目前为止，微信支付跨境业务已支持超过 40 个境外国家和地区的合规接入，支持超过 13 个币种直接交易。此外，在 2018 年 6 月 20 日，针对国人出境旅游的退税需求，腾讯移动支付也给出了相应解决方案，推出了基于微信小程序的境外实时退税服务——"腾讯退税通"。这是一种基于微信小程序推出的海外实时退税服务。用户可以通过微信扫码，轻松将退税款存入自己的微信钱包。截至目前，腾讯退税通已覆盖韩国、德国、意大利、希腊、芬兰等 26 个国家和地区，并且支持在全球 77 个机场实时退税（见图 7）。

由于移动支付的平台迅速发展，腾讯内部开始将移动支付的发力点放在了别处。首站即放在了金融行业非常发达的中国香港地区和微信覆盖率比较高的马来西亚。过去两年，腾讯微信支付陆续在中国香港和马来西亚获得支付牌照。最近几年来，中国香港地区的用户对微信支付的

---

① CCTV 央视经济网．（2018－07－19）．马化腾：愿开放移动支付平台相关技术共同开拓国际市场．http：//jingji.cctv.com/2018/07/19/ARTIjavgcfdDqVkpEsw7JOAF180719.shtml，最后访问时间 2018 年 8 月 15 日．

接受度逐渐提升。与此同时，为了解决在港务工的菲律宾人士给家人汇款的难题，腾讯推出了 We Remit 跨境汇款工具。据陈起儒介绍，以前，这些菲律宾务工人士的汇款前往家乡非常困难，往往需要用上一天的时间来排队。腾讯这款电子化跨境汇款工具，可以在线上快速实现汇款。短短一年时间，渗透率超过 20%。

对于腾讯而言，腾讯董事会主席兼首席执行官马化腾表示，未来，腾讯会持续关注移动支付业务的进一步国际化，并且愿意开放自身移动支付平台的积累、技术、经验，甚至源代码，与更多合作伙伴一起开拓新的市场，服务好更多的移动支付的人群。这是腾讯移动支付发展的必经之路。

4 腾讯创新机制：鼓励"兄弟爬山"[①]

根据著名国际商业媒体《快公司》（Fast Company）发布"2018 年世界最具创新力公司榜单"，全球 TOP50 榜单中，苹果、Netflix、Square 占据榜单前三，第四次入选全球 TOP50 榜单的腾讯超过亚马逊，位列全球第四，刷新了中国公司的历史最高排名（见图 8）![②] 2018 年 5 月 5 日，腾讯公司与人民教育出版社在北京正式签署战略合作协议。未来双方将重点就新技术、新产品及其在教育领域的应用开展深入研究和推广，合作内容包括 AR（Augmented Reality）教材、人人通、个性化学习平台、云服务、智慧校园等，共同推动信息技术教育教学的融合创新。同时将在教育公益领域加强协作，共同探索教育信息化创新发展。[③] 这都强有力地证明了腾讯在创新道路上的强劲势头，以及坚持自主创新的决心。

---

① UXRen.（2017 - 12 - 23）. http：//uxren. cn/？p = 54421，最后访问时间 2018 年 8 月 15 日。
② 新浪财经网.（2018 - 03 - 23）. 厉害了腾讯，干出了这种事，顺便还赚了 2377 亿！http：//t. cj. sina. com. cn/articles/view/6360690214/17b206e26001006dcb，最后访问时间 2018 年 8 月 15 日。
③ 凤凰网财经（2018 - 05 - 05）. sina. com. cn/art. http：//finance. ifeng. com/a/20180505/16241913_0. shtml，最后访问时间 2018 年 8 月 15 日。

面向未来，坚持自主创新，树立民族品牌是腾讯的长远发展规划。腾讯以创新作为企业发展的驱动力，创新能力名列世界前茅。腾讯在超过20个国家和地区中申请超过17 000项专利，专利数量中国第一，在全球互联网企业名列第三。并且，在2015年，根据波士顿咨询公司全球最具创新力企业报告，腾讯品牌价值为中国企业排名最高。目前，腾讯50%以上员工为研发人员，运营着国内在安全性、规模、先进性上领先的云计算系统。拥有完善的自主研发体系，在存储技术、数据挖掘、多媒体、中文处理、分布式网络、无线技术六大方向上技术突出。①

腾讯公司内部的良性竞争不仅促进了腾讯公司的良性发展，还为创新建立了坚实的后盾。创新首先要重视人才，没有了人，也就无法创新。或是人带着技术走了，也会在创新路上增加许多绊脚石。腾讯为了吸引人才，留住人才，下足了功夫②。2015年腾讯设立"名品堂"奖项，以重量级奖金用以奖励腾讯内部优秀的产品。腾讯手机管家成为首个入围产品，其他三个分别是手机QQ浏览器、微信公众平台、腾讯新闻客户端。2016年应用宝、微信支付和《王者荣耀》获得了名品堂的奖项。2017年底，腾讯"名品堂"又收录了《穿越火线手游》和"全民K歌"两款优秀产品③。

在华盛顿大学教授陈晓萍和腾讯公司董事会主席马化腾的长谈中可以知道，腾讯鼓励企业内部团队之间的竞争和创新，这是腾讯企业文化中的一个重要的核心理念，也是腾讯特有的创新机制——鼓励"兄弟爬山"。马化腾在访谈中说：

"其实这也是我们慢慢摸索和总结出来的经验，内部一些良性的竞争是很有必要的，往往自己'打'自己，才会更努力，才会不丢失一些大的战略机会。因为你如果不做，这个行业里总有人站出来，做一个抓住

---

① 腾讯官网（2018）. 腾讯发展史. https：//hr. tencent. com/about. php，最后访问时间2018年8月15日。

② CREAFFCTIVE. （2016 – 03 – 31）. 腾讯的创新文化. https：//www. creaffective. de/zh/2016/03/deenzhtw/，最后访问时间2018年8月15日。

③ 虎嗅网（2017 – 12 – 16）. https：//www. huxiu. com/article/226179. html，最后访问时间2018年8月15日。

机会的产品。正因为微信是从内部竞争的打拼中脱颖而出，这让它足够强壮，能够在外部竞争中站立得住。我们的经验是，在公司内部往往需要一些冗余度，容忍失败，允许适度浪费，鼓励内部竞争和试错。创新往往意味着巨大的不确定性，不创造各种可能性就难以获得真正的创新，有时候为创新而创新反而会让创新动作变形。我们也走过弯路，我们过去搞了一个研发中心，还真的说你们就干创新，结果发现干的都是重复性的产品工作，并没有做到真正的创新。我们事后回头看，很多创新点，并不是我们搞一个创新部门，你们只干创新，就能做出创新来。别的部门就不做创新吗？现实不是这样的，很多创新往往是自下而上的，总是在不经意的边缘地方出现。比如微信，不在成熟无线业务里面诞生，反而是在以前做邮箱的广州研发中心诞生。今年我们有款很受用户青睐的游戏叫'王者荣耀'，它是由不太受人关注的成都团队做出来。如果企业完全自上而下，说看好了往哪边走，这样往往企业没有活力，很僵化，尤其在互联网变化特别快的产业非常危险。我很喜欢一个比喻叫'兄弟爬山'，大家努力看谁先跑到山顶。因为这有点像我们内部竞争的方式。在试错阶段，原则上鼓励大家都可以来试，正如前面提到的自下而上的方式。评判试错结果是有个客观标准的，也就是用户和市场说了算。当然在腾讯往往是自下而上与自上而下两种方式的结合。对成熟的业务，我们采取比较稳健的管理方式，但对于新兴的模糊地带则需要鼓励自下而上的试错。一旦新兴业务成熟时，就不能完全失控，我们会通过成熟业务来帮助未成熟业务。比如一旦微信成形，腾讯会以全公司力量支持微信，包括核心的QQ关系链，也包括各种营销资源，以及与公司其他产品和业务的联动。"

腾讯不仅仅注重公司内部的创新发展，还致力于支持中国的创新软实力的提升，值得一提的就是 NEXT IDEA 腾讯创新大赛，NEXT IDEA 是 2012 年由腾讯集团发起的关注艺术与科技领域的青年创新人才计划。通过集合腾讯优势业务以及各个领域的顶尖合作伙伴，挖掘、启发、培养并孵化年轻人的创意，共同推动全球青年的创新力和创造力。①

2018年6月11日，腾讯宣布2018年NEXT IDEA腾讯创新大赛正式启动，并揭晓大赛主题——"创意活化世界遗产"。作为以青年创意活化传统文化的赛事平台，这是大赛连续举办7年来首次出海，首站落地卢浮宫，并于当日与中国文物交流中心共同举办"感知中国"——中国文博创意作品海外巡展。"文化与科技，是人类发展的两个重要支柱。科技推动了文化发展，文化则让科技更有温度。科技与文化融合，既可以创造商业价值，也可以创造社会价值。"腾讯集团市场与公关部总经理李航在启动仪式上表示，作为一家以互联网为基础的科技与文化公司，腾讯一直在探索用科技让文化连接全民、体验升级、传播活化。未来，我们希望连接起青年人与世界文化IP，让不同文化的青年人一起用科技活化文化，让文化在下一代人当中流动起来。腾讯此次走到海外，率先引入英国、法国的超级文化IP，向推动国际传统文化IP版图成型迈出一大步，成为腾讯推动科技与文化融合，促进文创产业发展与跨国文化交流的重要支点。在此之前，腾讯已经与长城、故宫、敦煌等一系列中国传统文化IP达成战略合作，2018届大赛启动仪式上展示了部分合作成果。以科技和创意活化传统文化，创造新的演绎形态，已经成为国家构建文化软实力、提升文化自信的重要课题。腾讯发挥互联网和新科技的优势，致力于传承、活化与弘扬优秀传统文化，从根植中国到融通海外，在连接更多传统文化与现代创意、青年一代的过程中，让宝贵的世界文化遗产真正"活"起来。②

2018年1月26日，"NEXT IDEA×未来想象"腾讯创新大赛2017年度盛典在北京举行。自去年6月赛事启动以来，NEXT IDEA腾讯创新大赛携手共青团中央学校部通过影视、文学、游戏、智能互联等11大赛事品类，面向全国2 000多所高校征集创意成果。本次盛典，现场通过互动体验展、舞台表演等形式展现了本年度的优秀创意，并通过表彰鼓

---

① Next Idea官网．(2018)．关于．http://nextidea.qq.com，最后访问时间2018年8月15日。
② Sherwinwang，腾讯科技．(2018-06-12)．全球强IP同台，NEXT IDEA腾讯创新大赛出海落地卢浮宫．http://tech.qq.com/a/20180612/029240.htm，最后访问时间2018年8月15日。

励获奖青年继续保持创新的初心,用创意和想象去探索未来。腾讯集团副总裁、腾讯影业首席执行官程武在盛典上表示:"今年腾讯即将迎来20岁生日,可以说腾讯也是个年轻人。腾讯愿意和每一个年轻人一起,在 NEXT IDEA 这个舞台上发现更多闪光的创意,携手打造更有想象力的未来。"①

5 微信和微信支付

微信,正在一步一步成为一种生活方式。2011 年上线,微信,用一种纯粹的创新理念,为数以亿计用户的生活带来改变。综合即时沟通、娱乐社交和生活服务为一体的新移动生活方式在微信里逐步形成。腾讯利用已经有的用户基础和品牌效应。从 2011 年 1 月微信面世,到 4 月底,用户数已达 400 万,在半年内,用户数飙升至 2 亿。微信用户迅速飙升的原因就在于微信其实是 QQ 现有用户的简单转换。作为微信的前辈,QQ 是腾讯 1999 年推出的基石产品,自此便成为中国用户的聊天应用程序。到 2018 年第 1 季度为止,QQ 月活跃账户数达到 8.05 亿。语音信箱重获新生。2011 年 5 月,微信 2.0 新增语音信息功能,从而赋予微信从当时聊天应用程序中脱颖而出的独特优势。这一功能不仅为用户在出游或路上发送信息提供了更大便利,而且也让不习惯于在手机上打字的老一代用户使用起来更方便自然。② 微信的多样化选择逐渐融入人们的日常生活:用户可以通过发送语音、图片和文字信息实现多种形式的即时沟通;"摇一摇"及"附近的人"创造了一种全新的社交体验;"朋友圈"分享生活点滴,带动熟人社交;"游戏中心"及"表情商店"提供更多娱乐休闲生活体验;"公众平台"让每一位用户都能打造自己的

---

① 李文瑶,环球网科技.(2018-01-26).聚焦青年创新人才 NI 腾讯创新大赛年度盛典举行.http://tech.huanqiu.com/business/2018-01/11559199.html,最后访问时间 2018 年 8 月 15 日.

② Johnathan Koh, Campaign China.(2014-12-15). China Innovation. creaffec. https://www.campaignchina.com/article/china-innovation:微信,为征服而来/392950,最后访问时间 2018 年 8 月 15 日.

品牌，也让更多的创新不断涌出；微信支付更是开启了移动生活的大门。截至 2016 年第三季度，"微信和 WeChat"的合并月活跃账户数达到 8.46 亿。①

微信的崛起成功体现了中国"微创新"和腾讯的创新发展：

·腾讯大胆"借用"和整合了东西方现有 App 的无数功能，从时下热门的 App 中汲取灵感。在此基础上改进和优化，以契合中国本土文化和市场需求，不断提升 App 功能和用户体验。

·作为一款综合即时沟通、娱乐社交和生活服务为一体的 App，微信不断整合着越来越多的功能来尽可能多地满足大多数的用户需求。一款 App"应该有什么"并无定规，所以不必只局限于一种功能——但西方许多初创公司和应用程序开发人员都倾向于如此。想当初，微信也没有考虑到后来会进行 App 整合；相比之下，Twitter 和 Facebook 在移动 App 的开发上要慢得多。Twitter 花费数年才添加了内置照片分享功能和链接缩短功能，而 Facebook 的移动 App 也是直到最近才活跃起来。

·微信把用户体验至上摆在一个极其重要的位置，这正是微信脱颖而出的关键所在。微信（如同其前辈 QQ）为用户提供了心仪的功能和特性：礼物、动画表情、钱包、移动支付等，但凡用户所想，微信几乎都尽可能地做到了。

微信支付是集成在微信客户端的支付功能，用户可以通过手机完成快速的支付流程。微信支付以绑定银行卡的快捷支付为基础，向用户提供安全、快捷、高效的支付服务。根据易观《中国移动支付行业专题分析》可知，微信支付依托微信高频流量入口，在用户使用时长和黏性上都大幅领先行业竞争对手，加之其对支付场景的不断拓展，以及金融增值服务产品的不断优化推出，预计其交易规模仍将保持高速增长。除了微信这个自带流量的高频应用支持，微信支付能够在短期内迅速崛起的另一个原因是基于腾讯内容生态的场景把控，微信支付满足自有体系和外部商户多方位需求（见图 9）。包括视频、新闻、社交、游戏等多方面

---

① 百度百科．（2018）．腾讯．https://baike.baidu.com/item/腾讯#reference - [22] - 1591-wrap，最后访问时间 2018 年 8 月 15 日．

的腾讯自有场景以及京东、美团、58同城、乐居等多个投资合作企业。微信支付补足了线上线下商业交易中的闭环需求,由此带来的数据积累和供应链金融等增值服务将是下一阶段主要的发力点。① 微信支付在移动支付市场脱颖而出,和它独特三大竞争优势分不开:

1)微信生态:微信支付拥有微信这个超级流量入口,在用户数量和使用时长、频率上碾压对手,微信推出的小程序将进一步帮助微信支付进行场景拓展。

2)线下商户:微信支付采取服务商机制进行线下推广,使得其在短时间内在中小商户上取得巨大突破,交易规模在短时间内猛涨。

3)产品研发:微信支付在近期加速补全其过去一直是短板的金融产品体系,联系开发出理财、借贷等多种增值服务产品,进一步增加了用户的选择。

微信社交的先天优势对支付宝而言,难以复制,就像支付宝依靠电商一样。微信的强社交链、人群间的互动、扩散是支付宝所缺乏的。毕竟微信因为社交关系的纽带而存在,它将与朋友沟通、发红包等功能集合在一起,而支付宝则是一个支付工具。举个例子,你可能会在与亲人聊天之后,顺手给他们交下水电、手机费,而不是打开另一个App进行操作。②

微信支付推出之前,腾讯握的第三方移动支付是财付通。成立于2005年的财付通和支付宝成立的时间相仿,但微信的财付通由于长于社交、距离支付场景较远原因,虽然在移动支付市场份额中排名第二,但是相较于排在第一位的支付宝而言,相去甚远,始终不温不火。在支付的市场份额长期依赖于电商交易的时候,腾讯几次尝试电商支付场景的入口,例如,拍拍网、QQ购物等,只是战绩不佳。大多数创业公司并没有多余的时间精力去做第三方支付,包括打车软件,为移动支付提供了

---

① 199IT网.(2018-01-31).易观:2017中国移动支付行业专题分析.http://www.199it.com/archives/684782.html,最后访问时间2018年8月15日。

② 胡慧芳,钛极客财经网科技频道.(2018-08-22).移动支付战争史:付宝与微信支付的五年攻防战.http://tech.caijing.com.cn/20180822/4504291.shtml,最后访问时间2018年8月15日。

电商场景以外的场景支付入口。腾讯意识到二维码是连接线上、线下的钥匙。此时,微信中早就设计的扫一扫功能派上了用场,通过扫一扫识别二维码信息,再加上 2013 年微信 5.0 版上线,这一版本中增加的微信支付功能。

2014 年 1 月 26 日,财付通在微信公众账号推出了公众账号"新年红包",模仿了中国人在春节期间的传统馈赠方式。用户只要关注账号就可以向好友发送或领取红包。有普通等额红包、拼手气红包两种,一经推出就以病毒传播式的方式活跃在各大微信群中,一跃而起。春节期间,除夕到初一有超过 500 万用户参与,收发红包数量达 1 600 万个。这一数据验证了微信红包的用户基础。2014 年春节小试牛刀后,2015 年微信支付又与央视春晚合作,将微信红包这一产品打造成了爆款。与此同时,微信联合外部企业推出"摇一摇"抢红包的形式。据统计,在除夕当晚,微信共 2 000 万用户参与,红包收发总量超过 10 亿个,是 2014 年的 62 倍。于是,在红包的催化下,微信绑卡量呈指数级增长。因为收到红包的用户,很多会选择提现,自然就会触发银行卡绑定行为。因此,2015 年春节后,依托微信社交关系链让客户自发学习、传播的方式,以及微信红包这种创新支付形式的普及,微信支付顺利完成了冷启动,微信绑卡账户成功破亿,远小于支付宝累计同样规模用户的时间,积累了初始支付用户以及账户资金。微信红包一夜之间干完了支付宝花了 10 年干的事情,被马云称为"偷袭珍珠港"。春节红包战是微信支付崛起的开端,春节红包战不仅让微信支付在移动支付市场中攻城略地,也奠定了微信支付在移动支付业务的一席之位,同时也代表移动支付市场从电商主导的时代开始向以社交为导的时代转变。

微信支付的崛起绝对不仅仅是"红包战"后的偶然,而是移动互联网时代,微信成功复制 QQ 后,所具备的移动社交基因的必然。没有任何一个 App 比微信拥有更大体量的活跃用户,亦很难有一个 App 能够与微信的活跃度、复杂的社交链相匹敌。这一点从微信支付崛起,且对支付宝形成威胁所依赖的社交属性中,可以得到印证。的确,微信支付改变了移动社交的基因。如果说支付宝,开启了移动支付的大门,是开拓者；且让第三方移动支付具备金融属性；那么微信就是将移动社交支付发挥到极致的那个，且这一属性目前仍有极大的可挖掘空间。

6 中国移动支付市场

根据易观《中国移动支付行业专题分析》报告，从2016年开始第三方移动支付市场就进入了高速发展时期，移动支付向着更多高频、刚需行业场景拓展，代表性中小企业逐渐发力，在掌握独有的生态的同时，加深对所在行业场景的开拓（见图10）。移动支付高速发展的原因包括:①

1) 宏观经济总体运行平稳，消费规模持续增长；
2) 移动互联网用户规模高位递增，市场规模稳定增长；
3) 二维码支付技术规范带动移动支付发展；
4) 传统POS机向着智能POS演变功能呈现多样化趋势。

自2004年起，将近10年的时间支付宝的推广过程很大程度上代表移动支付的推广过程，在教育市场、教育用户的基础上，支付宝在移动支付市场的地位就像淘宝在电子商务的地位一样，占据绝对的先发优势。而支付宝势头之猛，亦把其他第三方支付的同行们远远甩在了后面，因此长期以来，支付宝一直主宰着中国的移动支付市场。中国移动支付市场的竞争越来越激烈，在2017年底，支付宝的市场份额快要降至一半，而微信支付的市场份额升至逾三分之一。支付宝和腾讯金融（微信支付）占据中国移动支付绝大多数市场，根据2018年第一季度中国第三方支付移动支付市场季度监测报告，支付宝和腾讯金融二者的市场份额达到了92.71%，腾讯金融（微信支付服务）市场份额拥有38.95%，位列市场第二位。

对比支付宝，是以每个人为中心，以实名和信任为基础的一站式场景平台。自2004年成立以来，支付宝已经与超过200家金融机构达成合

---

① 199IT网（2018-01-31）. 易观：2017中国移动支付行业专题分析. http://www.199it.com/archives/684782.html，最后访问时间2018年8月15日。

作,为近千万小微商户提供支付服务,拓展的服务场景不断增加。支付宝也得到了更多用户的喜爱,截至 2015 年 6 月底,实名用户数已经超过 4 亿。在覆盖绝大部分线上消费场景的同时,支付宝也正在大力拓展各种线下场景,包括餐饮、超市、便利店、出租车、公共交通等。目前,支持支付宝的线下门店超过 20 万家,出租车专车超过 50 万辆。支付宝的国际拓展也在加速。目前,境外超过 30 个国家和地区,近 2 000 个签约商户已经支持支付宝收款,覆盖 14 种主流货币。2013 年,支付宝开始支持韩国购物退税,2014 年,支付宝将退税服务扩展到了欧洲。在金融理财领域,支付宝为用户购买余额宝、基金等理财产品提供支付服务。目前,使用支付宝支付的理财用户数超过 2 亿。2015 年 7 月,支付宝手机端新增了"朋友"功能,打造基于场景的关系链,满足用户在不同场景下的沟通需求。此外,支付宝还为企业、组织和个人提供直接触达和服务用户的开放平台。现在,支付宝对外开放流量与九大类接口。基于开放平台,支付宝正在创建移动商业的生态系统。围绕用户需求不断创新,支付宝希望贯穿消费、金融理财、生活、沟通等人们真实生活的各种场景,给世界带来微小而美好的改变。① 支付宝从移动支付市场中脱颖而出,它的竞争优势不可忽略:

1) 通过自有平台和控股手段,打通并掌握生活各场景的商业、金融综合服务平台;

2) 健全的账户体系令支付宝能够准确"定位"用户,各种增值服务为账户增加价值;

3) 从电商的信用中介到快捷支付等产品的推出,支付宝源源不断在平衡中寻找创新。

从信用中介到快捷支付,再到移动支付终端和综合性金融服务商,支付宝一方面通过对用户信息的积累,致力于对用户进行大数据刻画;另一方面,在其拥有优势的 B 端进一步切入商户运营。支付宝正在和电商、线下商业、物流、云服务等方面一起构建起一个延展性巨大的,没

---

① 支付宝官网. (2018). 支付宝简介. https://ab.alipay.com/i/jieshao.htm, 最后访问时间 2018 年 8 月 15 日。

有天花板的商业生态网络，并成为这个生态圈层的基础设施。

随着移动通信技术和商业移动互联网的发展，移动支付将主导未来商业移动的进程。见图 11，易观对于 2017~2019 年中国移动支付市场交易规模预测，2016 年移动支付市场继续爆发，市场规模达到 353 306.3 亿元人民币，同比上年增长 115.9%。预计到 2019 年，中国移动支付市场规模将达到 2 959 905.8 亿元人民币。根据易观分析，支付机构继续推行推出针对线下的服务商计划，未来主要移动支付厂商对线下的渗透将进一步加剧。从第三方支付行业整体看，经历费改之后费率降低，行业整体利润受到影响，支付企业正逐步摆脱分润的盈利方式，支付逐渐变为获取用户商业数据的入口。未来将通过大数据分析等方式，描述用户行为画像以及为 B 端商家赋能，打造属于自己的行业护城河。此外，受益于巨头争夺移动市场的高额补贴，聚合支付企业受到资本市场追捧，未来拥有特殊渠道及资源，能够提供多元化增值服务的行业巨头将崛起。

7 微信和微信支付出海出师不利[1][2]

2011 年年初，微信上线，在短短不到两年的时间就积累了两亿用户；2012 年，腾讯就开始考虑微信的国际化；2013 年，微信在美国设立办公室，将美国作为重点突破口。回顾腾讯早期的出海策略，在区域和产品选择上和百度上有些类似。首先，都以发达国家为重点，百度选了日本，腾讯选了美国；其次，都是先推广核心产品，百度推广搜索引擎，腾讯推广微信。

腾讯对微信国际化有很大的期待，马化腾在 2013 年深圳 IT 领袖峰会上表示，"对腾讯来说这辈子能够走出国际化的，在目前看来就只有微信这个产品。" 同时，马化腾也表示，中国互联网企业在国际化上的经验

---

[1] 新浪科技. (2018-08-17). 海外市场会带着腾讯再次起飞吗？ https://tech.sina.cn/csj/2018-08-17/doc-ihhvciiw3741254.d.html?vt=4，最后访问时间 2018 年 8 月 15 日。

[2] 苏建勋，新浪财经. (2018-04-08). "扫一扫"在海外市场水土不服微信支付宝本地化难 http://finance.sina.com.cn/money/bank/dsfzf/2018-04-08/doc-ifyvtmxc9944214.shtml，最后访问时间 2018 年 8 月 15 日。

非常欠缺，需要"摸着石头过河"，"微信国际业务的机会是50%"。为了50%的成功机会，腾讯做出了很大的努力，拨给微信国际化的预算高达20亿元人民币。微信甚至还请了足球巨星里奥·梅西作为全球代言人。然而微信出海的效果没有想象中的那么理想，巨星代言不仅在美国没有起到很好的效果，在巴西和哥伦比亚这样的足球大国，效果也很惨淡。虽然砸了巨资，但是微信依然只是海外中国人的交流工具。

回想微信的遇冷，主要原因是腾讯方面的主要原因还是本土化没有做到位。微信的产品团队和海外本地化团队是分开的，产品是张小龙的团队在管，而本地化是由国际业务部在管，相当于有两个老板。由于管理结构的不合理，微信在国外几乎没有做任何本土化的适配。

对于微信支付的出海情况，在错综复杂的海外市场，支付领域的大公司都在战略的推进中尝试着更多手段。由于在他国开展支付业务需要获得金融牌照，与当地已有牌照的公司合作成为推广移动支付的主流方式。2018年3月26日，微信支付则与新加坡星网电子付款公司（NETS）开展合作，未来可让新加坡当地NETS用户扫描微信二维码付款。单从开拓国家数量来看，支付宝暂居先发优势——最新数据显示，支付宝已覆盖全球38个国家和地区与数十万商户；微信支付也已登陆超过25个国家和地区，覆盖全球超过25万境外商户。2018年初，为了方便海外华人使用微信支付，微信宣布微信支付允许绑定境外信用卡。据微信官方2018年发布的《在华外国用户微信生活观察》报告显示，在华外国用户使用微信支付的比例高达64.4%。交通出行、团购外卖、餐饮、便利店、超市、线上商超等是他们使用微信支付频率最高的六大场景。腾讯表示，现在微信支付可绑定境外信用卡，在一定程度上方便在华外国人使用微信支付，算是一大新兴用户群体。[①] 当然一个不得不面对的事实是，在境外使用支付宝或者微信支付的，主流仍是庞大的国内"出境游"群体。根据今年2月尼尔森发布的白皮书《2017中国境外旅游和消费趋势白皮书》显示：约有65%的中国游客在境外旅行时使用移动支

---

① 谈国，加国无忧网（2018-01-19）．华人好消息：微信支付可以绑定外国信用卡了．https：//info.51.ca/news/canada/2018-01/615663.html，最后访问时间2018年8月15日。

付,而非中国游客仅占 11%。

然而海外市场拓张,远远没有想象中的那么容易,在海外,大多数多家商户表示:"扫码支付的还是以中国人为主,本地人很少用手机支付。"尽管可以通过机构合作的方式将移动支付推广进海外市场,但在产品落地阶段,移动支付工具仍阻碍重重。主要原因在于:

一方面,不同国家对于交易结算系统政策不同,大多海外银行也会对支付平台转账所承担的结算业务疑虑重重,这会造成有"支付工具",但无卡可绑的尴尬局面,无形中提升了用户的使用门槛。"新加坡很多银行并不支持电子钱包对银行卡的在线转账,用户的钱只能通过电子钱包消费,提现的话需要去银行办理。"一位在海外经营第三方支付所说。用户习惯的养成则是另一个壁垒,对于欧美等发达国家来说,发达健全的信用卡体系已经被消费者接受,人们对"扫一扫"的付款方式在安全与数据隐私层面充满疑虑;而在东南亚等地,现金依旧是最流行的支付方式,根据 PayPal 的一份调查显示,90% 的新加坡人表示现金是他们的支付优先选择。

可以说,腾讯在海外市场推广移动支付的目标客群,一定不仅仅是出境游的中国旅客,而如何进行产品在他国的本地化策略,建立良好的产品体验,就成为腾讯推广移动支付的必经之路。

8 结束语

腾讯作为中国乃至世界级的互联网巨头,坚持公司独特的创新策略,以即时通信工具起步,逐渐进入社交网络、互动娱乐、网络媒体、电子商务等领域崭露头角,成为中国互联网企业的领导者,中国的互联网人在应用性迭代和对本国消费者的行为了解上,找到了自己的办法,并开始领跑全球。[①] 腾讯应该如何进行战略布局?随着国内移动支付的激烈

---

① 吴晓波,商业评论网:(2016-02-05).书讯:《腾讯传 1998-2016:中国互联网公司进化论》,http://book.ebusinessreview.cn/bookarticle-287387.html,最后访问时间 2018 年 8 月 15 日。

竞争，腾讯应该如何保持优势？立足中国文化的红包在腾讯开拓移动支付时期起了举足轻重的推动作用，腾讯应该如何进一步依托文化，创新开拓市场？在移动支付在腾讯未来发展中逐渐占据着越来越重要的地位，但随着国内市场的饱和，虽然积极开拓海外市场，却没有收获到想要的结果，屡屡受挫。为了保证腾讯可持续发展，移动支付在未来更加大放异彩，腾讯应该如何在海外市场创新开拓，继续谱写腾讯的成功故事？

附　录

附录一：

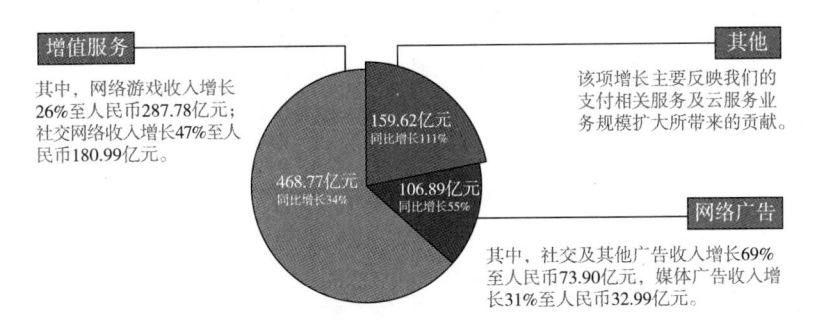

增值服务
其中，网络游戏收入增长26%至人民币287.78亿元；社交网络收入增长47%至人民币180.99亿元。

468.77亿元 同比增长34%
159.62亿元 同比增长111%
106.89亿元 同比增长55%

其他
该项增长主要反映我们的支付相关服务及云服务业务规模扩大所带来的贡献。

网络广告
其中，社交及其他广告收入增长69%至人民币73.90亿元，媒体广告收入增长31%至人民币32.99亿元。

图1　腾讯2018年第一季度收入结构

资料来源：马宁宁，南方都市报，http://m.mp.oeeee.com/a/BAAFRD00002018051880399.html，最后访问时间2018年8月15日。

附录二：

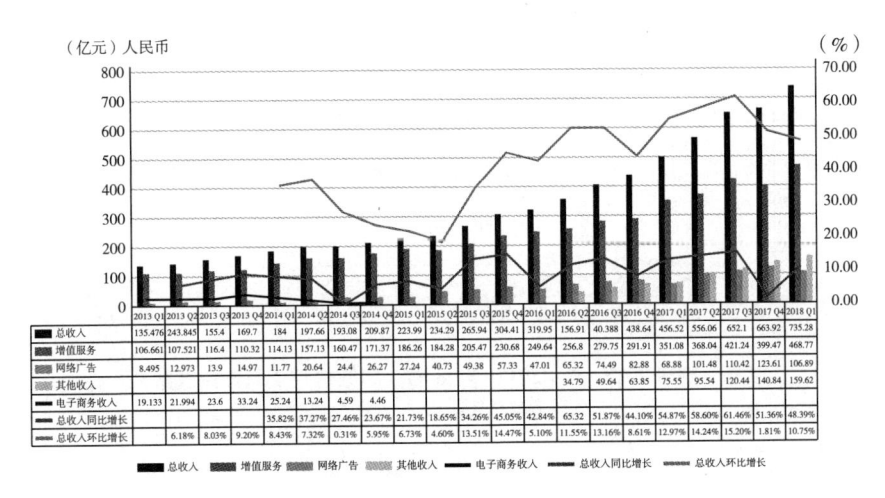

	2013 Q1	2013 Q2	2013 Q3	2013 Q4	2014 Q1	2014 Q2	2014 Q3	2014 Q4	2015 Q1	2015 Q2	2015 Q3	2015 Q4	2016 Q1	2016 Q2	2016 Q3	2016 Q4	2017 Q1	2017 Q2	2017 Q3	2017 Q4	2018 Q1
总收入	135.476	243.845	155.4	169.7	184	197.66	193.08	209.87	223.99	234.29	265.94	304.41	319.95	156.91	40.388	438.64	456.52	556.06	652.1	663.92	735.28
增值服务	106.661	107.521	116.4	110.32	114.13	157.13	160.47	171.37	186.26	184.28	205.47	230.68	249.64	265.8	279.75	351.08	368.04	421.24	399.47	468.77	
网络广告	8.495	12.973	13.9	14.97	11.77	20.64	24.4	26.27	27.24	40.73	49.38	57.33	47.01	65.32	74.49	82.88	68.88	101.48	110.42	123.61	106.89
其他收入													34.79	49.64	63.85	75.55	95.54	120.44	140.84	159.62	
电子商务收入	19.133	21.994	23.6	33.24	25.24	13.24	4.59	4.46													
总收入同比增长					35.82%	37.27%	27.46%	23.67%	21.73%	18.65%	34.26%	45.05%	42.84%	65.32	51.87%	44.10%	54.87%	58.60%	61.46%	51.36%	48.39%
总收入环比增长		6.18%	8.03%	9.20%	8.43%	7.32%	0.31%	5.95%	6.73%	4.60%	13.51%	14.47%	5.10%	11.55%	13.16%	8.61%	12.97%	14.24%	15.20%	1.81%	10.75%

图2　腾讯2013～2018 Q1收入情况

资料来源：新浪科技. 腾讯财报解读：发力短视频微视、QQ看点被提上财报 http://tech.sina.com.cn/i/2018-05-17/doc-iharvfhu3629093.shtml，最后访问时间2018年8月15日。

附录三：

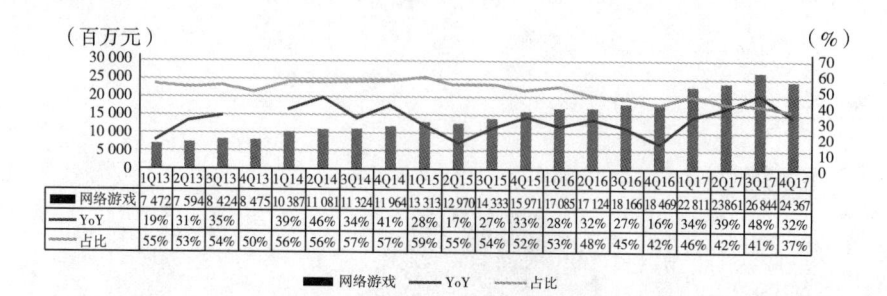

	1Q13	2Q13	3Q13	4Q13	1Q14	2Q14	3Q14	4Q14	1Q15	2Q15	3Q15	4Q15	1Q16	2Q16	3Q16	4Q16	1Q17	2Q17	3Q17	4Q17
网络游戏	7 472	7 594	8 424	8 475	10 387	11 081	11 324	11 964	13 313	12 970	14 333	15 971	17 085	17 124	18 166	18 469	22 811	23 861	26 844	24 367
YoY		19%	31%	35%		39%	46%	41%	28%	17%	27%	33%	28%	32%	27%	16%	34%	39%	48%	32%
占比	55%	53%	54%	50%	56%	56%	57%	57%	59%	55%	54%	52%	53%	48%	45%	42%	46%	42%	41%	37%

图 3　腾讯 2013 Q1～2017 Q4 游戏收入及占比

资料来源：老虎社区，腾讯控股（HK0700）历年财报数据汇总 https://www.laohu8.com/post/171221，最后访问时间 2018 年 8 月 15 日。

附录四：

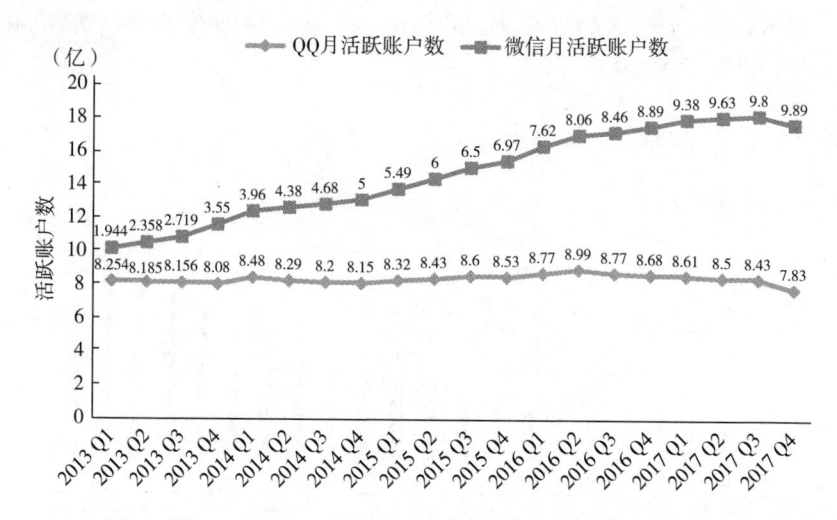

图 4　腾讯 2013 Q1～2017 Q4 的 QQ 和微信月活跃账户数数据

资料来源：腾讯官网．https://www.tencent.com/zh-cn/articles/8003481521633431.pdf，最后访问时间 2018 年 8 月 15 日。

附录五：

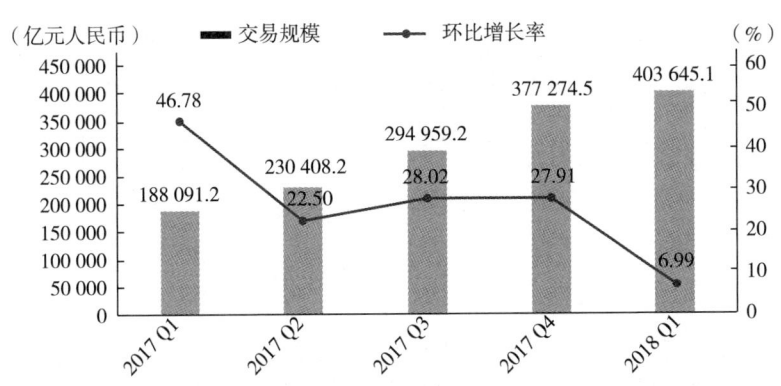

[图表：2017 Q1~2018 Q1 中国第三方支付移动支付市场交易规模柱状图与环比增长率折线图]

柱状图数据（亿元人民币）：
- 2017 Q1：188 091.2
- 2017 Q2：230 408.2
- 2017 Q3：294 959.2
- 2017 Q4：377 274.5
- 2018 Q1：403 645.1

环比增长率（%）：
- 2017 Q1：46.78
- 2017 Q2：22.50
- 2017 Q3：28.02
- 2017 Q4：27.91
- 2018 Q1：6.99

说明：以上数据根据厂商访谈、易观自有监测数据和易观研究模型估算获得，易观将根据掌握的最新市场情况对历史数据进行微调。

图 5　2017 Q1~2018 Q1 中国第三方支付移动支付市场交易规模

资料来源：易观（2018-07-03），2018 年第 1 季度中国第三方支付移动支付市场交易规模 403645 亿元人民币，http：//m.analysys.cn/point/detail/1001417.html，最后访问时间 2018 年 8 月 15 日。

附录六：

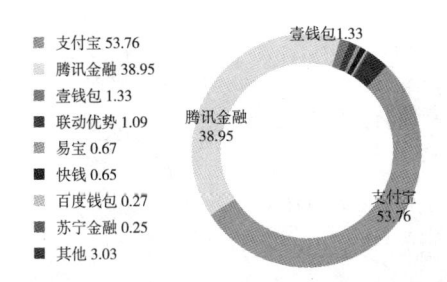

[环形图：2018 年第 1 季度中国第三方移动支付市场交易份额]

- 支付宝 53.76
- 腾讯金融 38.95
- 壹钱包 1.33
- 联动优势 1.09
- 易宝 0.67
- 快钱 0.65
- 百度钱包 0.27
- 苏宁金融 0.25
- 其他 3.03

说明：以上数据根据厂商访谈、易观自有监测数据和易观研究模型估算获得，易观将根据掌握的最新市场情况对历史数据进行微调，部分企业未涵盖。

图 6　2018 年第 1 季度中国第三方移动支付市场交易份额（单位：%）

资料来源：易观（2018-07-03），2018 年第 1 季度中国第三方支付移动支付市场交易规模 403645 亿元人民币 http：//m.analysys.cn/point/detail/1001417.html，最后访问时间 2018 年 8 月 15 日。

附录七：

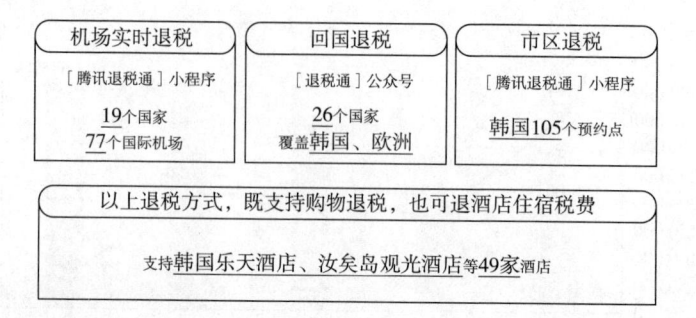

机场实时退税	回国退税	市区退税
[腾讯退税通]小程序	[退税通]公众号	[腾讯退税通]小程序
19个国家	26个国家	韩国105个预约点
77个国际机场	覆盖韩国、欧洲	

以上退税方式，既支持购物退税，也可退酒店住宿税费

支持韩国乐天酒店、汝矣岛观光酒店等49家酒店

图7　腾讯退税通支持全球77个机场实时退税，26个国家回国退税

资料来源：李秀琴，雷锋网（2018-06-30），腾讯移动支付的国际化：始于红包，跨境支付和汇款成新动力，https://www.leiphone.com/news/201806/FfC1PhQhV9LxJ0XG.html，最后访问时间2018年8月15日。

附录八：

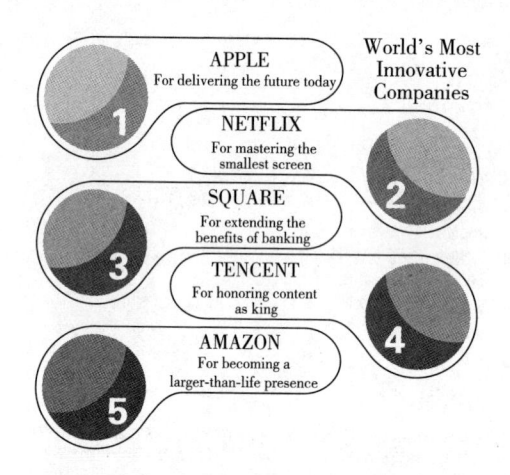

World's Most Innovative Companies

1. APPLE — For delivering the future today
2. NETFLIX — For mastering the smallest screen
3. SQUARE — For extending the benefits of banking
4. TENCENT — For honoring content as king
5. AMAZON — For becoming a larger-than-life presence

图8　2018年世界最具创新力公司榜单前5名

资料来源：新浪财经网（2018-03-23），厉害了腾讯，干出了这种事，顺便还赚了2377亿，http://t.cj.sina.com.cn/articles/view/6360690214/17b206e26001006dcb，最后访问时间2018年8月15日。

附录九：

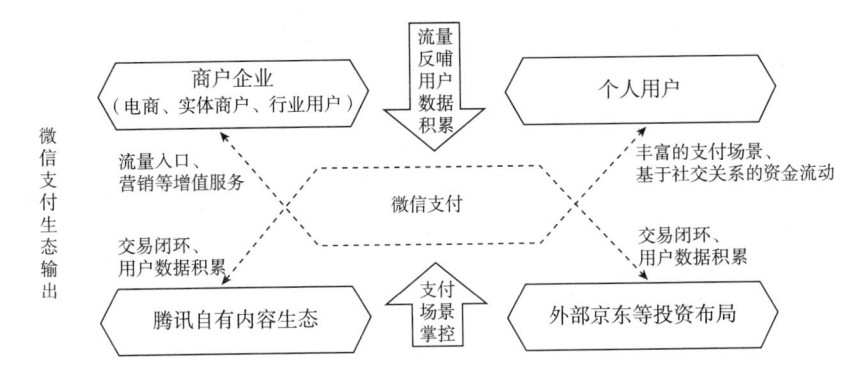

图9　微信支付的生态输出

资料来源：199IT网（2018-01-31）．易观：2017中国移动支付行业专题分析．http：//www.199it.com/archives/684782.html，最后访问时间2018年8月15日。

附录十：

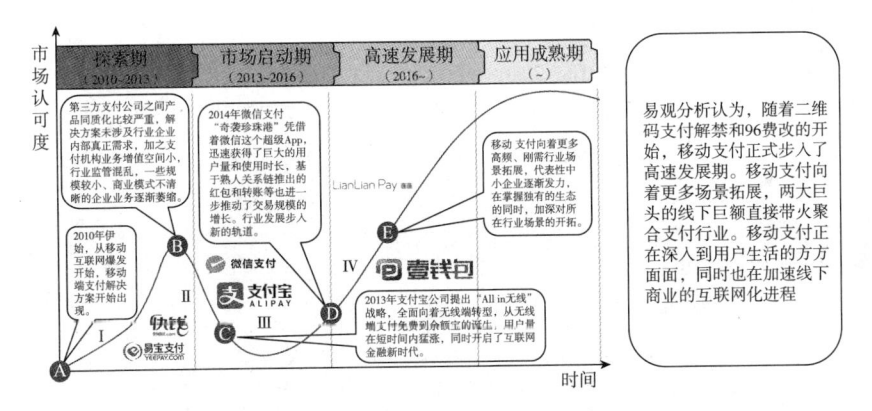

图10　第三方移动支付市场 AMC 模型，向场景纵深开拓

资料来源：199IT网（2018-01-31）．易观：2017中国移动支付行业专题分析．http：//www.199it.com/archives/684782.html，最后访问时间2018年8月15日。

附录十一：

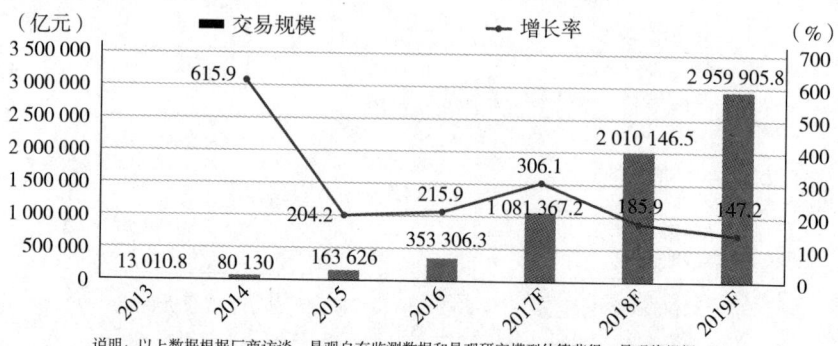

（亿元） ■交易规模 ——增长率 （%）

- 2013: 13 010.8
- 2014: 80 130，615.9
- 2015: 163 626，204.2
- 2016: 353 306.3，215.9
- 2017F: 1 081 367.2，306.1
- 2018F: 2 010 146.5，185.9
- 2019F: 2 959 905.8，147.2

说明：以上数据根据厂商访谈、易观自有监测数据和易观研究模型估算获得，易观将根据掌握的最新市场情况对历史数据进行微调。

图11 2017～2019年中国移动支付市场交易规模预测

资料来源：199IT网（2018-01-31）. 易观：2017中国移动支付行业专题分析. http://www.199it.com/archives/684782.html，最后访问时间2018年8月15日。

附录十二：

表1　　　　2010～2016年腾讯游戏收入增长率

年份	腾讯总营收	腾讯游戏营收	腾讯营收增长率（%）	腾讯游戏增长率（%）	游戏占总营收比例（%）
2010	196	95	57.90	76.60	48.47
2011	285	158	45.41	66.32	55.44
2012	439	228	54.04	44.30	51.94
2013	604	320	37.59	40.35	52.98
2014	789	448	30.63	40.00	56.78
2015	1029	566	30.42	26.34	55.00
2016	1519	709	47.62	25.27	46.68

资料来源：老虎社区（2018-03-26），腾讯控股（HK0700）历年财报数据汇总，https://www.laohu8.com/post/171221，最后访问时间2018年8月15日。

第二部分

质量管理和品牌打造

"一只会飞的猪"
——猪兼强 O2O 驾校平台崛起之路[①]

> **摘 要**：本案例描述了"猪兼强"驾培 O2O 公司作为驾培行业一个后来居上的革新者，是如何利用创新的 IT 技术，将互联网和驾培行业结合起来，从而打破业内传统，并可能颠覆整个行业的。同时，"猪兼强"也碰到了机遇与挑战：面对具有巨大潜力的高端驾培市场，应该如何打造高质量服务并设计相应营销方案的难题。针对这样的市场，"猪兼强"是否能够继续优化培训流程，提供差异化服务，抓住高端驾培市场呢？"猪兼强"能否进一步做出相应的营销创新，找准目标顾客，将新型的高端服务推销出去？
>
> **关键词**：驾培行业；创新服务；服务质量管理；营销策略

1 引言

"站在风口上，猪都能飞"。这句话是对中国移动互联网爆炸式发展时代，最好的写照。

而 2015 年，"猪兼强"驾培 O2O 公司正式进入驾培市场。这年恰好就是移动互联网的变革之风横扫中国各行各业的关键一年。神州大地上无数创业英雄纷纷加入到这个变革的浪潮中，意在抓住机遇，带着自己的事业乘风扶摇直上。

[①] 本案例是在中山大学管理学院陈元燊和钟雨缇协助下完成。本案例仅供教学使用，并提供材料作课堂讨论，并无任何意图证明、揭示或暗指所涉及的管理情景和管理方式是否合理及有效。出于保密的需要，本案例中的有关名称和数据信息等都有可能进行了必要的匿名、隐藏和掩饰处理。

在这年的 3 月份,李克强总理在政府工作报告中正式提出制定"互联网+"行动计划,将这股民间浪潮一下子升级为国家的顶层战略,让"互联网+"成为不少企业家的创业新思路和传统行业变革转型的契机。

"猪兼强"的创始人蔡勇劲先生,便是成功地抓住风口的创业者之一。在创办"猪兼强"之前,蔡勇劲就是一名连续创业者,手上已经有两家运作得非常成功的企业,也在商场多年的摸爬滚打中积累了不少的实战经验。随着原有的企业逐步稳定下来,到达了增长的天花板,蔡勇劲自己也在寻求着建立新的事业的机会。而他敏锐地察觉到互联网和驾培行业结合起来,或许会让他能有机会颠覆整个行业。于是,"一只会飞的猪"带着互联网思维,闯进了传统驾培行业。

2 传统驾培行业

猪兼强所处的驾培行业,是一个处于高速发展阶段的千亿级别市场。从宏观环境来看,随着中国经济的高速发展,人们生活水平的快速提高,我国城市化率由 2015 年的 56.1% 增长到 2017 年的 57.4%。[①] 在城市化进程中,大中城市逐步向周边扩张,人口呈现由城市中心向城郊地区转移的趋势。

在此种背景下,居民对汽车的需求越来越旺盛。对于不少中国家庭而言,拥有一辆汽车作为自己的交通工具已成为生活的必要选择。与此同时,学会开车被越来越多的老百姓认为是必备的生活技能。

在公路上驾驶汽车就需要获得驾驶证。而我国规定驾驶证取得都需要经过驾考。除了在部队获得驾照的军人外,我国的普通居民参与驾考培训的类型主要分为以下两种:报考驾校和自学直考。

报考驾校,即考生通过在驾校报名,由驾校负责提供教练车辆和练习场地,并指导考生进行驾驶技巧学习的方式。在这种模式下,考生的考试预约,学习进度都是由教练来安排和包办。

---

① 中国财经观察网. 2016 年末中国常住人口城镇化率达 57.4%. http://www.xsgou.com/biz/hongguan/70165.html. 最后访问时间 2017 年 12 月 26 日。

自学直考是在 2015 年末才获得政策批准的考试形式。和报考驾校相比，考生不需要到任何到驾校，只需要按规定改装自学车辆，通过自主学习驾驶技巧。完成驾驶学习后，可按规定自主选择考试时间和考试场地参加统一考试。但目前只是在部分城市进行试点，且受练习场地的不完善，符合规定的改装车辆数量不足等因素的制约，目前自学报考的市场发展并不迅速，占据的市场份额不足 1/10 000，对整体驾培市场影响不大。

因此，在国内，报考驾校依旧是普通居民考驾照的最主要选择。所以随着人们对学习驾驶技术的需求快速增加，报考驾校的人数也出现了高速的增长。根据公安部交管局数据显示，2016 年新增机动车驾驶人数量为 3314 万，2012~2016 年均增量为 2 450 万，截至 2016 年 10 月份驾培市场规模已经达到 1 400 亿元人民币，预计 2017 年将高达 1 800 亿元。① 然而，这个蓬勃发展的千亿级别市场，又是处于一个畸形的发展状态。

首先，作为一个服务行业，驾培行业因其恶劣的服务质量和服务态度而广遭诟病。这种现象，主要是由传统驾培行业的商业模式导致的。目前，传统驾校所采用的商业模式，一般是驾校老板先申请获取驾校牌照，然后建设训练场，成立一所驾校。驾校成立之后，就需要组建自己的培训车队。但由于用来开展驾培业务的车辆必须具有教练车牌，而教练车牌一般都是集中在驾校教练自己的手中，若驾校自行购买教练车牌费用会非常巨大，投入成本过高。因此，驾校为了降低成本，在传统的驾校中，驾校和教练的关系都是合作关系，而并非雇用关系。②

在这种情况下，驾校教练相当于私营老板，他们往往拥有一辆或多辆教练车，利用驾校的场地进行培训，挂靠于驾校，双方按照一定比例进行利益分配。在这种挂靠制的驾校中，车辆往往是属于教练的，包括驾校在内，没有任何人对教练拥有管控权。

---

① 中国产业信息网. 2017 年中国驾培市场规模、市场竞争格局及巨大衍生市场增量分析预测. http://www.chyxx.com/industry/201705/523160.html 最后访问时间 2017 年 12 月 25 日。

② 网易新闻. 猪兼强："最佳商业模式"是怎样炼成的？http://news.163.com/17/0427/06/CJ0REG1K00018AOP.html 最后访问时间 2017 年 12 月 25 日。

正是由于驾校本身对教练没有管控权,驾校对其服务链条无法进行有效掌控,各种不良的学员驾培服务体验也由此产生。驾校教练都是以相对孤立的状态进行经营和培训,导致了行业内优秀的培训服务经验无法形成标准化地大规模推广。不仅如此,在驾培过程中,一个教练往往会带多个学员,教练对每个学员的学习进度,考试安排等等都有绝对的决定权,学员如果不讨好教练的话,往往就会被刻意地拖长考取驾照的进度。整个驾培行业中,驾培教练拥有了绝对的话语权和控制权。绝对的权利滋生出了腐败和恶劣的服务态度,辱骂学员,公然索取红包,收受贿赂等现象屡见不鲜。在学习和考证过程中,学员们不仅要在培训开始缴纳培训费用,而且实际的费用包含了大量的"潜规则"费用,远远超出原本承诺的培训费用。

其次,驾培市场高度分散,地域性明显,目前并没有具有全国性影响力的龙头企业,已有的企业市场扩张能力非常有限,主要集中在大城市。[①]

从企业数量分布区域上来看,2015年中国汽车驾驶员培训服务企业共计13 736家。驾校的发展水平与当地的经济发展程度和人口数量有较强的相关性。其中,东部地区经济发达,人民消费观念与消费水准高于全国平均水平,汽车驾驶培训服务产业规模呈现逐步稳定增长态势,驾培企业共计5 696家,一级资质企业占比17.46%;中部地区驾驶培训服务市场发展潜力巨大,共计4 596家驾培企业,一、二、三级资质[②]企业分别占总体的8.64%、55.09%、36.27%,市场竞争激烈;受地区行业管理不规范、经济发展相对落后、人口基数小等诸多因素影响,目前西部地区市场规模明显落后于其他地区,驾培企业数量总计为3 444家。

从行业的领导企业的角度来看,根据《2016年度驾培市场学车用户

---

① 中国产业信息网.2017年中国驾培市场规模、市场竞争格局及巨大衍生市场增量分析预测, http://www.chyxx.com/industry/201705/523160.html 最后访问时间2017年12月25日。

② 培训驾驶车辆型号的区别。比如三级驾校只能培训c证,二级驾校可以培训b证。a证必须是一级驾校才有培训资质。

数据报告》① 可知，排名行业第一驾培企业是东方时尚。蔡勇劲认为，截至 2018 年 5 月，中国第二大驾校已经是猪兼强了，第三的是深圳最大的驾校——深港驾校。公交驾校是在北京市排名第二。因此，东方时尚，猪兼强，深港是中国驾培行业三强。

目前排名第一的东方时尚已经在主板上市。东方时尚虽然成立了 22 年，市值达到近 200 亿人民币，但其业务范围也仅仅是覆盖了北京、昆明、石家庄、呼和浩特五个城市，仅占全国驾培市场份额的 0.79%。而排名第二的，总部同样位于北京的公交驾校，其市场份额不足东方时尚的一半，仅占全国市场的 0.3%。

从中可以看出，大城市的驾培行业市场容量是非常巨大和可观的，单北京一座城市就容纳了行业中的两家龙头企业。同时，根据《报告》可知，一个省会城市的驾培人数甚至占到全省的 20% 以上。

对比目前最引人关注的互联网行业，互联网行业的巨头基本都是在行业中占领百分之八十以上的市场份额，才能称作是行业领导者。而在驾培行业，要成为行业龙头，则只需要占领个别特大型城市（如北京、深圳等）。

形成这样的行业特点的原因主要是，驾培牌照是以城市为单位的，在行政管理上，具有明显的地方色彩。这样的行政限制就使得驾校在跨城市发展的过程当中，会遭遇较大的障碍。

同时，绝大部分驾校的服务无法形成标准化的流程，难以大规模复制和迁移培训质量，也严重地限制了这个行业的发展规模。

最后，同地域内，竞争对手的对抗性极其强烈。虽然驾培市场容量极大，且每年有稳步增长的态势。但是，由于学车这个过程，每个人一生基本上只能经历一次，并且一次只会选择在一个驾校中学习，因此在这个行业内，消费者的选择会有明显的一次性和排他性的特征。

市场中的大量的新进竞争者和原有的驾校共同抢夺的"市场蛋糕"，新进入者的增加速度比市场增长速度还要更快，导致了行业内部的竞争

---

① 百度文库.2016 年度驾培市场学车用户数据报告，https://wenku.baidu.com/view/dc46fd9d03d276a20029bd64783e0912a2167cc0.html 最后访问时间 2017 年 12 月 26 日。

状态异常的激烈。蔡勇劲认为，驾培行业具备极高的精准门槛和壁垒。举例来说，全国范围来说拿到驾校的牌照就比较困难。虽然目前是有开放牌照的趋势，但是依然比较困难的。其次譬如资金也是很高的门槛。因为每个训练场覆盖的方圆面积是有限的，只能覆盖周边附近的学员，太远学员就不愿意来。而建设一个训练场的成本大概是 250 万元左右，拿广州为例，覆盖市区全市，就得最少 20 个训练场，这里就需要 5000 万元的资金。多搞一些城市，这些资金量就比较高，如果资金不足，那就是小驾校，小打小闹成不了气候。

正是因为如此，行业的"新进入者"，需要投入大量的资金来进行宣传，树立一个足够突出的品牌形象，才能实现突围和发展。但与此同时，过于高调也会让这些"新进入者"遭到同行的围攻。以猪兼强为例，公司在进入行业之初就以铺天盖地的广告宣传占领了整个广州市的大街小巷，而公司也因此吸引了大量的消费者关注，从而实现初期的快速发展。但与此同时，关于猪兼强的各式各样的流言也层出不穷：有人假扮创始人发声回应；有人通过媒体发布新闻，完全歪曲猪兼强的商业模式等，使得猪兼强的品牌形象受到严重影响。其中足以体现驾培行业中，同行竞争的剧烈程度。

3　驾陪行业新形态：O2O（online/offline-to-offline/online）模式

随着互联网的兴起，"互联网＋传统行业"的这一概念也迅速地普及开来，各行各业都面临着被互联网"革命"和"颠覆"的局面。本身已经有各种行业痛点的驾培行业也不例外，不少新的入局者瞄准了这个市场机遇，打着 O2O 驾校的旗号，都声称要用"互联网思维"来改造驾培行业。

当时主流的驾校 O2O 平台的模式主要分为两种：一种是帮助线上用户对接驾校 O2O 平台，另一种是传统连锁驾校自建的 O2O 平台。

以驾校一点通、车轮考驾照、学车帮帮为代表的对接驾校 O2O 平台，主要通过整合驾校的信息，让有意愿报名学车的用户能通过对比价格、服务、距离等多方面的条件，综合考虑后，选择驾校，从而选择一个最适合自己的驾校。

同时，这些平台一般还会提供各种学车指南、驾驶常识、模拟考试等方面的资讯来提高用户黏性。

而这些平台本身不会拥有驾校，教练等硬件资源，基本是以轻资产的模式来运行。仅作为一个信息中介，利用互联网这个渠道来解决学员和驾培学校之间的信息不对称问题。

传统驾校自建的O2O平台则更像是驾校在原本传统的报名和宣传渠道的基础上添加的线上渠道。这样的平台帮助传统的驾校改变原本依赖线下广告和口口相传的传播方式，进一步适应目前年轻人重度使用互联网，倾向于在互联网消费的习惯。但就本质而言，这类传统驾校自建的O2O平台的培训流程和服务质量是没有太大变化的。①

上述的两种驾校O2O的运作模式，基本都是在利用互联网来解决驾培行业的信息不对称问题，落脚点在于将已有的驾校资源和有驾培意愿的消费者匹配起来。但在目前而言，阻碍驾培行业发展的最核心问题并不在于如何改善宣传渠道，而在于如何将十分原本糟糕的行业整体服务水平提升上来。这些O2O平台由于没有能够颠覆原本驾校和教练之间的挂靠关系，某种程度上，还使原本的产业链变得更加复杂（见附录一）。因此，仍然无法真正解决驾校市场目前的乱象。

而猪兼强的创始人，在服务行业深耕多年的蔡勇劲，准确地洞察到了这个行业的核心问题，抓住这个机遇，创办了"猪兼强"这个驾培市场的"重量级"搅局者。

4 猪兼强公司现状与创新

猪兼强互联网科技有限公司于2014年创建，总部位于中国重点经济

---

① 创业邦．深度解读驾陪O2O：能否真正解决行业痛点？http://www.cyzone.cn/a/20150803/278229.html 最后访问时间2017年12月26日．

城市广州,于 2015 年 1 月正式进入中国驾培市场,借助互联网思维对传统驾培行业进行了升级转型,主张 O2O 模式改革传统驾考行业,为客户提供更加"舒适、快捷、透明、愉悦"的驾考体验。

猪兼强通过在流程创新上,对驾培的服务、管理、硬件、安全保障等几大方面进行改革,致力成为中国驾培行业的持续创新者与建设者。在两年多的时间内,"猪兼强"就已经实现飞速发展,在广州、武汉等多个城市展开大规模的直营建设。

目前,仅仅在东莞就培训了 10 万学员。猪兼强的品牌营销也具有特色,先后在广州和武汉地区投入超过 1 亿品牌营销费用,成果显著并荣获了"首届中国品牌广东峰会"组委会颁发的"2016 年度最佳商业模式奖"。[1]

4.1 猪兼强公司现状

猪兼强于 2015 年 1 月正式进入驾培市场。虽然在行业中是一个新来者,它却依靠它的颠覆性引起整个广东驾培行业的轰动。猪兼强进入驾培市场正值"互联网+驾校"的热门期。

猪兼强正是抓住了这个巨大的市场以及热火朝天的"互联网+"浪潮,实现了快速成长。截至 2017 年,"猪兼强"旗下训练场总计超过 40 个,[2] 经营规模接近 40 万平方米,营业额接近 4 亿元。与此同时,"猪兼强"的商业模式,打破了传统驾校"不可复制"的局限,目前已经横跨广东、湖北、江西等省市地区,覆盖广州、深圳、中山、佛山、武汉等地,在不同区域城市成功落地,而且已经步入快速扩张复制阶段。

"猪兼强"作为坐拥数万学员的国内知名连锁驾培学车集团,由于其高速发展的势头而备受瞩目,受到国内众多知名风险投资机构的关注和支持。2015 年 12 月,"猪兼强"以数亿估值顺利完成 A 轮融资,成功

---

[1] 人民网. 猪兼强:"互联网+驾培"解决市场痛点, http://finance.people.com.cn/n1/2016/1117/c1004-28876353.html 最后访问时间 2017 年 12 月 26 日.

[2] 猪兼强. 南方日报报道:猪兼强:"最佳商业模式"是怎样炼成的? http://www.jqzhu.com/media_details112-478.html 最后访问时间 2017 年 12 月 26 日.

跻身华南地区首轮估值最高的"互联网+"公司之一。2016年10月,猪兼强再次获得浙银资本领投,广发信德和文投创工场跟投的A+轮融资,总计1.2亿元人民币,引起行业震动。

短短不到三年的时间,"猪兼强"在华南地区迅速崛起,成为国内驾培行业的一匹"黑马",快速地走到行业最前端。

"猪兼强"之所能成为一个现象级的公司,这与它不同于传统的互联网商业模式有着密不可分的关系。

4.2 猪兼强的创新商业模式

猪兼强创建伊始,其创始人蔡勇劲就表示,传统驾培的弊端在于对教练、教练车没有直接管控权,从而导致信息不透明,管理运营痛点明显。

因此,面对良莠不齐的驾培行业,猪兼强针对这几点,采取"互联网+自有驾校"的商业模式:收购教练车,自行聘用教练,以收购或入股的方式控制驾校,以及自行建设高度模拟考场的训练场地。仅广州猪兼强旗下就拥有12个遍布全市的训练场,总计训练场地面积超过18万平方米;武汉猪兼强拥有5个训练场,总计训练场面积超过2万平方米。① 产业链上的每一个环节,猪兼强都投入巨大的资金。而这种做法和资金投入量,与传统的驾校挂靠教练式的玩法、大部分互联网驾校平台式的模式,都截然不同。

猪兼强通过全资收购、并购等多种方式对驾校进行管控,成为驾校的实际控制人,把驾校、训练场、教练车、教练四大核心生产要素全都放到"猪兼强"旗下,全面掌控,从而在硬件、管理、服务、安全保障等方面,实现真正的用户导向思维。

而得益于资源整合,剔除了中间环节,猪兼强不仅能够有效地提高其对服务过程的质量把控能力,同时,还能大幅度地减少运营成本。运营成本的降低,反过头来又成为"猪兼强"的竞争优势,使"猪兼强"

---

① 网易新闻. 国内知名学车品牌猪兼强估值数亿成功完成A轮融资. http://news.163.com/16/0311/11/BHSGVFOQ00014AEE.html. 最后访问时间2017年12月27日。

可以通过低价来取得市场份额。例如：当广州市场学车均价7 000多元时，猪兼强广州普通班5 680元的低价立刻吸引了大量消费者。同时凭借其驾培服务全流程管控、杜绝教练"吃拿卡要"等问题，让猪兼强迅速地获得了市场认可。

依赖于"全直营"模式，猪兼强通过线上平台招生，线下导流到自有控制驾校，地面服务团队控制服务质量等方式，带来了丰厚的现实经济收益。据蔡勇劲透露，2015年"猪兼强"的营业流水约为5 200万元，2016年3月广州猪兼强当月业绩突破3 000万元，预计2016年营业流水突破2亿元，毛利率达到约35%。同时，自猪兼强创立以来，每月均保持50%的业绩快速增长，一天的成交量有时甚至会超过传统中小型驾校一个月的单量。①

"我们要做的不是来抢占市场的，而是来改变市场的，响应供给侧结构性改革，以创新来建设这个行业！"蔡勇劲说。猪兼强的互联网全直营模式掌握了核心资源，早早构筑起了行业壁垒，通过"互联网+驾培"的迭代性不断创新优化用户体验，从而解决了传统驾培行业痛点。

在互联网时代，流量为王，猪兼强正式把握住驾培这个流量入口，将每年源源不断的考生输入它这台商业机器的闭环中。

为了更加充分地利用这个流量入口，猪兼强围绕着"驾培"这个核心业务，打造了一个完整的业务生态圈，如：保险代理、资产管理、文化传播、汽车销售。其中，在汽车销售方面，"猪兼强"正在建立自己的汽车4S店网络，争取让学员们出了驾校便有新车开。一个驾驶学员，学成之后多半要买车，由此又连带保险、售后等多个环节的消费。相比于单纯从事某个环节的商家来说，"猪兼强"不仅具有高得多的用户黏性，而且还是全环节通吃。由于拥有大量的生态圈资源，"猪兼强"也有能力让学员们在每个环节都能享受到更高性价比的服务。

猪兼强互联网驾校的商业价值，在于通过制度上的设计，让培训服务规范化、标准化，重塑驾培行业现状，带给学员更优质的学车体验。

---

① 人民网．猪兼强："互联网+驾培"解决市场痛点，http://finance.people.com.cn/n1/2016/1117/c1004–28876353.html 最后访问时间2017年12月27日。

而猪兼强其把现在的"互联网＋"驾培模式作为流量入口，开展汽车生活周边产业链的探索与尝试，也为猪兼强的未来发展提供了更多的可能性和想象空间。

5 猪兼强的营销策略

在广州深圳的街头，人们无论走到哪都能看到猪兼强的广告，这个名字新奇、存在感颇高的品牌在 2017 年 4 月 23 日腾讯智汇全国营销峰会中荣获 2017 年腾讯智汇"品质营销奖"[①]，这是猪兼强的品牌推广营销能力继南都、深圳晚报褒奖后再度获得权威媒体认可。这说明它的营销不是单纯的疯狂刷街、打广告那么简单了。

猪兼强作为一个成立不久的传统行业驾培机构，不仅商业模式突破传统，在营销模式上也是极其富有创新精神。猪兼强从运作到营销都搭上了"互联网＋"的风口，颠覆传统，在短时间内迅速占领市场，打开知名度，走出了一条快速扩张的创新之路。猪兼强公司的战略营销主要包括：品牌打造、跨界创新营销和合作宣传三个方面。

5.1 品牌打造

猪兼强主打差异化营销，常提出与其他从业者完全不一样的概念。例如，推出盛夏全程空调练车服务，并配上广告语："盛夏学车哪里去？全程空调猪兼强！"这对于夏季在华南地区想要学车的人而言无疑具有极大的诱惑力。同时，这样的服务在传统驾培行业里面，也属于别人不敢想的服务创新。因为在过去，驾培行业是不会有人愿意承担空调产生的高额成本的。

猪兼强提供高性价比的服务也给传统驾培行业带来极大的冲击。它

---

① 猪兼强．来自腾讯的表扬，猪兼强斩获腾讯智汇"品质营销奖"，http://www.jqzhu.com/media_details112-477.html 最后访问时间 2017 年 12 月 27 日。

携手广州银行推出了"12-18期分期学车0利息"服务①,这与传统驾培行业多限制分期的学车机制不同,用12-18期的宽松时限替代以往的3-6期,大幅度减少了每个学员学车所承担的经济压力,深受经济不宽松的学生欢迎。针对部分学员学车自信心不足的情况,猪兼强还提出"5次不过,0费用再学一次"的服务,让学员拥有免费再学一次的机会,即一次缴费,两次机会。极大程度地提升了学员的自信心和服务保障。

这样的服务,打造了猪兼强人性化和高性价比的品牌形象。为猪兼强赢得了良好的行业口碑。

5.2 跨界创新营销

猪兼强营销的一大特色是绝不拘泥于自己的领域,创始人蔡勇劲大胆且富有创新精神,将不同行业融会贯通。公司往资产管理、文化传播、汽车销售、汽车保险等领域发展,带给消费者与传统截然不同的用户体验。

2016年9月3日,猪兼强投资主办"2016陶喆无二不乐广州演唱会",取得巨大成功,现场座无虚席,逾万观众都成了猪兼强跨界创新的实力见证者;同年的9月10日,猪兼强又携手了知名汽车品牌斯柯达创新汽车销售新模式,受到品牌方高度认可和业界的一致好评。

2016年10月27日,猪兼强参与协办"2016华语电影深圳盛典",成龙、温碧霞、陈浩民、温兆伦、金巧巧等众多演艺明星悉数到场,大大提升了猪兼强在消费者心中的品牌形象,在华南文化娱乐行业引起巨大反响。同时猪兼强与分众传媒、华语传媒②等知名广告公司达成合作,采用公交车身广告、公交车内框架、电梯2.0、电梯数码海报、高校桌贴、纸媒、电影院线广告、地铁视频广告、高铁站广告、户外大牌等广告形式在全市范围内进行全面品牌推广。

---

① 猪兼强.南方报系:猪兼强学车荣获"广东互联网+创业创新领军企业"大奖.http://www.jqzhu.com/media_details112-376.html 最后访问时间2017年12月28日。
② 叶之皓.湖北猪兼强公司驾校O2O运营模式研究[D].湖北工业大学,2017。

5.3 合作宣传

猪兼强与众多知名企业都是紧密的战略合作伙伴关系,包括:中国人保、广发银行、南都报社、7-11、美宜佳、中国联通[①]等企业;在网络媒体方面,猪兼强又与百度、搜狗、腾讯、凤凰网、微豆网络等线上媒体公司达成线上线下合作,建立起了强大的线上推广网络。

此外,针对高校学生这一庞大市场,猪兼强有专门的宣传模式。它与中山大学、华南理工大学、华南师范大学、广州大学、广东工业大学、华中农业大学、武汉大学、华中科技大学、湖北经济学院、武汉工程大学等知名高校建立联系,通过一系列创新的校园推广等营销模式来吸引学生,给予特殊折扣,优化学员学车体验。创始人蔡勇劲说:"这是一个很大的市场,仅仅是一个广州大学城就包括了中山大学、华南师范大学、华南理工大学等,大概有 16 万在校大学生,如果学生都在猪兼强学车,并且顺利领取驾照,有些学校将给学生增加两个学分。这样大规模的合作,在业内是绝无仅有的。"

6 猪兼强的服务

在传统驾校行业中能做到脱颖而出,猪兼强除了创新的商业模式和强有力的营销手段,还有优于行业水平的服务质量。

蔡勇劲分析说,重视线下服务体验以及直营的运营模式,使得他们能够有效规避行业陋习,巧妙规避掉过去"吃拿卡要"的行业痼疾,从而在千亿级别的市场大蛋糕中脱颖。而要实现提供大规模高质量的服务,就需要强大的线下整合能力、管理能力等。

蔡勇劲透露,猪兼强一反传统的模式,通过他们自己的直营模式,教练与驾校属于雇用关系,每个教练只负责训练中的一个环节。"科目二就只负责科目二,科目三就只负责科目三,专业度很强、效率高。"在最

---

① 叶之皓.湖北猪兼强公司驾校 O2O 运营模式研究[D].湖北工业大学,2017.

初尝试流水线模式下运转了 4~6 个月后，他们发现了公司效率产生了明显的提升：由于教练不断重复练习，业务能力有了大幅度跃升，同时还可以针对有需求的学生进行个性化培训服务，市场口碑非常好。

同时，以前 8 小时工作时间下班后，教练车以及培训场地等资源都存在较大浪费。标准化运作之后，驾校、教练资源可以得到最大程度的利用，从而降低了学车成本，运营效率也大幅飙升。

除了上述服务创新以外，猪兼强还为学员推出了其他诸多优势服务：学员预约，就近地铁站和公车站接送服务，真正安全贴心；猪兼强驾校拥有全市唯一室内练车场，学员无惧任何日晒雨淋，吹着空调学车，服务体验远超普通中小型驾校；与中国人保强强联手，打造出中国驾校领域最安全贴心的保障体系。

7 猪坚强未来的难题与计划

蔡勇劲称："我们对于猪兼强的未来充满信心，目前我们遇到的唯一困难就是考能（即可以参加考试的人数），如果考能放开，我们的培训速度还可以更快更好，带给学员更优质的服务体验！"

但是业内也不乏质疑和批评的声音，有人就冷静地指出，猪兼强公司虽然发展速度快，但是相应的，扩充得越大，后期的问题可能会越多。"场地、车辆、招聘教练员，这些对资金的要求都很高，越往后，它的资产包袱就会越重，需要强大的资金支持才能得以持续。"除此之外，服务质量作为驾校能否存活的关键一环，始终需要不断加强。

蔡勇劲认为，目前的猪兼强虽然有缺点，但整个企业都在不断完善，向目标努力，而且猪兼强在整个行业之中，在很多方面上，已经是遥遥领先的了。"我们进入的是一个如此封闭和传统的行业，受到围追堵截。很多人只看到我们风光的一面，没看到我们血肉模糊拼杀。我们认为，猪兼强代表的是个趋势，这种趋势是时代的趋势，用户需求的趋势，行业发展的趋势，没有猪兼强，也会有马兼强、牛兼强或者龙兼强的出现。"①

总体说，我国当前驾培的O2O的尝试还算成功，对市场规范及相应规则标准化起到巨大促进作用。对于用户而言，学员能获得更高质量教学服务，对驾培机构而言，规范化的市场有益于企业长期发展。

因此，基于O2O驾培运营模式在中国有广阔的发展前景，O2O驾培还有相当大的升级空间。而对于猪兼强来说，未来的主要规划主要包括三个方面，第一是继续完善内部管理流程与架构，提升效率，为广大学员朋友创造更优质的驾培服务体验；第二是展开新一轮的扩张，把猪兼强继续做强做大，成为中国驾培行业的创新者与建设者；第三是继续展开汽车生活周边产业链条的探索与尝试，提高学员的服务质量。

8 结语

站在风口上，猪也能飞。但风口过去之后，能飞得多远，谁能飞得更远，才是真正看本事的时候。毫无疑问，猪兼强的崛起离不开"互联网+"时代的兴起，但让其迅速发展和壮大起来，成为驾培O2O市场上的领军企业的真正原因，还是在于其能够抓住行业的痛点和核心，深入地剖析行业的症结，同时，以改造传统行业商业模式的方式建立起竞争对手难以模仿的优势。

但市场状况总是千变万化的，虽然目前猪兼强有着良好的发展势头，但对于猪兼强而言，开拓新的市场，找到更高价值的细分市场，提供更有针对性的服务将会是一个很重要的发展方向。

而目前的行业状况是公司提供低质量的服务。由于中国拥有更多的高端客户，有潜力细分市场，专门为这些客户提供高质量的服务。这家公司能做些什么来服务这些高端客户呢？

随着我国人均收入的不断增长，对服务质量的要求逐渐提高，在服

---

① 猪兼强. 南方都市报报道猪兼强创新崛起之路！http://www.jqzhu.com/media_details112-256.html 最后访问时间 2017 年 12 月 29 日。

务质量同质化，糟糕的驾培市场中，是否存在着提供差异化服务，开拓高端驾培市场的可能性呢？针对这样的市场，"猪兼强"又能提供什么样独特的价值呢？同时，在现在营销策略的基础上，"猪兼强"还能否进一步做出创新，用更加高效率的宣传方式，来吸引更多的潜在顾客和建立良好的品牌形象呢？

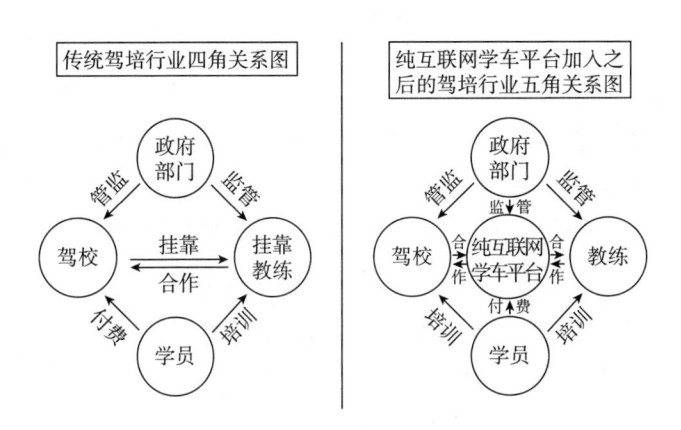

附 录

传统驾培行业四角关系图

- 政府部门
- 驾校 ——挂靠合作—— 挂靠教练
- 学员
- 监管：政府部门→驾校、政府部门→挂靠教练
- 付费：学员→驾校
- 培训：挂靠教练→学员

纯互联网学车平台加入之后的驾培行业五角关系图

- 政府部门
- 驾校 ——合作—— 纯互联网学车平台 ——合作—— 教练
- 学员
- 监管：政府部门→驾校、政府部门→教练、政府部门→纯互联网学车平台
- 付费：学员→纯互联网学车平台
- 培训：驾校→学员、教练→学员

百度公司国际化[①]

> **摘　要**：在2016年的"VIVA Technology"巴黎科技峰会上，百度创始人兼CEO李彦宏在与主持人的对话中简单展望了百度进驻欧洲市场的计划与策略。百度公司作为中国最大的互联网科技公司之一，在其成立的二十年内取得了高速的发展，迅速占据了中国搜索引擎市场的大部分份额。然而，面对增速放缓，趋于饱和的中国内地搜索引擎市场，百度的野心并不局限于此。事实上，这也并不是李彦宏第一次公开表露百度启动国际化的目标与野心，百度公司同样在过去的几年中不断尝试过进军不同的海外市场。百度在今后的国际化扩展中，如何利用其在中国发展的竞争优势，和过去国际化尝试所累积的经验，成功打开发达国家市场且站住脚跟，将是百度面临的巨大挑战。
>
> **关键词**：海外市场；扩张计划；战略分析；竞争优势

1　百度历史

1994年4月20日，中国正式接入国际互联网，中国互联网时代从此开始。然而，直到三年后的1997年，互联网才从少数科研人员的研究工具走向广大群众，初步被中国百姓认知。[②] 在随后的两年中，中国互联网用户人数开始飞速增长，互联网用户数从1997年10月的62万激增至

[①] 本案例是在Ray（Niancheng）LEI（Ivey Business School）的协助下完成。本案例仅供教学使用，并提供材料作课堂讨论，并无任何意图证明、揭示或暗指所涉及的管理情景和管理方式是否合理及有效。出于保密的需要，本案例中的有关名称和数据信息等都有可能进行了必要的匿名、隐藏和掩饰处理。

[②] 学习百眼通，"中国互联网的发展历史"，360doc个人图书馆，2014/08/11，http://www.360doc.com/content/14/0811/11/17799864_401002351.shtml，最后访问时间2018年6月1日。

1999年末的890万。① 与此同时，网易、搜狐、腾讯、新浪、阿里巴巴等公司也在这几年的互联网大浪潮中先后成立。

就在中国互联网飞速起步发展的同时，身在大洋彼岸的李彦宏一直密切关注国内互联网环境变化。1999年，李彦宏断定时机成熟，辞去了硅谷的工作，回到北京，与合伙人一同创建了百度公司。

创立之初，百度的营业模式为独立搜索门户网站，主要为门户网站搜索技术服务支持。因此，当时百度的全部收入均来源于与门户网站的合作。2001年，百度转型为独立搜索引擎网站，开展竞价排名的营业模式。对于当时的百度来说，这次转型意味着百度为门户网站提供服务而带来的相对稳定的营业收入将完全消失，取而代之的是收入前景尚不明朗的竞价排名。与此同时，百度的转型正式打响了中国独立搜索引擎市场的战争，其直接对手便是强大的谷歌。② 百度为了加快其技术升级与完善的速度，在随后的2002年3月推出项目"闪电计划"，旨在9个月内，"让百度引擎在技术上全面与Google抗衡，部分指标还要领先Google"，李彦宏本人更是兼任技术小组的组长，他在搜索技术领域的专业知识以及对世界前沿技术的了解，迅速推动"闪电计划"的进展，在百度搜索技术趋于完善的同时，百度搜索的用户体验得到全面增强。③ 在随后的十几年中，百度一直以"让人们最平等便捷地获取信息找到所求"作为公司使命，进一步将目标定在打造成互联网用户最好的信息搜索与获取平台。在此期间，百度不断完善核心技术，增强用户体验，并陆续推出了一系列相关互联网产品，例如百度贴吧、百度知道、百度百科等。截至2016年，根据《2016年中国网民搜索行为调查报告》显示，百度的品牌

---

① "中国互联网络发展状况统计报告"，中国互联网络信息中心，2000/01/01，https://www.cnnic.net.cn/hlwfzyj/hlwxzbg/200905/P020120709345371437524.pdf，最后访问时间2018年6月1日。

② 烟花·邱伟，"李彦宏：百度用'闪电计划'抗击Google?"，2002/07/12，http://home.donews.com/donews/article/2/29673.html，最后访问时间2018年6月1日。

③ "闪电计划"，百度百科，2016/01/05，https://baike.baidu.com/item/%E9%97%AA%E7%94%B5%E8%AE%A1%E5%88%92，最后访问时间2018年6月1日。

渗透率升至 82.9%。①

2　百度顾客类型

百度将其服务受众分为四大类，分别为互联网用户，百度公司顾客，百度联盟成员，以及内容提供商。

2.1　互联网用户

对于普遍互联网用户，百度所提供的第一大服务便是互联网搜索引擎，用户可以通过 baidu.com 搜索所需相关信息。百度同时向互联网用户提供交易平台服务，例如百度旗下糯米网，采用 Online to Offline (O2O) 商业模式，将线上网络用户与线下三方商家连线搭桥。对于普通用户和消费者而言，O2O 为其提供丰富全面的商家和折扣信息，方便快速地筛选订购所需产品或服务。对于三方商家而言，O2O 带来的不仅是线上的营销与商机，还能方便商家收集消费者信息，达到精准营销，开拓用户的目的。② 除此之外，百度还为普通用户提供广泛的服务产品，例如地图定位软件百度地图，视频媒体网站爱奇艺等。

2.2　公司顾客

百度为其公司顾客提供不同形式互联网线上营销广告服务。2017年，百度大约有 775 000 活跃公司客户。百度公司顾客客户群非常多样化，覆盖行业包括零售、电子商务、网络、医药、金融、教育、交通、建筑等。

---

① "2016 年中国网民搜索行为调查报告"，中国互联网络信息中心，2018/01/09，https://www.cnnic.net.cn/hlwfzyj/hlwxzbg/ssbg/201801/P020180109484661983457.pdf，最后访问时间 2018 年 6 月 1 日。

② "O2O"，百度百科，2016/07/21，https://baike.baidu.com/item/O2O/8564117，最后访问时间 2018 年 6 月 1 日。

2.3 百度联盟成员

百度联盟包括了大量的三方网站内容，软件和移动应用提供商，致力于提供互联网流量变现服务。其业务范围包括搜索推广合作、网盟推广合作、新业务合作和开放平台合作等。百度联盟成员可以在其自身的产品中展示其他成员的推广链接，或者嵌入百度的产品。例如，三方网站或软件所有者可以将百度搜索工具栏投放至自身的网站或软件中，这一合作使联盟成员拥有向其用户提供高质量搜索结果的能力，但无须支付构建和维持内部搜索引擎的费用。百度还通过收入分成模式，奖励百度联盟成员，使成员将其流量变现。

2.4 内容提供商

内容提供商主要包括了视频版权所有者，应用软件开发商，以及其他内容出版商。内容提供商为百度的内容生态系统提供信息资源，百度则为这些内容提供商提供广泛的平台供其展示内容。

3 百度运营

2017年，在李彦宏至全员信中，将百度使命从"让人们最平等便捷地获取信息找到所求"扩展为"用科技将复杂的世界更简单"。① 百度目标通过两大支柱战略达成这一目标：加强移动端与人工智能发展。百度目前有两大运营部分：百度核心产品与爱奇艺。

3.1 百度核心服务与产品

百度搜索针对互联网用户的服务宗旨为，用户可以通过百度产品，使用电脑，手机等终端快速便捷地找到相关信息。为了增强用户体验，

---

① "Baidu, Inc.", UNITED STATES SECURITIES AND EXCHANGE COMMISSION, 2018/03/15, https://www.sec.gov/Archives/edgar/data/1329099/000119312518084050/d480652d20f.htm，最后访问时间2018年6月1日。

增加搜索内容的丰富程度,百度为用户免费提供了一系列网络搜索应用产品,其中包括了百度搜索、百度文库、百度贴吧、百度知道、百度百科、手机百度等一系列应用产品。

百度还为互联网用户提供交易应用服务应用,旨在帮助百度用户和三方商家方便地进行线上线下交易,其主要产品包括百度糯米、百度外卖、百度钱包、百度金融、百度财富管理、百度地图、百度手机游戏、百度网盘以及国际产品服务。

对于百度搜索服务的公司顾客,百度为其提供不同的目标市场营销解决方案。百度对于不同的营销方案收费方式不一,主要形式包括:按链接点击次数计算收取的服务费,关键词搜索结果竞价排名拍卖,基于广告投放时间收取的服务费等。

3.2 爱奇艺

百度爱奇艺,成立于 2010 年 4 月,是现今中国访问量最多的网络视频平台之一。其主要产品包括播放许可的或自制的电影、电视、综艺、卡通等节目。用户可以免费在爱奇艺搜索观看视频,用户也可以购买会员获取额外服务。爱奇艺与 2013 年 5 月收购 PPS 网影音,此后,PPS 成为爱奇艺的子品牌。根据比达资讯发布的《2017 年上半年中国在线视频市场研究报告》显示,2017 年 6 月在线视频 App 月活跃用户数方面,爱奇艺以 36 524.3 万人位居行业一,腾讯视频紧随其后,达到 33 345.9 万人。[1] 爱奇艺主要收益来源于网络广告收入。然而,爱奇艺会员用户订阅收入及自制节目版收入的占比正逐年提高。爱奇艺于 2018 年 3 月于美国纳斯达克上市,发行价为 18 亿美元,融资总额接近 23 亿美元,是继 2014 年阿里巴巴以来第二大中国公司在美国的首次公开发行。[2]

---

[1] 比达网,"2017 年上半年中国在线视频市场研究报告",比达网,2017/08/29, http://www.bigdata-research.cn/content/201708/568.html,最后访问时间 2018 年 6 月 1 日。

[2] Sherisse Pham, "iQiyi, China's answer to Netflix, plunges in Wall Street debut", CNN.com, 2018/03/20, https://money.cnn.com/2018/03/30/technology/iqiyi-ipo-stock/index.html,最后访问时间 2018 年 6 月 1 日。

3.3 技术研发

百度作为一家科技公司，新兴技术研发与升级一直是企业发展的重心。自成立以来，百度先后在全球范围建立了四家研究中心，从事技术研发与升级工作。除去百度搜索引擎的核心技术开发升级以外，百度还在人工智能（AI）与自动驾驶汽车等领域有大量投资与研究。百度2016财年的技术研发支出为101亿元人民币，约合1.46亿美元，占当年总收入的14.4%。

百度对于人工智能技术的研发已持续数年，并于2017年成立了人工智能技术平台小组（AIG），主要致力于自然语言处理、声音识别、图像识别、深度学习等AI领域。百度已成功将部分技术应用于百度产品中，例如百度搜索、百度金融、百度云、自动汽车，百度机器人等。对外合作方面，AIG开放了其核心技术能力，包括了超过90种人工智能技术和解决方案，帮助更多开发者与合作伙伴共同开发建设人工智能生态系统。AIG同时致力探索如何枷锁人工智能技术的实际应用与商业化。

百度在AI技术和深度学习领域的技术积累也帮助建立其在自动驾驶汽车研发领域中的领先地位。通过对其技术核心"百度汽车大脑"的研发升级（包括高精度地图、定位、感知、智能决策与控制四大模块），最终实现"第四等级"——完全自主驾驶的目标。百度无人车已于2016年在中国及加利福尼亚州完成过多项城市公开道路的驾驶测试。2017年百度推出阿波罗开源自主驾驶平台，并被中国政府指定为国家自主驾驶研发平台。

作为中国研发强度最高的企业之一，百度于2016年被《麻省理工科技评论》评选为"全球50大创新公司"之一，其人脸识别技术也被评为"2017年十大突破技术"。《财富》杂志也将百度评选为全球人工智能四强之一（百度、谷歌、Facebook、微软）。[①]

---

① "百度大事记——关于百度"，百度，2017/12，http：//home.baidu.com/home/index/baidu_road，最后访问时间2018年6月1日。

4 百度财务状况

根据百度公司2017年年度报告显示，2017财年总收入达到848亿元人民币，相比2016年的705亿元涨幅高达20.2%。营业利润157亿元，相比2016年增长了56.1%。净利润183亿元，相比2016年减少了57.7%。

4.1 百度日本运营

百度的国际化业务可以说在BAT（百度、阿里巴巴、腾讯）三家之中启动最早。早在2006年，百度就曾启动日文项目，并先后上线了日文百度搜索、图片搜索、百度贴吧等功能。2010年百度在财报中首次披露了海外业务营业收入，当时仅有1600万元人民币来自海外业务，占比0.2%。2015~2017三年海外收入逐年提高（分别为7.3亿元、15.5亿元和18.6亿元），但总占比依旧很小，分别为1.1%、2.2%、2.2%。[①]百度现已在全球七个国家建立了分公司及办事处：包括日本、埃及、泰国、巴西、印度尼西亚、印度、美国。[②]

一位百度工作人员在接受《财经》杂志的采访时表示，2012年以前，百度对于国际化的战略为延伸国内核心产品，百度2006年的日本扩张计划就是个很好的例子。然而，百度国际化总经理胡勇分析，搜索业务除了是技术和资金密集型产业，它同时还需要很强大的力量去做商业化，形成联盟生态。彼时，日本的搜索引擎市场被雅虎和谷歌两大巨头牢牢把控，据Alexa数据显示，Google.jp在日本网站中流量排名第二，而百度日本排名仅在300位左右。面临强大的竞争，百度未能在八年内立住脚跟，2015年百度宣布关闭日本搜索引擎，转向开展本地合作模

[①] 刘一鸣，"百度重启国际化：搜索业务战胜谷歌渺茫靠什么"，网易，2017/01/10，http://tech.163.com/17/0110/18/CAEHK5DE00097U7R.html，最后访问时间2018年6月1日。

[②] 石亚琼，"百度公布国际化业务数据：收入同比增5倍，4个国家今年收入将过亿"，36Kr，2016/09/01，https://36kr.com/p/5052131.html，最后访问时间2018年6月1日。

式，正式开始了与日本雅虎的合作关系。并于 6 月收购了日本原生广告公司 popIn，加上与百度国内合作改进了内容推荐引擎技术，用户的广告点击效率提升了 25%，在日本市场收入的月收入同比增长 3 倍以上。除此之外，百度还于 2011 年收购了日文输入法 Simeji，是目前日本最流行的输入法软件。① 从百度对日本市场扩张的尝试可以看到，在大部分国际市场，面临谷歌等公司已形成的市场生态和语言优势，百度如何形成其自身的竞争力，将是百度国际化最重要的挑战。

在 2015 年的百度世界大会上，百度总裁张亚勤谈到了百度国际化三大战略。第一，选择重点区域，百度将选择和中国相似的国家：有大规模人口且处于移动互联网爆发前期；例如巴西、印度尼西亚和印度等拥有强大增长潜力的国家。② 第二，选择产品和战略，与 2012 年不同的是，百度这次选择的主要是移动产品，移动矩阵平台，包括广告变现技术。第三，专注于 O2O 领域，把在中国积累的 O2O 技术和经验应用于别的国家。另外，张亚勤同时谈到，除了利用百度现有的技术经验，海外市场的成功非常依赖于对当地市场行情的理解与应用，以及对于人才的吸引。

基于这三大战略，百度选择在新兴国家积极扩张产品线，主要以工具产品形成产品矩阵，例如百度浏览器、DU Battery Saver（移动端省电 App）、DU Speed Booster（移动端系统加速软件）、ES File（移动端文件管理器）、MoboMarket（移动端 App 应用市场）、Simeji（日文输入法）、魔图（移动端美图工具）等产品。累计用户达到了 16 亿，截至 2016 年 9 月活跃用户为 3 亿。

4.2 百度巴西运营

巴西经济在进入 21 世纪后高速发展，2016 年 GDP 达到 1.796 万亿美

---

① 虎嗅网，"百度进军日本市场成败皆因输入法？"，虎嗅网，2015/04/22，http://tech.163.com/15/0422/07/ANPQN4JP000915BF.html，最后访问时间 2018 年 6 月 1 日。

② 腾讯科技乐天，"张亚勤：百度发展是一横一纵国际化有 3 大策略"，腾讯网，http://tech.qq.com/a/20150908/057912.htm，2015/09/08，最后访问时间 2018 年 6 月 1 日。

元，人均 GDP 约为 8 649 美元，是世界第九大经济体。① 巴西近年来的商业环境有所提升，政府不断开放商业政策，加速吸引海外投资。巴西是拉丁美洲互联网用户最多的国家，截至 2016 年底，巴西有 1.15 亿互联网用户，并保持快速增长的势头，预测截至 2022 年，这一数字将达到 1.37 亿。② 互联网用户渗透率也将从 2016 年的 55.65% 上升至 61.89%。③

巴西当地时间 2014 年 7 月 17 日，百度葡语版搜索引擎正式在巴西上线提供服务。在此之前，李彦宏与巴西科技创新部长已签署战略合作协议，百度承诺将在未来三年在巴西投资超过五千万美元，并建立世界研发中心，百度所带来的投资与科技也将加速巴西互联网市场的创新与发展。④⑤ 在 2014 年，谷歌已经占据巴西搜索引擎市场 98% 的市场份额，截至 2017 年 8 月，百度搜索在巴西市场份额占比依旧只有 0.01%，谷歌的市场份额有所下降，约为 96.98%⑥⑦。

百度在巴西所开展的并不仅仅只有搜索服务，其重心实则在于发展工具产品矩阵以及 O2O 领域。仅在百度葡语搜索上线后的 3 个月，百度宣布收购了巴西当地团购网站 Peixe Urbano，收购完成之后，百度允许

---

① "Brazil", The World Bank Group, 2017/12/31, https：//data.worldbank.org/country/brazil，最后访问时间 2018 年 6 月 1 日。

② "Number of internet users in Brazil from 2015 to 2022 (in millions)", Statista.com, https：//www.statista.com/statistics/255208/number-of-internet-users-in-brazil/，最后访问时间 2018 年 6 月 1 日。

③ "Internet user penetration in Brazil from 2015 to 2022", Statista.com, https：//www.statista.com/statistics/292757/brazil-internet-user-penetration/，最后访问时间 2018 年 6 月 1 日。

④ "Baidu, internet giant, buys controlling stake in Peixe Urbano", peixeurbano.com, 2014/10/09, https：//sobre.peixeurbano.com.br/baidu-internet-giant-buys-controlling-stake-in-peixe-urbano/，最后访问时间 2018 年 6 月 1 日。

⑤ "Baidu launches Portuguese search engine", Chinadaily, 2014/07/24, http：//www.chinadaily.com.cn/business/2014-07/24/content_17915512.htm，最后访问时间 2018 年 6 月 1 日。

⑥ "Popular online search engines in Brazil in August 2017, based on market share" Statista.com, https：//www.statista.com/statistics/309652/brazil-market-share-search-engine/，最后访问时间 2018 年 6 月 1 日。

⑦ "Baidu Expanded into Brazil：Why It's a Great Decision & What it Means for the Future", Search Engine Journal, 2014/08/24, https：//www.searchenginejournal.com/baidu-expanded-brazil-great-decision-means-future/114011/，最后访问时间 2018 年 6 月 1 日。

Peixe Urbano 保留原有的管理层实行自主经营。① 百度为 Peixe Urbano 带来的除了资本与技术的支持，其在国内 O2O 市场积累的经验，不断帮助 Peixe Urbano 发展升级自身商业模式，并在两年内将市场份额从 30% 提升至 70%，成为市场第一。② 2017 年 3 月，Groupon（北美最大的团购网站之一）巴西分公司与 Peixe Urbano 合并，成为巴西市场最大的团购网站公司。③

另外，百度于 2015 年 10 月发起成立"巴西 O2O 产业联盟"（ABO2O），21 家巴西 O2O 重量级互联网企业及 3 家投资基金积极响应成为第一批加入联盟的创始成员。④ 这一联盟的成立，无疑将加速巴西 O2O 产业发展，同时加速百度与本地企业合作，进一步发展百度在巴西乃至整个拉丁美洲的 O2O 产业。巴西高速发展的经济及互联网技术在近年吸引了大量的海外投资，据联盟预测，巴西 O2O 市场潜力约为每年一万亿巴币，约合 2500 亿美元，在接下来的数年中，每年还将保持至少两位数的增长。⑤

2016 年，百度斥资六千万美元投资巴西创业投资基金 Easterly Ventures。在未来的五年之中，该投资基金将投资十五家巴西科技创新企业，同时还将提供技术和经验的支持，帮助企业更好的打开巴西国内外市场。

---

① "China's Baidu takes control of Brazil's Peixe Urbano in expansion push"，Reuters，2014/10/09，https：//www.reuters.com/article/us-peixe-urbano-m-a-baidu/chinas-baidu-buys-control-of-brazils-peixe-urbano-in-expansion-push-idUSKCN0HY1EN20141009，最后访问时间 2018 年 6 月 1 日。

② "Baidu Leads $60 Million Investment to Establish Brazil-Based Investment Fund 'Easterly Ventures'"，marketwired.com，2016/09/16，http：//www.marketwired.com/press-release/baidu-leads-60-million-investment-establish-brazil-based-investment-fund-easterly-ventures-nasdaq-bidu-2162017.htm，最后访问时间 2018 年 6 月 1 日。

③ "MOUNTAIN NAZCA ANNOUNCES THE ACQUISITION OF PEIXE URBANO, ITS MAIN COMPETITOR IN BRAZIL"，Mountain Partners，2017/11，https：//mountain.partners/en/news/2017-11-mountain-nazca-announces-the-acquisition-of-peixe-urbano-its-main-competitor-in-brazil/，最后访问时间 2018 年 6 月 1 日。

④ "百度领军巴西首家 O2O 产业联盟成立"，环球网，2015/10/29，http：//tech.huanqiu.com/internet/2015-10/7865632.html，最后访问时间 2018 年 6 月 1 日。

⑤ "Baidu Brasil Establishes Brazilian O2O Association to Represent $1 Trillion BRL Online-to-Offline Market"，marketwired.com，2015/10/28，http：//www.marketwired.com/press-release/baidu-brasil-establishes-brazilian-o2o-association-represent-1-trillion-brl-online-offline-nasdaq-bidu-2068066.htm，最后访问时间 2018 年 6 月 1 日。

百度希望借此平台，建立与巴西本地公司的商业关系。

5 中国搜索引擎行业介绍

中国是世界上互联网用户最多的国家，截至 2016 年，中国网民总数已达 7.1 亿人，约相当于印度与美国的网民总量，占全球网民总数的五分之一。[①] 虽然规模宏大，但中国互联网普及率仍然较低，仅 52.2%（2016 年 7 月），相比于部分发达国家 85% 的普及率仍有差距。搜索引擎市场方面，截至 2016 年底，中国搜索引擎用户规模达 6.02 亿，使用率约为 82.4%。2011 年至 2016 年，中国年平均用户规模增长率约为 8.2%。2016 年中国搜索引擎市场规模达到 81.13 亿元人民币。[②]

在中国的互联网市场，百度搜索主要的直接竞争对手包括搜狗搜索、360 搜索、宜搜搜索等。其他领域的间接竞争对手包括阿里巴巴、腾讯、搜狐、网易等公司。这些中国互联网公司在不同行业皆有广泛的涉猎，培育了大批细分领域领军企业，在很多细分领域与百度公司存在直接竞争的关系。

《2016 年中国网民搜索行为报告》显示现今搜索行业呈三大趋势：第一，用户搜索行为进一步向移动端迁移，手机搜索用户占比稳定提升，而使用电脑搜索信息的用户占比显著下降。2016 年，手机端综合搜索引擎用户规模达 5.75 亿，增长率达 20.4%。第二，用户主动搜索信息行为有所减少，这种行为在一定程度上受到信息被动推送模式的冲击，使得互联网搜索服务在用户网络生活中的重要性有所降低。第三，人工智能技术成为搜索引擎厂商未来竞争重点：人工智能技术成为搜索引擎企业和其他互联网科技公司未来竞争重点。

[①] "解读中国互联网特色"，波士顿咨询公司，2017/09，http：//i.aliresearch.com/img/20171102/20171102175139.pdf，最后访问时间 2018 年 6 月 1 日。

[②] "Revenue of search engines in China from 2006 to 2016（in billion yuan）"，Statista.com，https://www.statista.com/statistics/278494/revenue-of-search-engines-in-china/，最后访问时间 2018 年 6 月 1 日。

5.1 美国搜索引擎行业介绍

美国 2017 年互联网用户数位居世界第三，约为 2.8 亿人，互联网普及率达到 74.5%。① 美国 2017 年搜索引擎市场规模为 597 亿美元，其过去五年的增长率为 8.8%，并在未来五年预计仍将保留高达 10.8% 的年增长率。②

美国搜索引擎市场内部竞争态势同样十分激烈，同时市场份额的集中度非常高，且预计未来还将持续。其激烈的竞争和超高的行业集中度是美国搜索引擎市场行业进入壁垒极高的最重要原因，对搜索技术把握和高科技人才的需求同样增高了这一壁垒。传统搜索引擎公司同样面临新兴搜索和广告形式的竞争，其中就有以 Facebook 为代表的各大社交网络平台。据相关研究称，自 2012 年以来社交媒体广告收入增长了近两倍。③

类似的，美国搜索引擎市场另一大趋势便是移动化。总的来说，移动广告收入从 2012 年的占比 5%，通过五年的高速发展，现已占整个线上广告收入市场的 50%。因此，移动端包括 O2O 市场也是各公司寸土必争之地。

5.2 Alphabet

谷歌成立于 1998 年，现已发展成为全球最大的科技公司之一。2015 年谷歌宣布调整企业构架，成立 Alphabet 公司，谷歌公司进而成为 Alphabet 旗下子公司。Alphabet 在财富杂志 2017 年世界五百强排名第 65 位，在 2017 年 BrandZ 全球最具价值品牌百强榜中排名第一。④

---

① "Internet usage in the United States-Statistics & Facts", Statista.com, https://www.statista.com/topics/2237/internet-usage-in-the-united-states/，最后访问时间 2018 年 6 月 1 日。

② "US Industry Report, Search Engine", IBISWORLD, https://clients1-ibisworld-com.proxy1.lib.uwo.ca/reports/us/industry/default.aspx?entid=1982，最后访问时间 2018 年 6 月 1 日。

③ "Global 500 Alphabet", Fortune, http://fortune.com/fortune500/alphabet/，最后访问时间 2018 年 6 月 1 日。

④ 中国新闻网，"2017 全球品牌百强排行榜出炉"，Chinadaily，2017/06/29，http://world.chinadaily.com.cn/2017-06/29/content_29934273.htm，最后访问时间 2018 年 6 月 1 日。

Alphabet 将其业务板块分为两大部分,谷歌和其他业务。"谷歌"板块提供服务主要包括搜索引擎、线上广告、谷歌地图、Youtube 视频网站、谷歌云、安卓系统、技术硬件支持及其他研发等。谷歌主要的营业收入来自其线上广告服务、应用程序销售、数字内容、云产品服务费及硬件产品销售。"谷歌"于 2016 财年营业收入为 894 亿美元,占 Alphabet 公司总收入的 99.1%。①"其他业务"包括了很多处于初期阶段的公司,这些公司覆盖了很多不同的行业,例如 Calico(生物医药公司)、CapitalG 和 GV(风险投资公司)、Nest(智能家居公司)等。"其他业务"2016 年营业收入为 8 亿美元,占总收入的 0.9%。2016 财年,美国本地收入占总收入 47%、欧洲中东及非洲国家(EMEA)占 34%、亚太地区(APAC)占 14%,美洲其他国家占比 5%。其中美洲其他国家 2016 年固定货币收入为 49 亿美元,相比去年增长高达 29%。研发能力同样作为 Alphabet 最重视的领域之一,包括了新产品开发、现有产品功能提升、现代化生产流程,以及利用实施新兴技术来提升产品质量和降低成本。公司 2016 年和 2015 年用于研发的支出分别为 139 亿美元和 122 亿美元。

5.3 Microsoft

微软同样是世界上最大的软件科技公司之一,在财富杂志 2017 年世界五百强排名第 28 位。② 其产品包括操作系统、服务器应用、业务解决方案、电子游戏、个人电脑等。必应是微软旗下的互联网搜索引擎,2017 年其在美国市场份额为 33%。③ 2009 年,必应与雅虎达成协议,将为雅虎搜索提供技术支持。这一联盟不仅使微软增大了市场份额,访问

---

① "Alphabet Inc.", UNITED STATES SECURITIES AND EXCHANGE COMMISSION, 2018/02/06, https://www.sec.gov/Archives/edgar/data/1652044/000165204418000007/goog10-kq42017.htm, 最后访问时间 2018 年 6 月 1 日。

② "Global 500 Microsoft", Fortune, http://fortune.com/fortune500/microsoft/, 最后访问时间 2018 年 6 月 1 日。

③ Tom McKay, "Microsoft:Bing's US Market Share Is Wildly Underestimated", 2017/08/09, https://gizmodo.com/microsoft-bings-us-market-share-is-wildly-underestimat-1798053061, 最后访问时间 2018 年 6 月 1 日。

流量增加了1倍,并加速了其搜索技术的发展,增强用户体验。对于微软而言,必应搜索引擎所带来的营业收入相对其他部门来说占比相对较小。2017年微软总广告收入为69亿美元,占总收入的约7.75%。① 微软2015~2017年三年研发支出分别为130亿美元、120亿美元和120亿美元。

5.4 中美两国O2O市场比较

中国的O2O市场最早起源于聚合服务信息的点评类网站。从2010年开始,众多团购平台相继上线,O2O行业进入快速发展期,大量资本涌入,各大厂商依靠大规模价格补贴吸引消费者。进入2016年后,资本转冷,补贴效应逐渐降低,大量实力不足的企业被淘汰。O2O平台开始注重企业升级,通过技术和模式创新以降低成本,提高服务质量。2016年,O2O行业整体市场规模已超过了7 000亿,延续了数年40%以上的高增速。发展至今,中国O2O所囊括的范围已十分广阔,主要行业可以细分为餐饮、教育、娱乐、电影、家政、送洗等。② 中国O2O近年来的快速发展主要归因于几大背景因素。第一,国家利好政策助推O2O行业规范化发展;第二,随着经济快速稳健发展,中国居民收入水平上升,消费结构完善,服务和享受型消费比重不断上升;第三,互联网全面渗透网民生活,移动端设备与技术加速普及,截至2016年底,中国手机网民规模达7亿;第四,配送、移动支付的发展与普及完善了O2O行业服务闭环,为其发展提供了基础保障。③

相较中国O2O行业高速发展的大浪潮,美国O2O市场的发展则要"冷静"许多。不同于中国O2O广阔的行业覆盖面,如今美国主要O2O市场仍局限于少数企业所代表的部分行业,例如优步(出行平台)、

---

① "Microsoft Corporation", UNITED STATES SECURITIES AND EXCHANGE COMMISSION FORM 2017/08/02, https://www.sec.gov/Archives/edgar/data/789019/000156459018019062/msft-10k_20180630.htm,最后访问时间2018年6月1日。

② 艾瑞咨询,"2017年中国本地O2O市场报告",艾瑞咨询,http://report.iresearch.cn/report/201707/3024.shtml,最后访问时间2018年6月1日。

③ Kate Jansen, "Why the US lags behind China in mobile payment adoption, and how that might change", applovin.com, 2017/09/26, https://blog.applovin.com/us-lags-behind-china-mobile-payment-adoption-might-change/,最后访问时间2018年6月1日。

Groupon（团购优惠券网站）和 Airbnb（住宿）。虽然美国在经济发展，互联网，移动设备普及率等方面要领先于以中国为代表的部分新兴市场，但是在移动支付和技术配送两方面的缺乏，使美国 O2O 市场的发展缺少了两大重要支柱，也是 O2O 覆盖行业较窄的重要原因。2016 年，美国仅有 19.4% 手机用户使用移动支付，支付总额约为 1 120 亿美元，而中国在同时期的支付总额已达 55 万亿美元。不过，美国移动支付正处于高速发展的状态，有报道预测，截至 2020 年，美国年移动支付总额将达到 28 万亿美元。① 另一方面，相比中国，美国及时配送行业成本相对较高，其背后的主要原因便是美国市场较为昂贵的人力。2017 年，员工工资占据了美国当地货运服务行业开支的最大部分，其相对行业收入占比约 33.3%。②

6 总结

百度的国际化之所以存在巨大的挑战，不仅仅是因为激烈的市场竞争，同样也因为发达国家相比百度有过运营经验的中国、日本、巴西等国有着非常不同的市场条件。百度在制订是否应该国际化和具体国际化方式的战略前，应充分分析市场间的差异，同时衡量自身所拥有的竞争优势和资源，再进一步思考如何在不同市场最大限度地发挥利用自身的优势，从而做出最正确的决定。

---

① Steven Anderson, "Mobile Payments In US To Reach ＄3 Trillion Within Two Years", paymentweek. com, 2018/02/26, https：//paymentweek. com/2018－2－26－mobile-payments-us-reach-3-trillion-within-two-years/，最后访问时间 2018 年 6 月 1 日。

② "US Industry Report, Couriers & Local Delivery Services", IBISWORLD, https：//clients1-ibisworld-com. proxy1. lib. uwo. ca/reports/us/industry/default. aspx？entid＝1950，最后访问时间 2018 年 6 月 1 日。

第三部分

定位和品牌战略

古兜温泉：如何顺势而为，升级飞跃？[①]

> **摘　要**：本案例描述了古兜温泉在竞争日益激烈的温泉市场，面对尚未成熟的消费市场（如消费者对于温泉的知识缺乏等）和新的市场机会（如市场消费升级、消费者注重养生养老等），该如何用新的品牌定位辅之以新的营销战略，更好地满足顾客需求，打破行业通病的魔咒，抓住新的市场机会，在竞争激烈的温泉市场中脱颖而出。
>
> **关键词**：市场定位；战略营销；消费者认知；顾客需求；温泉行业

引言

2016年12月9日，位于广东省江门市新会区的古兜控股有限公司，通过配售方式成功在港交所"创业板"挂牌上市，成为中国温泉概念第一股和广东民营旅游企业第一股。[②] 但是董事长韩志明的野心却不止于此，他希望可以借助国际资本平台，继续做大、做好、做强古兜温泉，推动整个温泉产业的融合和升级，使古兜温泉成为行业中真正的龙头企业。

2018年1月23~24日，韩志明召集了公司的高管团队，并邀请了学术界的知名学者和温泉相关行业（如旅游、保健、医疗、养生、养老等）的资深人士，针对其未来发展进行了深入和热烈的讨论。研讨结束

[①] 本案例由中山大学管理学院张艺斓和卢敏洁协助撰写。本案例仅供教学使用，并提供材料作课堂讨论，并无任何意图证明、揭示或暗指所涉及的管理情景和管理方式是否合理及有效。出于保密的需要，本案例中的有关名称和数据信息等都有可能进行了必要的匿名、隐藏和掩饰处理。

[②] 江门发布（2016），【重磅】古兜控股今天在港交所上市，成为中国温泉概念第一股！http://static.nfapp.southcn.com/content/201612/10/c209537.html，最后访问时间2018年5月31日。

后，韩志明回到住处，对会议上大家热烈讨论的问题陷入了深深的思考：目前中国温泉市场竞争激烈，温泉行业提供的产品和服务让消费者觉得大同小异以至于缺乏特色，古兜温泉该如何从中脱颖而出呢？继续在简单的温泉休闲这片红海市场中厮杀已经没有太大的上升空间，那么是否应该开发养生养老市场以开拓蓝海市场？应该如何开发呢？当前消费者对于温泉的优劣及功效普遍缺乏认知，如果开发养生养老市场，即使古兜有很好的温泉资源，消费者也很难感受到其中的价值，该怎么让消费者了解温泉的价值和功效，了解古兜呢？这些都是让韩志明头疼的问题。显然，古兜温泉想要推动产业融合和升级，成为真正的龙头企业，还有很长的一段路要走。公司的高管团队追随韩志明多年，现在古兜温泉的发展如同巨轮出海，需要他作为舵手来引领方向，他很清楚自己需要尽快定下新的发展目标和战略，为古兜注入强大的动力。

1 公司简介

1.1 公司发展历程

快二十年前，一次偶然机会，一位新会领导带韩志明来古兜转了一圈。鬼使神差般地，他就迷恋上了这片地方。在普通人眼里，这里只有一座荒山，一座水库，虽说青山绿水，风景秀丽，但是放眼中国，这样的地方比比皆是，并没有什么特别之处，怎么就能吸引一众游人呢？而韩志明却看到了其中的商机，古兜温泉同时拥有两种不同类型的温泉：海洋温泉和氡温泉，堪称世界一绝。事实证明，韩志明是个善于打组合拳的人，他把山、海、泉、湖的资源合体，挖掘隐藏的垄断性资源，并进行综合改造，成就了如今总占地面积近650000平方米的古兜温泉度假村。

在创业初期，韩志明常年和员工在山沟里待着，亲自去实地了解古兜的自然资源，为度假村的规划开发做准备。他还变卖了当时在广州价值600多万元、现值数亿元的多栋别墅，投资自己的"古兜梦想"。功夫不负有心人，终于，古兜温泉度假村（包括古兜温泉谷、假日湖景酒店及皇家 Spa 酒店）在 2003 年正式开始运营。

然而，温泉在广东是一种普遍性资源。温泉景区数以百计，市场竞争异常激烈。其资源和产品难以差异化，服务和管理又很容易被竞争对手模仿并超越。尤其是以大型温泉度假区的营销最为困难。韩志明也明白仅靠单一温泉产品，很难满足庞大客户群的多样化需求。于是在 2005 年，韩志明又建造推出了温泉别墅酒店、娱乐中心、旅游商业街及古兜山观光缆车等项目，希望在多样化上体现竞争优势。彼时，珠海的港中旅投资 30 亿元的温泉项目问世。面对强劲对手，韩志明采用了错位竞争的策略，对方的优势是规模大、档次高，古兜则将独家的优美自然环境融入度假村，亮出自然生态的王牌，使之再次操得胜券。同年，古兜温泉综合度假村被全国旅游景区质量等级评定委员会评为国家 AAAA 级旅游景区。

五年后，古兜温泉由温泉综合度假村向温泉小镇转变，并对景区重新布局。这次的变革将景区内旅游服务、会展、体育运动、农业观光等资源整合，一举打破了业界对温泉行业传统认识。业内人士评价，古兜是广东温泉业内为数不多地从单一温泉体向综合度假体转变的成功例子。①

2016 年 12 月 9 日，古兜控股有限公司成功在港交所上市，主要从事古兜温泉综合度假村营运、管理、旅游物业开发与销售。

1.2 企业资源及产品

古兜温泉综合度假村拥有独特的地理位置优势，其坐落于中国广东省江门市新会区，毗邻广珠城际铁路、广东西部沿海高速、江肇高速公路等多条铁路及高速公路，连接香港、澳门、深圳、广州、珠海及中山等主要城市及中国其他地方。

综合度假村占地接近 650000 平方米，设有四间主题酒店：皇家 Spa 酒店、假日湖景酒店、温泉别墅酒店及山海酒店，连同各种休闲及康乐场所，包括：62 个公共温泉池及其他配套设施，如水疗中心及会议中

---

① 云珠沙龙（2016），他醉心文化旅游 15 年，如今成就中国温泉第一股_搜狐财经_搜狐网 http://www.sohu.com/a/121284078_433391，最后访问时间 2018 年 5 月 31 日。

心。古兜亦有经营山泉水世界,并于每年的4月至10月开放。

除温泉度假村外,古兜控股亦扩展业务组合至旅游物业开发,主要于古兜温泉综合度假村内发展别墅、高层公寓、低层公寓、低层开放式公寓及零售单位。

古兜温泉还拥有独特的自然资源:一地两泉,即氯化钠温泉和氡温泉。

1.2.1 丰富多样的产品和服务①

(1) 酒店

皇家Spa酒店包括唐宫及东瀛阁,两者主题截然不同,设计灵感分别来自唐代的奢华楼阁风格及东方日式建筑。唐宫模仿唐代建筑,并打造成中国四合院,设有别墅和套房,以装饰华丽的走廊贯通,大部分均设有带温泉池的私人花园,宾客可于别墅或套房内享用私人温泉设施。东瀛阁参照日式建筑设计,目标为宾客提供舒适宁静的感受,分别设有饰以传统日本装饰的房间及套房。宾客可在私人日式平台花园的木制浴缸中享用温泉设施,各套房更配有私人温泉。

假日湖景酒店包括龙泉居、湖景客房及沙滩木屋。龙泉居为古兜温泉综合度假村的奢华独立式综合大楼,设有一个以瀑布为背景的私人室外温泉。湖景客房乃一栋六层酒店大楼,四周风景如画,可俯瞰湖景。沙滩木屋邻近山泉水世界的海滩及古兜蜜月岛,设多间色彩艳丽的木屋,风格各有不同。

温泉别墅酒店包括温泉宾馆、南亚风情别墅及巴登小镇别墅。

山海酒店是古兜控股第四间主题酒店,由两栋低密度公寓、商业单位及停车位组成。

(2) 古兜国际会议中心

古兜国际会议中心于2005年开业,总建筑面积8 000多平方米,既有可容纳1 200人召开大型会议的会议厅,也有适合不同的商务和会议需要的多功能会议厅和中小型会议室,是举办各类型商贸洽谈、研讨、

---

① 资料来源:古兜温泉——古兜温泉综合度假区官网。

会议及宴会等企业活动的理想目的地。会议中心邻近古兜温泉谷,为与会人士提供多种温泉设施,并可于养生馆内放松身心。

(3) 养生馆

养生馆为水疗中心,提供各种水疗及身体护理。内设经典影院、庭院餐厅,还有电玩、网吧、书吧及 VIP 套房,配备齐全的娱乐休闲设施以及 SPA 桑拿、温泉足疗、冷热炕等养生服务。

(4) 山泉水世界

凭借毗邻新会东方红水库的地理优势,古兜温泉经营有天然泉水流经的山泉水世界,当中设有滑水道、人工造浪机及脚踏船等。

1.2.2 "一地两泉"——天然"真"温泉[①]

古兜温泉地形特殊,拥有世界罕见的一地两泉,分别是氯化钠温泉和氡温泉。消费者可以同时体验咸、淡温泉,这也是古兜最重要的资源之一。氯化钠泉简称咸温泉,泉水色泽微黄,味带咸;泉眼位于距古兜景区约 5 公里的黄茅海深处,井深 150 米,出口水温 88 摄氏度,通过专用管道将泉水送到温泉谷,其主要成分有氯化钠等 30 多种矿物质及 11 种人体不可缺少的微量元素;氯化钠泉具有珍贵的保健、医疗作用,经常浸泡,对消除疲劳、增强体力、促进新陈代谢等都有很好的效果。古兜氡温泉,水质澄明清澈,无色无味,与我国古代著名氡温泉——陕西省华清池的温泉水相同,泉眼井深 230 米,出水口温度 55 摄氏度,含几十种对人体健康有益的矿物质微量元素;氡温泉除了能改善新陈代谢功能,对降低血糖、排除尿酸、糖尿病和痛风具有良好的辅助疗效之外,更重要的是,泡过温泉后能清洁皮肤,消除污垢,令皮肤有清爽润滑的快感,以及具有美容护肤和改善血液循环等奇效。

古兜温泉承诺并履行"三个不":不使用循环水,活水直流;不使

[①] 古兜温泉小镇 (2018),天然真温泉_古兜温泉 http: // gudou. shop. cthy. com/,最后访问时间 2018 年 5 月 31 日 https: // mp. weixin. qq. com/s? __biz = MjM5MjQyNzg4MA = = &mid = 2697344310&idx = 2&sn = 14fce531ea8bf2a1b98a28057ccaa77a&chksm = 8394ef31b4e36627a22691ff217caecd6ada7e99fbfc11e1a3bfca210463e98145ed17f138ae&mpshare = 1&scene = 1&srcid = 0125nBVbZvWP0wKWpLi3a2Y0#rd,最后访问时间 2018 年 3 月 1 日。

用人工（电热、锅炉）加热；不掺假，每一滴都是纯天然温泉水。古兜温泉通过了广东旅游温泉水温水质认证，获得中国旅游协会温泉旅游分会的"天然真温泉"认证。

2 温泉产业介绍

2011年，国家旅游局颁布的《中国温泉行业标准》规定，① 温泉是指从地下自然涌出或人工钻井取得且水温≥25℃，并含有对人体健康有益的微量元素的矿水。温泉服务是以温泉（含地热蒸气、矿物泥或冷泉）为载体，以沐浴、泡汤和健康理疗为主，提供参与、体验和感悟温泉养生文化的相关产品，达到休闲、疗养及度假等目的的服务。温泉企业是指利用温泉资源，并具备相适合的设施设备和环境条件，以温泉服务为主，并提供健康理疗、住宿、餐饮、会务、休闲、度假等相应服务的经济组织。包括温泉酒店、会所、度假村、疗养院、洗浴中心、温泉旅游小镇、温泉旅游度假区、温泉城等各类温泉企业，而温泉产业便是由这些构成。"温泉+"使得这个行业具有无限可能和巨大的发展前景，温泉产业也成为朝阳产业中的朝阳。最热门也是最普遍的就是温泉旅游，指的是以沐浴温泉为主要内容的旅游活动。在建国初期到改革开放这段时间，温泉主要用作疗养；改革开放到20世纪90年代，温泉旅游度假区盛行；20世纪90年代至今，温泉逐渐演变为大型的旅游综合体。

2.1 行业特点

（1）既传统，又年轻

温泉行业的传统决定了其文化内涵，温泉行业的年轻预示着其巨大的发展潜力。温泉行业是一个传统的行业，最早可以追溯到五千年前轩辕黄帝在黄山汤泉浸泉七日，皱纹消除，返老还童的传说。而温泉较大

---

① 《中国温泉行业标准》是首部全国性的温泉行业标准，全称为《温泉企业服务质量等级划分与评定》。2011年5月通过国家旅游局批准，行业标准编号：LB/T016－2011，并于2011年6月1日起正式实施。

规模的利用，起源于秦汉而盛于唐，最著名的就是唐玄宗与杨贵妃游宴沐浴的"华清池"。在中国，温泉因帝王而闻名，温泉与帝王的故事成为中国古代温泉文化的主流，五千年来从未断裂，至今对现在的温泉文化及行业的发展仍有影响，这也是中国温泉文化有别于外国温泉文化最重要的特点。五千年的延续传承，五千年的文化烙印，决定温泉行业有着传统的根。

温泉商业化只有短短 20 年左右历史，不得不说，温泉行业也是个年轻的行业。中国温泉开发真正进入商业化阶段是在改革开放之后。从 1997 年广东省恩平市的金山温泉开业起算，中国现代商业性温泉的发展历史只有 20 年左右的时间。1998 年开始，广东珠海御温泉以"御式温泉"引导中国温泉旅游的发展，才逐步形成由广东开始，席卷全国的温泉开发热潮。

(2) 大行业，小企业

根据前瞻产业研究院发布的温泉旅游行业报告，2016 年我国温泉旅游行业市场规模约为 1 700 亿元。① 而在政策利好、下游需求升级、竞争能力改善等因素的驱动下，未来温泉旅游行业市场潜力较大，到 2020 年市场规模有望达到 3 000 亿元（附录一）。虽然围绕温泉旅游、康养产品，正在形成一个高达上千亿元规模的温泉消费休闲市场，未来该领域还将继续保持高速增长，但现阶段国内温泉产业在供给端、需求端等方面距离真正"热"起来还有一段距离。中国旅游协会温泉旅游分会副秘书长赵永明曾表示，目前国内从事温泉旅游的企业约 3 000 家，企业众多，但真正具备规模化、实力强的温泉企业仅 1 000 家左右。② 此外，在供给端，我国温泉旅游存在盲目开发、产品同质化等现象，温泉企业经营状况并不乐观。以目前仅有的 3 家登陆资本市场的温泉旅游企业来说，

---

① 熊志强（2017），多因素驱动下温泉旅游市场前景广阔_经济学人－前瞻网，前瞻产业研究院，https://www.qianzhan.com/analyst/detail/220/170428-8d0e63a3.html，最后访问时间 2018 年 5 月 31 日。

② 爱笑武汉（2017），以古兜控股与天沐温泉为代表的温泉企业面临着怎样的困境与机遇？百家号，https://baijiahao.baidu.com/s?id=1587279484709603951&wfr=spider&for=pc，最后访问时间 2018 年 5 月 1 日。

2016年收入规模从6 000万元至1.85亿元不等,净利最多的只有1 252万元,其余两家多处于亏损几千万元的境地。因此,有业内人士认为,国内温泉旅游行业具有典型的"大行业、小企业"特征①。

(3)增速快,潜力有待开发

根据前瞻产业研究院发布的温泉旅游行业报告,2008年我国温泉旅游人数为1 257万人,到2012年增长到2 099万人,2015年我国温泉旅游人数约为3 390万人左右,2008~2015年间复合增长率超过15%(附录二)。由此可见,我国温泉旅游人数增长速度较快。但是相对于日本、中国台湾等地来说,我国温泉旅游体量相对较小。据了解,中国台湾地区的温泉人口(经常去温泉消费的人群)达到了总人口的80%,日本则是接近100%。而我国的温泉人口虽然近几年来增长速度比较快,但与我国的人口总数相比,还不到4%,②这说明我国的温泉市场还有巨大潜力。

(4)地区发展不平衡,东部沿海地区发展较快

根据驴妈妈旅游和艾瑞咨询联合发布的《2016年中国温泉旅游白皮书》显示,③在国内温泉景区地理分布中,沿海城市占大多数(附录三)。首先沿海地区本身温泉资源比较丰富,而开发温泉需要大量的资金投入,沿海地区经济发达,资金力量雄厚,为温泉产业的发展奠定资金基础。最重要的是,沿海地区人口密集,人民生活水平较高,消费能力较强,有意愿也有能力追求优质的生活,巨大的市场需求拉动了温泉行业的发展。而相比之下,西北地区本身温泉资源相对较少,且市场需求不大,开发能力不强,温泉行业没有太大的发展。

---

① 九师花草(2018),"温泉+"成为冬季旅游业一股"暖流",百家号,https://baijiahao.baidu.com/s?id=1593153418080380766&wfr=spider&for=pc,最后访问时间2018年5月1日。

② 前瞻网(2017),多因素驱动下温泉旅游市场前景广阔 http://field.10jqka.com.cn/20170428/c598324485.shtml,最后访问时间2018年5月1日。

③ 艾瑞咨询和驴妈妈旅游网联合发布《2016年中国温泉旅游白皮书》,http://report.iresearch.cn/report/201701/2875.shtml,最后访问时间2017年1月18日。

2.2 行业发展现状及问题[①]

(1) 产品雷同，缺乏特色

温泉产业作为一种新兴的产业方式，正在迅速发展，然而伴随着开发热潮而来的是温泉旅游开发模式和产品雷同化现象的日趋严重，同类型温泉旅游产品的竞争十分激烈，导致温泉旅游企业经济效益低下，生命周期短暂，资源浪费严重。开发商盲目开发，设计理念老化、陈旧，没有高品位的设计，造成温泉酒店软、硬件不到位，让客人感受不到温泉带来的欢愉。某些开发商开发温泉心切，没有做好足够的准备工作，盲目照搬，大兴土木，结果往往是消耗大量的资金开发出一些只有其形而无其质，无内涵可言的产品。目前温泉旅游产品和活动项目主要停留在温泉泡浴的层面上，缺乏有特色的个性化产品，行业间一味效仿的方式不能带来自身的生命力，温泉旅游产品大多为千篇一律、个性化不足、主题不鲜明，温泉沐浴产品单一。

在这种情况下，温泉旅游文化特色成为决定温泉旅游竞争力的关键因素。急功近利的经营不能创造出良好的发展前景，只有差异化的产品和服务创新，赋予产品不同的个性，不断满足市场对温泉旅游产业的需求，才能创造出别人无法复制的产品价值。我国部分地区的确也开发了一些主题温泉，如：海洋温泉、高山温泉、森林温泉、皇家温泉、死海温泉、生态温泉、药疗温泉、雨林温泉、鱼疗温泉、日式温泉、热带雨林温泉、古镇汤院等，都取得了较好的效果，值得学习借鉴。还有些温泉内按不同需要和功能，设置了灵芝汤、人参汤、当归汤、薄荷汤、香茶汤、香酒汤、鱼疗池、鲜花池、桂花汤、咖啡汤等池子，以增加品味、吸引游客、提高效益。

(2) 行业混乱，缺乏规范

产业规范不完善，产业道路靠摸索。温泉产业从兴起到成熟的阶段，正是各种问题充分暴露的时候。相当数量的温泉旅游企业存在着以假乱

[①] 非鱼 (2014)，我国温泉旅游开发现状与模式_百度文库 https://wenku.baidu.com/view/a80eaa17fe4733687e21aa6c.html，最后访问时间 2018 年 5 月 1 日。

真、以次充好的欺骗、隐瞒现象，导致消费者对整个产业的质疑。比如目前温泉市场上不乏以假温泉欺骗消费者的企业，有用人工加热的，有掺热水勾兑的，有卫生状况不达标的，这也是温泉行业从诞生之初就存在的乱象。产业弊病如得不到及时治理，产业的竞争就会衍变为价格的比拼、规模的较量。同业间的无序竞争、恶性循环，不仅使企业疲于应付、效益下滑，而且严重损毁着整个产业的品牌形象。2011年国家旅游局《中国温泉行业标准》出台以来，这一现象已经得到了较大的改善。

（3）自建自营，缺乏品牌

据统计，目前89%的温泉企业基本都是依赖自主开发，管理以自营式、股东式、家族式为主，很多都没请专业的管理公司。即使国内有多地有丰富一流的旅游资源，投资亿元以上打造的企业也不在少数，但由于缺乏合力，一直未能打造出品牌形象。主要有如下原因：一方面，缺乏高水平的总体规划，经营者之间基本都是各自为战，低水平的重复建设，资源浪费严重；另一方面，企业管理模式单一、死板，远不能满足现代市场的要求，不能从当地温泉文化和历史中汲取养分，开发出的产品非常浅薄，不能突破单纯的泡浴概念，产品反复复制业内同行，缺乏自己的品牌形象。

（4）忽视文化，缺乏内涵

温泉旅游不仅是顾客身体的一次放松体验，更多的是心理的旅游放松，是旅游者对温泉文化的一次体验，所以温泉旅游的开发就是对温泉沐浴文化的塑造。每个地区都拥有当地特色的本土文化和企业文化，行业间一味地模仿攀比自然会导致产品缺乏文化内涵，产品极其单薄，这也从侧面也反映了企业本土文化的匮乏。这些都导致温泉产品对游客吸引力不强。中国温泉文化历史悠久，当其从贵族享受转为大众消费时，在注重休闲、保健、养生的同时，提高文化品位也值得重视。

（5）重视大众，忽视细分

目前国内温泉旅游开发的品级还较低，大部分市场定位以大众游客为主，忽略了细分市场，这也就使得大部分温泉企业在红海中厮杀，而没有意识到差异化定位的重要性以及它可以给企业带来的巨大利益。目前市场上，大部分温泉企业缺乏对不同消费者群体的心理和消费特征的把握。温泉旅游地提供的都是同质性产品，缺乏专为细分市场设计的、满足特定消费群体的专项旅游产品。而不同的消费群体在温泉旅游地的需求是不一样的，如会议游客、商务游客、养生游客、家庭游客和普通散客，对温泉旅游项目的选择、娱乐的方式和设施设备的要求都不一样，这要求温泉旅游的产品类型和项目设置既有一定的丰富度，又要有针对性。

2.3 行业发展动向与未来

2.3.1 "温泉+N"成发展新趋势

在温泉经营模式上，一些地方温泉旅游产品的开发模式主要是作为酒店配套服务和单独对外经营两种模式，一方面为酒店住宿客人提供温泉泡汤服务，另一方面单独对外出售温泉泡汤服务的门票，有的会增加一些按摩、足浴、SPA等中高端项目，这也成为近十几年来城市周边温泉资源开发和景区温泉利用的主要模式。但随着散客时代的到来，以及千禧一代成为温泉消费的主要群体，过去简单的"疗养＋洗浴""住宿＋泡汤"等内容并不能进一步挖掘客人的消费潜力，受限于管理水平和开发能力，多数温泉企业的定位并不清晰，导致企业营收来源单薄，温泉旅游经营需要转型升级。

近几年来，继温泉酒店之后，温泉旅游度假村、温泉康养水疗小镇、温泉主题公园等成为温泉产业发展中较为新型的开发模式和理念，比如在"温泉＋"开发经营理念下结合民宿、滑雪、水上娱乐、专业康养产品、水疗SPA等垂直细分、特色鲜明的模式受到消费者欢迎。"温泉＋"开发经营理念，使得消费者在温泉主题消费场景中，可以体验到更丰富、新颖的项目。因此，在未来温泉产业发展中，不同区位的温泉企业应根据其资源特点、定位、规模等，在开发经营中呈现出不同的开发主题和功能，采用新技术延伸产业链，进行更加细致的定位和营销，突出特色，这将是国内温泉企业做大、做强的重要路径。

2.3.2 进入国际化竞争新阶段

温泉是一种世界性的资源。温泉资源广泛分布于世界各地大多数国家，所以，温泉文化和温泉产业同时也具备世界性。在当今全球化时代，由于消费者的消费边界早已超越了国界。如今，大批中国人前往日本泡温泉，少数精英阶层人士去欧洲做温泉疗养和抗衰老疗程，成为一种新常态，而国际知名的温泉品牌也在纷纷登陆中国大陆，因而一个成熟的产业必须具有国际化视野和竞争力。个别中国的温泉企业已经开始在海外布局，拓展业务，中国的温泉产业已然进入了国际化竞争的新阶段。

2.3.3 温泉行业发展终将回归其健康属性

虽然，由于受到种种因素和条件的影响，以观光旅游和休闲旅游为特征的"旅游温泉"业态，无论是在过去，还是在现在，乃至在将来很长一个时期，都将继续占据中国温泉产业的主体和主流位置。但是，健康概念是核心、是龙头、是引领，温泉行业发展终将回归其健康属性。未来典型的温泉度假村或温泉地应该是以特定的温泉水质和温泉地的自然人文环境及气候特征等为出发点，以温泉的健康功能（包括养生、治疗和康复）为核心，叠加上休闲、旅游、教育、体育、静心和文化体验等主要附属功能，成为真正的复合型健康度假目的地。温泉终将成为横跨大旅游、大健康和大文化的一个综合性产业。"养生温泉"所强调的两个重点，即"保养"与"健康促进"（日本称为"健康增进"），将是温泉产业今后发展的热点与投资风口。温泉疗法与中医养生、道家养生和快乐度假的有机融合，将会是中国温泉文化与温泉产业与世界其他主要温泉流派最显著的差异点和特征。

2.3.4 得中国温泉文化之道者，得天下

在中国这一特殊的环境下，由于受到皇家文化、儒家文化、道家文化、中医文化、诗词文化，甚至包括一些地方文化、亚文化、名人文化等的影响，中国的温泉文化其实比国外的温泉文化更具文化内涵。然而中国消费者对于温泉的一些硬性功效所知甚少，甚至也很难让他们主动去了解或者更容易地去接收企业想要传达的信息。但文化的熏陶却是潜移默化根深蒂固的，消费者本身已经具有被中国文化熏陶的基础，中国

文化中又不乏与温泉相融合之处，然而如何找到企业想传递的文化内涵与消费者所具备的文化认知的契合点，以文化为基础赋予产品不同的个性，创造出别人无法复制的产品价值和吸引力，却是一大难点。温泉游一旦缺少了独特的文化附加值，消费者就会对其慢慢丧失兴趣和信心。仅凭借资源，难以树立品牌形象和开发附加旅游项目，很难让企业做大、做强。企业想要与市场上其他类似的产品相区分，打造独具魅力的温泉旅游产品，并保持长久的生命力和竞争力，只有依托文化，所以说如何挖掘温泉中的文化内涵，将是温泉行业未来竞争的一个重要方向。

3 竞争日益激烈的温泉市场

3.1 全国市场

中国是世界上温泉地热资源最丰富的国家。根据各方面资料统计分析，目前中国已发现的温泉地热点（包括天然出露和人工揭露）有 4000 余处，主要集中在云南、西藏、广东、福建、台湾、重庆、海南、江西等地区。[①] 从某种意义上讲，在全国范围内，温泉地热资源并非稀缺资源。根据最近举办的"2018 温泉大会"披露，目前全国共有温泉景点项目 3000 多处，而且主要集中分布在东部沿海以及华中、西南部分地区，可想而知国内温泉市场竞争有多么激烈和集中。

3.2 广东省内市场

广东省温泉旅游产业开发具有国内领先的地位优势，已发现的地热泉点有 300 多处，2016 年广东省内温泉旅游企业达 355 家，名列全国首

---

① 重庆泽玛房地产营销策划有限公司（2014），温泉市场调研专题报告 2014.12.02_百度文库 https://wenku.baidu.com/view/b568a27a04a1b0717ed5dd0c.html，最后访问时间 2018 年 5 月 1 日。

位。截至 2018 年，现有温泉酒店约 370 家，远远超过第二名河南（260 家）。① 恩平、清远、阳江三个市被中矿联批准命名为"中国温泉之乡"，广东是全国"中国温泉之乡"数量最多的省份。广东温泉开发一直走在时代前沿，早期的金山温泉、清新温矿泉、和珠海御温泉，把温泉与娱乐相结合，通过旅游的形式使温泉迅速向大众普及。御温泉、碧水湾等更是开创了以休闲养生为特征的现代温泉旅游先河。数据显示，广东省温泉企业平均开业投资额约为 4.8 亿元。最高投资额为 25 亿元，最低为 1 200 万元。而在广东温泉企业中，约有 46.67% 为民营企业。② 总体来看，广东省温泉旅游行业市场化充分，温泉资源充沛，基础设施完善，在全国享有一定知名度，因而随着人民生活水平的稳步提高，广东温泉市场竞争日益激烈。

4 温泉市场中的消费者

4.1 空间分布：国内温泉游，广东消费者占据半壁江山

在国内温泉用户客源地分布 Top5 中，有四个城市来自广东省，分别是佛山、东莞、广州和深圳，累计占比达 53.4%（附录四）。说明华南地区，尤其是广东省有极好的温泉旅游习惯，区域经济的发达也为他们提供了足够的经济支撑。

4.2 年龄分布：温泉用户有年轻化趋势，80 后、90 后成为中坚力量

根据驴妈妈旅行和艾瑞咨询联合发布的《2016 年中国温泉旅游白皮

---

① 金羊网（2018），2018 温泉大会于清远佛冈举行 - 广东频道 - 人民网，责编：李士燕，牛攀，http://gd.people.com.cn/n2/2018/0112/c123932 - 31136615.html，最后访问时间 2018 年 5 月 1 日。

② 金羊网（2017），广东温泉企业数量最多已形成半小时可达的生活圈，编辑：邱邱，http://wemedia.ifeng.com/40820865/wemedia.shtml，最后访问时间 2018 年 5 月 1 日。

书》显示，① 2016 年温泉用户性别分布均衡，没有较大差异（附录五）。在年龄分布上，80 后用户最为凸显，达到 51.1%（附录五）。但是在 2017 年，美团旅行发布的《2017 年温泉游报告》显示，② 在年龄上，95 后占比最高为 26%，85 后占比 22%，80 后占比 15%（附录五）；另一个重要转变发生在用户性别分布上，根据该报告显示，女性用户占比 58%（附录五），超过一半，其原因是随着女性经济日益独立，加之女性周到、体贴的天性，大部分家庭的出行决策由女性做出。不管是在近年来火热的亲子游，还是年轻情侣的出行，女性都占据着决策主导权。数据的不同，一方面是由于不同的发布者本身顾客群体可能会有差异，数据收集对象会有差异；另一方面是随着时间的变化，市场确实也正在发生变化。但是综合来看，可以肯定的是，温泉用户有年轻化的趋势，80 后、90 后用户成为温泉消费的中坚力量。

4.3 出游方式：以结伴、成人为主，亲子、团体游有待挖掘

根据《2016 年中国温泉旅游白皮书》统计，93% 的用户会选择结伴而行（附录六）。温泉用户购买温泉门票 95.3% 为成人票，1.6% 为儿童票，0.8% 为亲子票，0.6% 为团体票（附录六）。可见成人游客占据重要地位，但是亲子、团体游市场方兴未艾，上升空间较大。

4.4 时间分布：有明显淡旺季之分，旺季节假日、短期、多次游

目前温泉行业有明显的旺季、淡季之分，每年的 5 月到 8 月为淡季，12 月到次年 2 月为旺季中的高峰期。③ 旺季出游频率为淡季的 4~7 倍，

---

① 艾瑞咨询和驴妈妈旅游网联合发布《2016 年中国温泉旅游白皮书》，2017 年 1 月 18 日。http://report.iresearch.cn/report/201701/2875.shtml，最后访问时间 2018 年 5 月 1 日。
② 旅游圈（2018），《美团旅行 2017 温泉游报告：温泉游有"冲动型"消费属性》（旅游圈）http://www.dotour.cn/article/32557.html [2018-01-16 12:19:24]，最后访问时间 2018 年 5 月 1 日。
③ 旅游圈（2018），《美团旅行 2017 温泉游报告：温泉游有"冲动型"消费属性》（旅游圈）http://www.dotour.cn/article/32557.html [2018-01-16 12:19:24]，最后访问时间 2018 年 5 月 1 日。

广东人一年泡温泉4次以上的人最多,占38.33%,3次的占18.65%,1次的占16.13%,回头客占比大①。数据显示,2017年在温泉季购买过温泉产品的用户再次购买时,90%都会购买同一款温泉产品;温泉用户的再次消费时间间隔在3天以上占比在75%左右,其中间隔15~60天占比最大,为18.65%②。全年人均消费金额最高的时间为1、2、9、11月,均在800元以上,为淡季人均消费的两倍(附录七)。以上数据说明,温泉用户"忠诚度"较高,每年都泡且泡多次温泉的用户占比83.87%,这也暗示着温泉行业的顾客忠诚度培养尤为重要。

4.5 消费认知和需求有待开发

上述数据也说明,大众消费者对温泉旅游有一定认知误区,对夏季(即淡季)泡温泉没有养成习惯,但随着养生养老温泉市场的开发,淡季营销应有较大转变,从顾客维持转变成顾客教育,相应的配合夏季消费的设施也应配套。

第一,养生不分寒暑。普通温泉的高温反而比冰凉的泳池、海水消暑效用更好,根据中医理论,热水能使毛孔打开,将体内的暑气排出,冷水使毛孔闭合,反而不能排出暑气,到了秋冬容易感冒生病。因此,养生温泉应四季浸泡。随着养生养老概念的火爆,温泉旅游点应改变营销策略,进行概念绑定,形成以教育为主导的市场。

第二,环境也是卖点。对于在城市"热岛"工作的人而言,位于郊区山水之间的温泉旅游点是纳凉避暑的好去处,即使不泡温泉,绿意森森的住处也值得一去。温泉周边的登山、骑行、娱乐活动路径及场所也应适当开发,以避免产品过于单一。

第三,配备夏日设施。以江西庐山天沐温泉冷雾降温系统为例,这

---

① 吴珊(2017),《广东温泉企业数量最多已形成半小时可达的生活圈》,金羊网,http://news.ycwb.com/2017-12/13/content_25781456.htm [2017-12-13 11:25],最后访问时间2018年5月1日。

② 旅游圈(2018),《美团旅行2017温泉游报告:温泉游有"冲动型"消费属性》(旅游圈)http://www.dotour.cn/article/32557.html [2018-01-16 12:19:24],最后访问时间2018年5月1日。

套系统能使冷雾沿温泉入口处经温泉区、绿茵小径,在花草植物丛里、木屋小桥之下袅袅喷洒出来,夹杂着大自然花草植物精华的芳香,给人清凉舒爽的感受。① 有些温泉旅游点配备冬夏两套设施,但由于前期投资大,且与水上乐园形成直接竞争,需要考虑差异化和特色,避免使用率低、不利于做大、做强等问题。

第四,开发特色泉种。低于 25 摄氏度的泉水称为"冷泉",刚入池时会觉得冷,但 2 分钟后遍体发热,具有理疗和美容的功效。冷泉消夏在中国台湾、日本、意大利等国家有着悠久的历史,中国台湾的苏澳冷泉年接待游客达 60 万以上。而在国内,重庆中国统景泉世界是内地首家开发冷泉产品的景区,冷泉日涌量 2 万吨。② 除了资源要求较高的冷泉,温泉旅游点还可开发薄荷泉、菊花泉等消暑泉种,不仅可以从各类矿物质泉中脱颖而出,也符合 80 后、90 后旅客的猎奇心理。

5 决策:古兜温泉该如何发展?

企业发展没有一劳永逸的模式,必须抓住市场机会,针对消费者的需求,不断进行创新升级。面对温泉休闲度假市场白热化的竞争和养生养老市场亟待开发的巨大潜力,古兜温泉需要重新定位自己,以新战略、新模式、新策略去开发新市场,顺着行业转型升级的洪流,完成自身的飞跃。

韩志明也很清楚,面对"大行业,小企业"的行业现状和竞争激烈的市场实际,古兜温泉的"领导者之梦"将遇到不少阻碍。接下来要解决的问题就是,如何对古兜温泉进行市场定位,并从目前竞争激烈的温泉市场中脱颖而出?同时,古兜温泉该使用怎样的营销策略,不但可以教育消费者区分温泉产品,从而达到差异化目的,还能更好地满足顾客需求呢?

---

① 百度知道(2017),夏天泡温泉适合吗? https://zhidao.baidu.com/question/571861561.html,最后访问时间 2018 年 5 月 1 日。

② 百度知道(2017),夏天泡温泉适合吗? https://zhidao.baidu.com/question/571861561.html,最后访问时间 2018 年 5 月 1 日。

附 录

附录一：

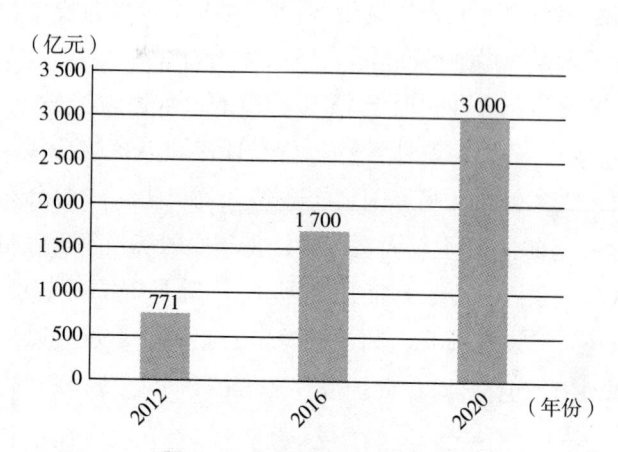

图1 温泉旅游市场规模预测

资料来源：熊志强：多因素驱动下温泉旅游市场前景广阔_经济学人－前瞻网，前瞻产业研究院，https：//www.qianzhan.com/analyst/detail/220/170428－8d0e63a3.html，最后访问时间2018年5月1日。

附录二：

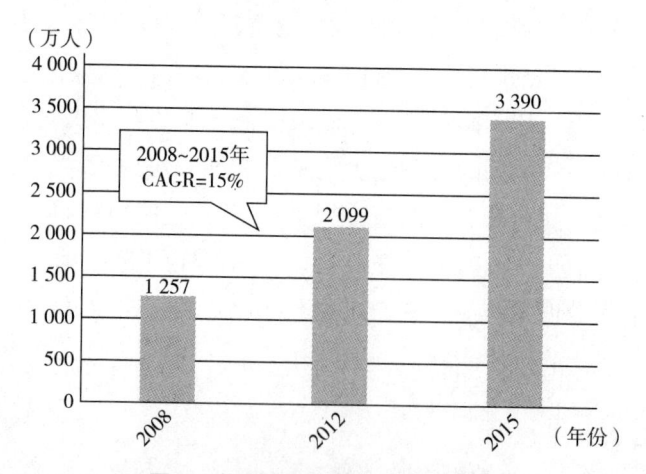

图2 中国温泉旅游人数变化情况

资料来源：熊志强：多因素驱动下温泉旅游市场前景广阔_经济学人－前瞻网，前瞻产业研究院，https：//www.qianzhan.com/analyst/detail/220/170428－8d0e63a3.html，最后访问时间2018年5月1日。

附录三：

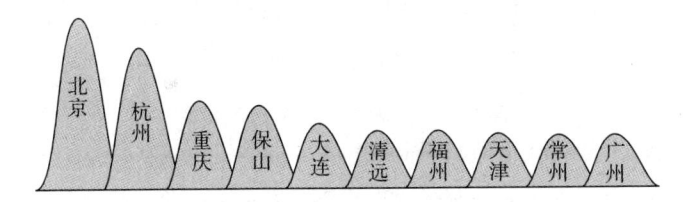

图3　2016年国内温泉景区地理分布Top10

资料来源：艾瑞咨询和驴妈妈旅游网联合发布《2016年中国温泉旅游白皮书》，2017年1月18日；www.iresearch.com.cn整理（2016），最后访问时间2018年5月1日。

附录四：

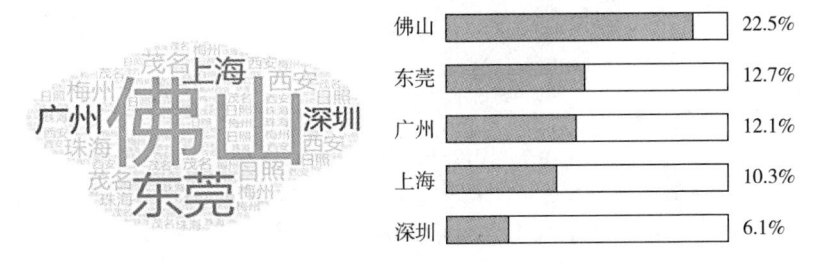

佛山	22.5%
东莞	12.7%
广州	12.1%
上海	10.3%
深圳	6.1%

图4　2016年国内温泉用户客源地Top5

资料来源：艾瑞咨询和驴妈妈旅游网联合发布《2016年中国温泉旅游白皮书》，2017年1月18日；www.iresearch.com.cn整理（2016），最后访问时间2018年5月1日。

附录五：

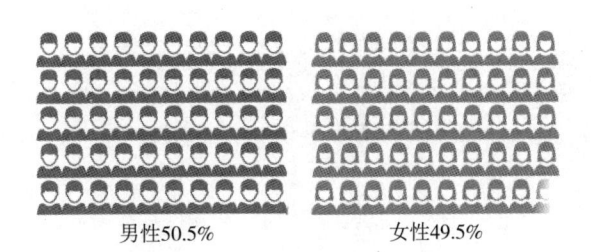

男性50.5%　　　女性49.5%

图5　2016年温泉用户性别分布

资料来源：艾瑞咨询和驴妈妈旅游网联合发布《2016年中国温泉旅游白皮书》，2017年1月18日；www.iresearch.com.cn整理（2016），最后访问时间2018年5月1日。

70前	70后	80后	90后
5.1%	17.2%	51.1%	26.6%

图6　2016年温泉用户年龄分布

资料来源：艾瑞咨询和驴妈妈旅游网联合发布《2016年中国温泉旅游白皮书》，2017年1月18日；www.iresearch.com.cn整理（2016），最后访问时间2018年5月1日。

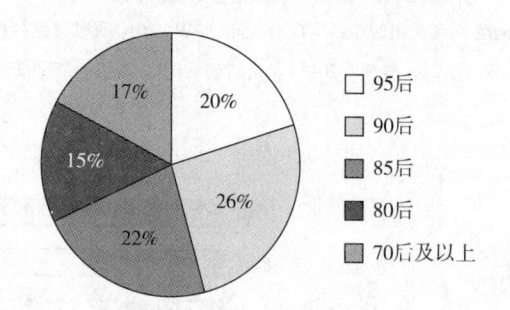

- 95后　20%
- 90后　26%
- 85后　22%
- 80后　15%
- 70后及以上　17%

图7　2017年温泉游年龄占比

资料来源：旅游圈（2018），《美团旅行〈2017温泉游报告〉：温泉游有"冲动型"消费属性》（旅游圈）http：//www.dotour.cn/article/32557.html［2018－01－16　12：19：24］，最后访问时间2018年5月1日。

女 58%　　男 42%

图8　温泉游消费者性别分布

资料来源：旅游圈（2018），《美团旅行〈2017温泉游报告〉：温泉游有"冲动型"消费属性》（旅游圈）http：//www.dotour.cn/article/32557.html［2018－01－16　12：19：24］，最后访问时间2018年5月1日。

古兜温泉：如何顺势而为，升级飞跃？

附录六：

图9　2016年温泉用户出行人数情况

资料来源：艾瑞咨询和驴妈妈旅游网联合发布《2016年中国温泉旅游白皮书》，2017年1月18日；www.iresearch.com.cn整理（2016），最后访问时间2018年5月1日。

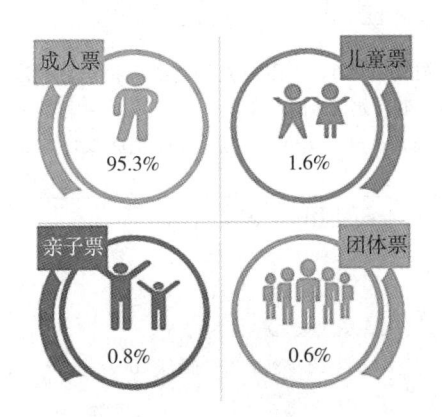

图10　2016年用户购买温泉门票类型

资料来源：艾瑞咨询和驴妈妈旅游网联合发布《2016年中国温泉旅游白皮书》，2017年1月18日；www.iresearch.com.cn整理（2016），最后访问时间2018年5月1日。

附录七：

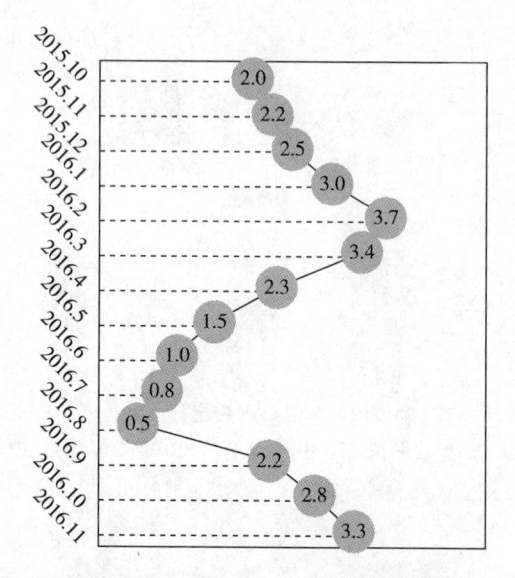

图 11　2016 年用户人均购买温泉产品频次

资料来源：艾瑞咨询和驴妈妈旅游网联合发布《2016 年中国温泉旅游白皮书》，2017 年 1 月 18 日；www.iresearch.com.cn 整理（2016），最后访问时间 2018 年 5 月 1 日。

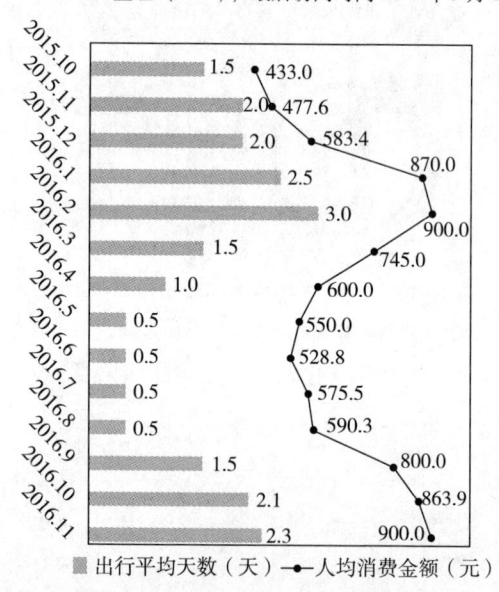

图 12　2016 年温泉用户出行平均天数 & 购买温泉产品人均消费金额

资料来源：艾瑞咨询和驴妈妈旅游网联合发布《2016 年中国温泉旅游白皮书》，2017 年 1 月 18 日；www.iresearch.com.cn 整理（2016），最后访问时间 2018 年 5 月 1 日。

盒马鲜生的"新零售"时代[①]

> **摘 要**：2017年12月13日，阿里巴巴的首席执行总裁（CEO）张勇在刚刚结束的与首席财务官（CFO）武卫的会议上提到，2017年下半年，盒马鲜生的收益翻了四倍，对阿里巴巴来说，孵化盒马鲜生是其实现"新零售"目标的第一步。"新零售"（New Retail）是阿里巴巴在2015年推出的结合线上线下交易的新型零售模式，目的是更好地符合现代人对于购物的需求。现今"新零售"之争，表面上是资本、技术、流量之争，但归根结底还是商业本质之争，即实现"人、货、场"的无缝链接与高度融合。为了全面支持"新零售"的发展，阿里巴巴的决策层需要考虑在这个市场如何有效地竞争，如何无缝链接现有的线上线下的系统，如何实现可持续发展等相关问题。其中最重要的核心在于阿里巴巴是否应该去并购和兼收有良好供应商关系的传统零售代表。为了实现在"新零售"的领域中持续发展，阿里巴巴需要认真思考以上的问题。
>
> **关键词**：阿里巴巴；战略选择；创新；营销规划；渠道策略

1 盒马鲜生的创建背景

盒马鲜生由原京东物流负责人侯毅在2015年创立。时至今日，阿里巴巴已经入驻上海、北京、宁波三个城市，共拥有40家盒马鲜生门面

[①] 这个案例是在 Caroline Wei（Ivey Business School）的协助下完成。本案例仅供教学使用，并提供材料作课堂讨论，并无任何意图证明、揭示或暗指所涉及的管理情景和管理方式是否合理及有效。出于保密的需要，本案例中的有关名称和数据信息等都有可能进行了必要的匿名、隐藏和掩饰处理。

店。盒马鲜生作为阿里巴巴"新零售"的代表,阿里巴巴 CEO 张勇表示:"新零售"的未来意味着线上线下的无缝连接,盒马鲜生将为阿里巴巴开启新的市场和商机。

盒马鲜生相较于传统零售商的最大优势在于它的便捷、快速和 App 下单三十分钟内实现配送的零售新概念。盒马鲜生相较于京东的北上广 24 小时的配送服务,在配送速度上更胜一筹。与此同时,盒马鲜生结合了一些欧洲先进零售商家的概念,在配送服务的同时为顾客提供新鲜食材烹饪的服务。随着盒马鲜生商业模式的快速迭代升级,其扩张也在逐渐加快。按照阿里巴巴的计划,盒马鲜生的扩张模式将会采用自营加合资两种方式。据估计,在未来的五年内,盒马鲜生将后在中国三十多个城市当中拥有 2 000 家以上的门店。与此同时,阿里巴巴不仅只致力于盒马鲜生的发展,它同时还在发展不同的途径来拓展"新零售"的概念。

饿了么是现今中国最大的外卖配送系统之一,市价为 9.5 亿美元。它的服务主要包括外卖配送和手机支付等,现拥有近 700 百万的日均活动用户。通过收购饿了么,阿里巴巴大大提升了其配送资源,实现了"一公里"的配送覆盖率。

在 2015 年,阿里巴巴花费 283 亿人民币战略投资苏宁集团并成为其第二大股东,持股数量占发行后总股本的 19.99%。签署战略协议后,阿里巴巴和苏宁集团旗下的苏宁云商将进行资源整合,利用大数据、物联网、移动应用、金融支付等方式打造新的 O2O 移动应用产品;双方将尝试打通线上线下渠道,苏宁云商全国 1 600 多家线下门店、5 000 个售后服务网点以及四五线城市的服务站将与阿里巴巴线上体系实现无缝对接。①

在 2017 年天猫双十一狂欢节期间,天猫合作上千品牌和 10 万家实体店来打造智慧门店。消费者可以初始手机上的淘宝会员码便可以一扫

---

① 新浪科技,"阿里 283 亿元战略投资苏宁成第二大股东" August 15th, 2018, Retrieve from: http://tech.sina.com.cn/i/2015-08-10/doc-ifxftkpv6997907.shtml,最后访问时间 2018 年 8 月 15 日。

完成支付、积分、优惠卡券兑换等功能。消费者可以在线上门店，品牌官网或者天猫店中的任一渠道消费，线上购买，线下自提，同时也可以在任意渠道享受会员福利。

阿里巴巴在 O2O 的战略部署上已经形成了初步的体系，那么阿里巴巴将要如何支持盒马鲜生的有机增长计划呢？

2 中国的零售市场分析

尽管 2016 年经济发展缓慢，中国零售业仍然保持着较好的发展速度。从 2016 年到 2017 年，中国市场零售业的发展速度为 10.2%。中国拥有着世界上最大的零售市场之一，零售业年平均收益为 1266 亿元人民币。[1] 中国零售业预计将会持续增长至 2021 年，并保持 10.5% 左右的 CAGR。[2] 与此同时，很多世界零售商家的领军人物像是沃尔玛，也开始大幅度拓展在中国的市场。有鉴于此，很多中国的零售商和品牌商开始投资于全渠道的功能（Omnichannel Strategy），[3] 通过并购和收购其他的零售公司来为顾客提供更全方面的购物体验。全渠道的策略旨在提高运营效率、客户体验和整体盈利模式。大多数投资全渠道服务的零售商，主旨在于通过一体化线上线下的渠道更好地管理商务需求，更好地优化库存管理和净利润率。与此同时，O2O 的模式能够帮助零售商提高运营透明度，用户和企业可以对每笔交易进行追踪调查。

全渠道零售首先是以消费者为中心和出发点的，消费者由被动改为主动，具体体现为从"受品牌商引导的被动需求和单纯的商品购买者"，转变为"从自身主动需求出发而牵引品牌商进行研发生产的参与者"。

---

[1] Statista, 2018 Retrieve from：https：//www.statista.com/statistics/277810/retail-revenue-in-china/，最后访问时间 2018 年 8 月 15 日。

[2] Technavio Consumer Report Retrieve from：https：//www.technavio.com/report/china-general-al-retail-goods-and-services-retail-market-china-2017 – 2021，最后访问时间 2018 年 8 月 15 日。

[3] Tyler Babcock, Annual Retail Foods Report-China, 2017, USDA, Retrieve from：https://gain.fas.usda.gov/Recent%20GAIN%20Publications/Retail%20Foods_Beijing%20ATO_China%20 – %20Peoples%20Republic%20of_1 – 26 – 2017.pdf，最后访问时间 2018 年 8 月 15 日。

之所以发生这样的转变,其本质因素是新时代下消费者需求和购物行为的变化。① 新时代消费者在进行商品选择时,更注重对产品品质的诉求,从而全方位提升生活品质。从品类角度来看,智能家居快速增长,如空气净化器、净水器等近三年年均复合增长率维持在20%左右,而精致小品类如香薰、精油、烛台、酒具等也在蓬勃增长。同时,消费者对进口商品的趋之若鹜,也表明了消费者对更高层次的品质的追求。以90后、00后为代表的新一代年轻消费群体更在意时尚新潮,他们乐于尝鲜、善于分享,也更特立独行和追求自我价值的彰显,激发了细分化和个性化的需求。我们观察到,年轻消费群体呈现出奢侈品品牌选择小众化、追求无人机与VR穿戴设备等黑科技、美容仪瘦脸机等抗初老细分美容产品等。随着人们生活节奏的加快,人们更注重全购物流程的省力省时,他们期望能够精准搜索、一键下单、移动支付、配送到家;互联网的普及、移动支付的发展和物流等基础设施的完善也助力便利性需求的实现。现今的消费者也不再单一地局限于对商品的功能性诉求,他们更多地关注商品所附带和传递的情感性,追求整体购物流程中的参与感和体验感,要求产品与服务合一,通过社交媒体广泛积极地与他人进行链接,不论是售前对信息的搜索和了解,还是售后的分享和评论。

由此看来,中国消费者越来越"挑剔":他们不只追求更优质的商品,也看重商品为自己带来的价值、便利性与独特性。这就意味着新零售商家在积极打造更好的购物体验的同时,必须记住渠道策略并不是一体适用、能够一招打天下的。网络购物和线下购物消费者的诉求有质的区别(附录一)。中国的网络购物者看重"优质产品"与"特价优惠",在乎商品是否物美价廉,而线下消费者则讲求服务与体验。偏好网络购物的受访者认为"价格实惠"是他们更喜欢线上购物的关键,此外也包含"提供送货上门服务""可以节省时间""销售独特的特色产品"等原因,这些都是电子商务的优势。喜欢到实体店面购物的受访者则说"即

---

① 徐晋 and 江宜璁;新零售时代;零售企业的制胜之道;是思略特. Retrieve from: https://www.strategyand.pwc.com/media/file/Way-to-win-in-the-new-retail-era_CN.pdf, 最后访问时间2018年8月15日。

到即买"是他们偏好线下渠道的首要原因,购买的当下就能立刻收到商品。其他因素也包括线下有"现场体验"的机会、"质量更可靠""服务好"等。换句话说,也就是建议零售商在制定策略时,注意线上渠道有明确的产品差异化。线下的零售商则应该注重服务及体验的差异化,以避免陷入价格竞争。

3 盒马鲜生拓展将面临的困难

阿里巴巴要实现盒马鲜生的全中国覆盖,面对的首要挑战是零售商家众多,竞争激烈,整体市场趋于饱和。虽然阿里巴巴旗下的天猫和淘宝垄断了中国线上市场,让其成为线上市场的领军人物。但是作为线下市场的外来者,跨境电商阿里巴巴将面临多方面的竞争压力。

"新零售"元年,盒马鲜生的成功吸引了众多竞争者的跟随。例如腾讯旗下的永辉超市推出的"超级物种"、步步高旗下的"鲜食演义"、新华都的"海物会"均属于此模式的先行者。对于传统商超来说,这一模式能发挥其积累多年的经验。依靠强大的供应链实现高效配送,为消费者提供全方位消费体验,帮助传统商超实现新零售转型。对于盒马鲜生而言,其优势在于海鲜和外送概念的结合以及其出色的配送系统。然而,在供应链的完善方面,阿里巴巴的体系依旧不能和传统商超相抗衡。

近期,腾讯也开始发力拓展线下市场。以腾讯为首的京腾系,虽然起步晚,但是这些并购或投资的动作大大缩小了与阿里巴巴的差距。目前,腾讯已拥有永辉超市、家乐福、万达商业、步步高、海澜之家五大传统商超。与此同时加上永辉入股的红旗连锁和京东入股的沃尔玛,腾讯目前的线下覆盖面已经包括了生鲜、大卖场、商业地产等多个零售业态,从而能够带领O2O行业向产业纵深处变革和发展。阿里巴巴为了保持在"新零售"市场的领军地位,需要进行线上线下的资源整合,拓展其覆盖产业。阿里巴巴也需要帮助其零售商从根本改变其运营模式,包括投资新的核心技术架构,数字化其运营和人工,提高数据分析的能力,从而良好巩固O2O的合作关系。

4 阿里巴巴拓展新零售的选择

高鑫零售由中国台湾润泰集团和法国欧尚集团于 2000 年合资设立，旗下包括"大润发"和"欧尚"两个独立运行的商超品牌，高鑫零售处于中国零售行业的龙头地位，2016 年高鑫零售在中国大型超市的市场占有率为 14.6%，仅次于华润万家，领先于沃尔玛、永辉超市等竞争对手。截至 2017 年 6 月 30 日，公司在全国共有 446 间综合性大卖场，包括"欧尚"门店 77 间及"大润发"门店 369 间。遍布 224 座城市，覆盖 29 个省、自治区及直辖市。受整体经营环境影响，公司放缓了其开店计划，但仍然会维持每年 30~35 家的速度维持门店拓展。①

财报显示，2016 年，高鑫零售实现营业收入 1 004 亿元，与上年同期相比增长 4.18%，归属于母公司的净利润 25.71 亿元，与上年同期相比增长 5.24%；2017 年前三季度，营业收入 790.3 亿元，与上年同期相比增长 2.2%；归属于母公司的净利润 23.15 亿元，与上年同期相比增长 14.0%，高于全国 50 家重点大型零售企业的零售额增幅 2.8%。② 按季度划分，高鑫零售的同店销售在 2017 年第 1 季度下降 1.5%，在第 2 季度大致持平，由于上半年食品 CPI 持续走低，一定程度上拖累公司的同店增长，公司管理层表示同店增长在 7 月和 8 月分别持平及略微增长，全年来看同店销售基本持平。

高鑫零售则具有供应链资源及数量庞大的线下门店优势。作为国内最大的大卖场运营者，高鑫零售拥有"欧尚"及"大润发"两大知名品牌，2016 年国内市场占有率达到 7.8%，继续稳居第一。截至 2017 年 6 月 30 日，高鑫零售在全国共有 446 家综合性大卖场，覆盖 29 个省市自治区的 224 座城市，门店总建筑面积约 1 210.50 万平方米，单店营业面

---

① 第一纺织网 martin；获阿里入股后，千亿营收的高鑫零售怎么样了？2018. Retrieve from：http：//www.linkshop.com.cn/web/archives/2018/397073.shtml，最后访问时间 2018 年 8 月 15 日。

② Sun Art Retail，二零一七年年报，http：//www.sunartretail.com/sc/ir/reports.php，最后访问时间 2018 年 8 月 15 日。

积最高可达17 000平方米。借助阿里的强大线上资源和技术、数据支持，高鑫零售有望打开新的增长空间。与此同时，大润发可能"承接"盒马鲜生全国主要区域市场的拓店计划，或改造高鑫零售既有门店，或由大润发布新店开拓"主干"市场。

阿里巴巴通过收购入股、战略合作或者创新自营等方式，能够深入像高鑫一样的线下百货，提高产品选择的广度，全面提升消费者体验。高鑫零售也持续推进精品超市、美妆店、无人便利商店等新业态发展，同时线上主打生鲜产品的"急速达"（飞牛）一小时配送服务和新开业的"大润发优鲜"，加速线上线下一体化升级。由此来看，线上线下两大巨头的强强联手，将共同驱动各自新零售业务的加速发展。

对于高鑫零售来说，将借力阿里巴巴的数字生态系统，推进门店数字化，并将新零售解决方案应用于公司门店，包括线上线下一体化、现代物流、大数据及个性化的消费者体验。此前，阿里巴巴先后与银泰、苏宁、三江、百联等传统零售业达成全面战略合作，并积极探索盒马等新业态。通过收购高鑫零售，将使阿里巴巴的新零售战略更近一步，获得高鑫零售的线下门店及供应链资源。现在高鑫零售每股市价6.5港元，若阿里巴巴要持有其公司30%股份，收购总价将为1 930亿港元。

附 录

附录一：

图1　线上和线下的消费者需求

线上购买前：
- TOP1 价格实惠
- TOP2 送货上门
- TOP3 节省时间
- TOP4 不一样的产品

线下：
- TOP1 即到即买
- TOP2 现场体验
- TOP3 质量可靠
- TOP4 服务质量

资料来源：尼尔森"新零售，中国电商的新战场白皮书"。[①]

附录二：

表1　综合性大卖场数目高鑫年报 – 中国不同地区的门店数目和建筑面积综合性大卖场总建筑面积　　　（平方米）

地区	欧尚	大润发	合计	百分比(%)	欧尚	大润发	合计
华东	51	134	185	40	2 067 785	3 253 686	5 321 471
华北	5	42	47	10	151 064	1 045 298	1 196 362
东北	1	49	50	11	32 033	1 361 428	1 393 461
华南	5	79	84	18	124 523	1 930 956	2 055 479
华中	10	63	73	16	293 766	1 574 654	1 868 420
华西	5	17	22	5	223 839	400 909	624 748
合计	77	384	461	100	2 893 010	9 566 931	12 459 941

资料来源：高鑫年报2017年年报，http：//www.sunartretail.com/sc/ir/reports.php，最后访问时间2018年8月15日。数据截至2017年12月31日。

---

① 新零售，中国电商的新战场；尼尔森；2018. Retrieve from：http：//www.nielsen.com/content/dam/nielsenglobal/cn/docs/nielsen中国新零售白皮书.pdf，最后访问时间2018年8月15日。

附录三：

表2　高鑫年报－董事于股份，相关股份及债权证的权益情况

董事/主要行政人员姓名	公司名称	权益性质	股份总数(1)	占有关系受体股权概约百分比
Ludovic, Frédéric, Pierre HOLINIER(2)	Auchan Holding S. A.(3)	受益拥有人	736（L）(7)	0.0024%
黄明端(4)	本公司	受益拥有人、配偶权益及在受其控制的公司中的权益(5)	117 234 074（L）	1.2289%
郑铨泰(6)	本公司	受益拥有人	6 000 000（L）	0.0629%
Xavier, Marie, Alain DELOM de MEZERAC	Auchan Holding S. A.(3)	受益拥有人	470（L）(8)	0.0016%
			736（L）(9)	0.0024%
	Oney Bank S. A.(10)	受益拥有人	1 173（L）(11)	0.0809%
Wilhelm, Louis HUBNER	Auchan Holding S. A.(3)	受益拥有人	953（L）(12)	0.0032%
			3 653（L）(13)	0.0121%
Desmond MURRAY	本公司	受益拥有人	55 000（L）	0.0006%

资料来源：高鑫年报2017年年报http：//www.sunartretail.com/sc/ir/reports.php，最后访问时间2018年8月15日。

附录四：

表3　高鑫年报——综合损益及其他方面的全面收入表

	附注	2017年人民币百万元	2016年人民币百万元
营业额	2	102 320	100 441
销售成本		(77 646)	(76 460)
毛利		24 674	23 981
其他收入	3	1630	873
营运成本		(18 922)	(18 042)
行政费用		(2 895)	(2 876)
经营溢利		4 487	3 936
财务费用	4(a)	(13)	(23)

续表

	附注	2017 年 人民币百万元	2016 年 人民币百万元
分占联营公司及合营企业业绩		(5)	(4)
除税前溢利	4	4 469	3 909
所得税	5(a)	(1 449)	(1 280)
年内溢利		3 020	2 629
年内其他全面收入			
不会重新分类至损益的项目：			
长期其他金融负债公允价值变动		—	58
年内全面收入总额		3 020	2 687
以下各方应占溢利：			
本公司权益股东		2 793	2 571
非控股权益		227	58
年内溢利		3 020	2 629
以下各方应占全面收入总额：			
本公司权益股东		2 793	2 629
非控股权益		227	58
年内全面收入总额		3 020	2 687
每股盈利			
基本及摊薄	9	人民币 0.29 元	人民币 0.27 元

资料来源：高鑫年报 2017 年年报，http://www.sunartretail.com/sc/ir/reports.php，最后访问时间 2018 年 8 月 15 日。

附录五：

表 4　　　　　　高鑫年报 - 综合财务状况表　　　于 2017 年 12 月 31 日

		于 12 月 31 日	
	附注	2017 年 人民币百万元	2016 年 人民币百万元
非流动资产			
投资物业	10	3 503	3 615
其他物业、厂房及设备	10	21 556	22 820
土地使用权	10	5 759	5 740

续表

	附注	于12月31日	
		2017年 人民币百万元	2016年 人民币百万元
		30 818	32 175
无形资产	11	51	77
商誉	12	126	181
按权益入账的被投资方		25	15
可供出售非上市股本证券		–	4
贸易及其他应收款项	14	240	397
递延税项资产	19	455	395
		31 715	33 244
流动资产			
存货	13	14 201	15 409
贸易及其他应收款项	14	3 326	3 552
投资及定期存款	15	133	36
现金及现金等价物	16	10 362	8 100
		28 022	27 097
流动负债			
贸易及其他应付款项	17	35 446	36 807
银行贷款	18	2	23
应付所得税	5(c)	565	638
		36 013	37 468
流动负债净额		(7 991)	(10 371)
总资产减流动负债		23 724	22 873

资料来源：高鑫年报2017年年报 http://www.sunartretail.com/sc/ir/reports.php，最后访问时间2018年8月15日。

附录六：

表5　　高鑫年报 – 综合现金流量表

	附注	截至12月31日止年度	
		2017年 人民币百万元	2016年 人民币百万元
经营活动			
除税前溢利		4 469	3 909
经调整：			
来自旧有未使用预付卡的收入		(460)	-
折旧		3 017	2 964
摊销		246	202
物业、厂房及设备的减值损失		167	91
商誉的减值损失		55	-
财务费用		13	23
利息收入		(392)	(255)
出售物业、厂房及设备亏损		124	34
以股份为基础的付款		(2)	(4)
分占联营公司及合营企业业绩		5	4
汇兑亏损/(收益)净额		45	(15)
		7 287	6 953
营运资金变动： 存货减少/增加		1 208	(2 763)
贸易及其他应收款项减少/增加		446	(298)
贸易及其他应付款项减少/增加		(482)	4 214
经营所得现金		8 459	8 106
已付所得税	5(c)	(1 469)	(1 154)
经营活动所得现金净额		6 990	6 952
投资活动			

续表

	附注	截至12月31日止年度	
		2017年 人民币百万元	2016年 人民币百万元
购买投资物业、其他物业、厂房及设备以及土地使用权付款		(2 509)	(3 579)
投资一间合营企业付款		(15)	-
存款期限超过三个月的定期存款变动净额		3	-
出售物业、厂房及设备所得款项		2	5
购买无形资产付款		(32)	(44)
已收利息		392	255
购买投资付款		(200)	(155)
投资到期所得款项		100	155
出售可供出售证券所得款项		4	-
投资活动所用现金净额		(2 255)	(3 363)
融资活动			
非控股权益注入现金		-	249
收购非控股权益付款		(353)	-
银行贷款及其他借贷所得款项		-	1 017
偿还银行贷款及其他借贷		(23)	(1 631)
已付利息	18	(13)	(23)
已支付予本公司股东的股息	20(b)	(1 965)	(1 521)
已支付予非控股股东的股息		(119)	(181)
融资活动所用现金净额		(2 473)	(2 090)
现金及现金等价物增加净额		2 262	1 499
于一月一日的现金及现金等价物		8 100	6 582
汇率变动影响		-	19
于十二月三十一日的现金及现金等价物	16	10 362	8 100

资料来源：高鑫年报2017年年报，http://www.sunartretail.com/sc/ir/reports.php，最后访问时间2018年8月15日。

附录七：

表6　高鑫年报－综合财务报表

成本	楼宇 人民币 百万元	租赁物业装修 人民币 百万元	店铺及其他设备 人民币 百万元	办公室设备 人民币 百万元	汽车 人民币 百万元	在建工程 人民币 百万元	小计 人民币 百万元	投资物业 人民币 百万元	土地使用权 人民币 百万元	总计 人民币 百万元
于二零一六年一月一日	10 510	4 196	16 000	2 058	293	1 806	34 863	4 573	6 251	45 687
添置	484	62	1 085	150	7	1 053	2 841	270	633	3 744
转拨自在建工程	492	306	755	163	26	(1 781)	(39)	39	—	—
出售	(1)	(17)	(111)	(59)	(28)	—	(216)	—	—	(216)
于二零一六年十二月三十一日	11 485	4 547	17 729	2 312	298	1 078	37 449	4 882	6 884	49 215
于二零一七年一月一日	11 485	4 547	17 729	2 312	298	1 078	37 449	4 882	6 884	49 215
添置	228	42	525	131	8	931	1 865	74	202	2 141
转拨自在建工程	8	94	285	129	19	(580)	(45)	40	—	(5)
出售	(3)	(123)	(300)	(70)	(19)	—	(515)	—	—	(515)
于二零一七年十二月三十一日	11 718	4 560	18 239	2 502	306	1 429	38 754	4 996	7 086	50 836

危机中的乐视该何去何从?[①]

摘　要：自 2016 年 11 月爆发出的供应链厂商资金断裂问题起，乐视的危机愈演愈烈。伴随着资金链断裂一起的是和易到互撕、乐视高管离职、拖欠供应商货款、裁员等负面消息，作为乐视的创始人，贾跃亭一次次站在了风口浪尖上。在 2017 年 6 月 28 日举办的乐视 2016 年度股东大会上，贾跃亭承认，乐视资金链危机远比想象中要大，此时的乐视真可谓是"老问题犹存，新矛盾显现"。众所周知，乐视的生态化的商业模式是需要大量资金的支持。然而，2017 年初，融创中国董事长孙宏斌 150 亿元的雪中送炭，并没有拯救得了乐视。2018 年 3 月 29 日，融创中国发布了 2017 年业绩报告中表示，投资乐视所致的损失总额达到了人民币 165.6 亿元。[②] 2017 年乐视网的营业收入约为 74.63 亿元，同比下降 66.66%；净利润亏损则达到了 116.09 亿元，与 2016 年同期净利润约为 5.55 亿元，同比跌幅高达 2 193%。[③] 2017 年 10 月，以担任新乐视董事兼总经理五个月的梁军为首，乐视高管纷纷离职。在资金短缺风波的持续影响下，乐视网的声音与信誉陷于严重的负面舆论漩涡中。三年间，乐视网的股价从每股 44.72 元跌倒了如今的 4.6 元，[④] 从曾经一度被业界奉为佳话的"乐视神话"，到现在的经历过数次"滑铁卢重创"后，乐视的未来出路何在？

关键词：竞争优势；创新服务；战略规划

[①] 这个案例是在方烨婵（Ivey Business School）的协助下完成的。本案例仅供教学使用，并提供材料作课堂讨论，并无任何意图证明、揭示或暗指所涉及的管理情景和管理方式是否合理及有效。出于保密的需要，本案例中的有关名称和数据信息等都有可能进行了必要的匿名、隐藏和掩饰处理。

[②] 融创投资乐视预计损失 165 亿，孙宏斌 170 亿投资"打水漂". 搜狐财经. 2018. http://www.sohu.com/a/226638431_100001551，最后访问时间 2018 年 8 月 15 日。

[③] 乐视网大败局之孙宏斌投资乐视到底亏了多少亿. 新浪理财师. 2018. http://licaishi.sina.com.cn/view/718815?ind_id=1，最后访问时间 2018 年 8 月 15 日。

[④] 张玥，汤雨舟，区如茵. 乐视残局：欠债多少资本几何. 南方周末. 2018. http://www.infzm.com/content/134911，最后访问时间 2018 年 8 月 15 日。

1 从无名小卒到行业巨头：乐视的三个发展阶段

随着移动互联网的高速发展，视频网站行业强势崛起，高质量和全面的版权内容一直是各大视频网站的竞争焦点。自 2004 年 11 月成立以来，乐视网将其定位为一个以经营版权内容为核心的视频文化传播公司。在整个网络视频行业都不太注重版权的时期，乐视利用其先行优势，低价收集了海量版权库。在这一时期，乐视囤积了大量的正版内容版权，将内容电子化，放到乐视网上赚取流量和广告费。当各大视频网站争相购买影视剧版权，储备优质的独播内容资源时，乐视以版权为核心打造全产业链，在垄断竞争的网络视频行业中率先实现盈利。

乐视网于 2010 年 8 月 12 日在深圳交易所创业板上市，是行业内全球首家 IPO 上市的视频网站公司。上市后，乐视网抓住产业发展契机，利用其自身优势获得了巨大发展。2011 年的营业收入同比增长 151.22%；净利润同比增长 87.05%；基本每股收益为 0.60 元，同期增长 57.89%（乐视网 2011 年年度报告）。随后的几年里，乐视网将目光投向产业的上游——电视剧制作及发行。2013 年，乐视以现金和发行股份相结合的方式购买了影视制作公司花儿影视 100% 的股权；同时以发行股份的方式购买乐视新媒体 99.5% 的股权，交易总额为 15.98 亿元。[1] 乐视网于 2013 年展开"垂直整合"的战略转型之路，通过花儿影视渗透视频内容制作，率先转型为互联网视频内容生产平台。

与此同时，乐视网以网络视频服务为基础，致力打造基于视频产业、内容产业和智能终端的"平台+内容+终端+应用"的全产业链业务体系，这一通过产业链垂直整合的模式也被业界称为"乐视模式"，即"乐视生态"。[2]

---

[1] 乐视网收购花儿影视．网易新闻．2013 http：//news.163.com/13/1010/05/9AQ5O0D70014Q4P.html，最后访问时间 2018 年 8 月 15 日。

[2] 乐视网．百度百科．2018 https：//baike.baidu.com/item/%E4%B9%90%E8%A7%86E7%BD%91/1899797？fr=aladdin，最后访问时间 2018 年 8 月 15 日。

在"平台+内容+硬件+软件+应用"的垂直产业链的整合布局支持下,乐视通过旗下的电视、PC、手机、平板等多屏终端为用户带来丰富多样的体验。乐视网主要从事基于整个网络视频行业的广告业务(视频平台广告发布业务)、终端业务(即乐视销售的智能终端产品的收入)、会员及发行业务(包括付费业务、版权业务及电视剧发行收入)和其他业务(例如云视频平台业务、技术服务等收入规模相对较小的业务,2017年乐视年报)。①

2 乐视七子:乐视七大生态体系

乐视已经形成了七大生态体系,分别为内容生态、体育生态、大屏生态、手机生态、汽车生态、互联网及云生态以及互联网金融生态。依据垂直产业链的逻辑,乐视致力于打造一条连接上下游的娱乐生态链,让消费者可以在乐视的平台上获得一套完整的服务,即贾跃亭提出的"七大生态协同化反"模式。在贾跃亭看来,每个生态各自独立运营,但只有将他们串联起来,才能形成一个完整的生态。在《环球时报》记者的专访中,贾跃亭表示"真正的化反或高层次的化反,是在各子生态、各业务部门之间形成非常强大的协同效应,就像自然生态系统一样,能非常顺畅地进行生态循环和配合,自然进化出各种新的物种、新的业务配合、新的用户价值,让生态系统不断充实壮大而且健康长久"②,最终形成乐视独有的生态圈。

2.1 内容生态

乐视视频内容生态是整个乐视体系起家的核心业务,是乐视网的上市业务之一。在版权正版化潮流未到之前,乐视网在其视频业务中有着

---

① 多面出击乐视网战略转型成败几何?. 凤凰财经. 2014. http://finance.ifeng.com/a/20140325/11966799_0.shtml, 最后访问时间 2018 年 8 月 15 日。

② 贾跃亭:乐视最有可能超越苹果资金问题容易解决. 搜狐新闻. 2017. http://www.sohu.com/a/127911082_162522, 最后访问时间 2018 年 8 月 15 日。

巨大的资金投入，以购买正版版权为核心收购了一批电影、电视剧、动漫的版权，占据了互联网独播权的先行优势。内容是视频网站核心竞争力的关键因素之一，通过长达十年的版权累积，乐视网建立了较大的网络视频用户基数，在随后正版化潮流中贡献了大量的广告与版权的收入，乐视网在网络视频行业中率先实现了盈利。乐视网 2011 半年报显示，2011 上半年乐视网实现营业收入 2.23 亿元，比上年同期增长 118.79%；净利润为 5 839.51 万元，比上年同期增长 87.24%。其中，版权分销收入、付费业务收入、品牌广告收入在总收入中分别占比为 52.47%、25.69%、20.38%，是乐视网营业收入的主要的动力。①

在版权正版化时代到来之后，腾讯视频、爱奇艺等其他视频网站加大了版权视频的投入，版权费用也逐年攀升。为了保持较强的影视剧内容优势，乐视网的影视版权费用占据了公司很大一部分的开支。然而，由于影视剧版权的受欢迎度存在着很大的未知性，后期回本与前期投入给乐视网的营业收入造成了巨大的不确定性。从优酷土豆、爱奇艺等视频网站的内容来看，独家的影视内容很少，大多采取版权分销的方式来降低版权投入成本。根据中国互联网信息中心（CNNIC）发布的《2013年中国网民网络视频应用研究报告》中显示，从 PC 端用户的重合度来看，访问过乐视网的用户中，89.5% 访问过优酷土豆，84.2% 访问过爱奇艺 PPS。由于各大视频网站的内容大同小异，导致网络视频用户黏性不足，忠诚度较低，不同网站之间的用户重合度高。②

在前期建立优势之后，乐视网并没有对其视频业务作为最核心的业务资源投入进行迭代转型。在视频网站纷纷疯狂烧钱夺取版权之际，内容的丰富性和渠道的多样性才是视频网站的取胜的关键。例如，2014 年的韩剧《来自星星的你》大热，爱奇艺作为该剧的主要播放平台，不到 20 集的内容上线就带来了累计超过 8 亿的播放量，给爱奇艺带来了巨大

---

① 视频网站电视化乐视网率先实现盈利．金融界．2011. http：//stock.jrj.com.cn/2011/08/10175610701463.shtml，最后访问时间 2018 年 8 月 15 日。
② CNNIC：视频网站用户重合度高　差异化优势尚未形成．CNNIC. 2014. http：//www.199it.com/archives/239840.html，最后访问时间 2018 年 8 月 15 日。

的广告收益。① 渠道方面，腾讯视频依靠其腾讯生态圈的优势打通了微信公众平台、QQ 等渠道，在内容的生产和分发上形成了高效循环。乐视视频于 2017 年 11 月 9 日公布的内容战略中提到乐视将用自制剧替代纯采购的趋势明显。② 相对来看，自制剧成本投资更低，对版权内容的依赖少，可以更为精准地通过广告植入来赚取营业收入。但相较之下，乐视视频的转型步伐显得稍微滞后，无法满足与适应当下快速变化的用户内容需求，导致现在乐视视频的疲软状态。

2.2 体育生态

乐视体育是乐视七大子平台中的重要部分，是乐视集团相继乐视视频后最为看重的业务之一。乐视体育围绕着"媒体内容+赛事运营+智能硬件+互联网应用"来构建乐视体育的生态。在内容为王的时代，版权的重要性毋庸置疑。据媒体统计，在 2016 年，乐视体育拥有 310 项全球顶级赛事版权，72% 是乐视体育独家版权。除此之外，乐视体育还花费 1 亿冠名了北京国安，投入 3 亿元收购体育主播直播平台章鱼 TV 的全部股权，布局直播资源。③ 乐视体育希望通过独家版权产生巨大的流量，转化为广告、会员等收入。然而，乐视体育一直处于亏损状态。乐视体育在 2014 年的营业收入仅为 1.07 亿元，毛亏损 1.39 亿元；而 2015 年的乐视体育营收达 2.91 亿元，毛亏损 3.94 亿元，净亏损则达 5.69 亿元。④

由于乐视体育疯狂砸钱购买版权，扩展太过于迅速，广告和会员付费的商业盈利模式又很单一，导致其盈利能力不够，造成营业亏损。例如，英超版权接近 4 亿美元，ATP 为期 5 年的新媒体转播合同为 1 亿美

---

① CNNIC. 视频网站用户重合度高 差异化优势尚未形成. CNNIC. 2014. http://www.199it.com/archives/239840.html，最后访问时间 2018 年 8 月 15 日。
② GW. 乐视视频内容生态全面爆发 分众策略主打年轻化. 比特网. 2016. http://net.chinabyte.com/170/13957170.shtml，最后访问时间 2018 年 8 月 15 日。
③ 王卡卡. 拖欠版权费掐直播信号？乐视体育与新英体育暂时和. TechWeb. 2016. http://www.techweb.com.cn/internet/2016-12-27/2462057.shtml，最后访问时间 2018 年 8 月 15 日。
④ 王卡卡. 拖欠版权费掐直播信号？乐视体育与新英体育暂时和. TechWeb. 2016. http://www.techweb.com.cn/internet/2016-12-27/2462057.shtml，最后访问时间 2018 年 8 月 15 日。

元,中超为期 2 年的新版体版权费需要 3.9 亿美元等。① 入主乐视的融创中国董事长孙宏斌曾说过,乐视体育的盈利能力的确比不上其烧钱能力。截至 2016 年 9 月,乐视体育的付费用户达到 150 万人。按照乐视超级体育会员最高的 590 元/年的年费来计算,其付费用户最多可以贡献 8.85 亿元营业收入,对比其各项版权的开支,会员收入显得寥寥无几。②

2017 年 2 月 28 日,亚足联官方宣布与乐视终止亚冠转播合同,将 2017~2020 年剩余的旗下赛事版权转售给体奥动力。③ 随后 3 月 3 日,乐视体育也失去了中超的独家版权,苏宁旗下的 PPTV 聚力体育取代了乐视体育,成为中超 2017 年赛季独家合作伙伴。④ 失去了亚冠和中超等多项头部赛事版权的乐视体育,毫无疑问地丢失了吸引和保留新老客户的重要元素,乐视体育的发展也收到了很大的影响。与此同时,乐视体育在相关赛事的运营和市场推广方面也没有跟上其拓展的节奏。据统计,乐视体育 App 的周人均打开次数仅为 5.9 次,远低于其他视频网站,说明乐视体育的用户活跃度较低。⑤ 乐视体育 App 的用户体系尚未建立,又手握一堆高额版权,导致其入不敷出,营业亏损愈演愈烈。

2.3 大屏生态

作为乐视网控股子公司,乐视致新成立于 2012 年 9 月 19 日,是乐视电视业务运营的主体,至此乐视集团正式进军智能电视领域。乐视致新以乐视超级电视为品牌,从事智能互联网电视的研发、生产及销售业务,承载乐视的大屏生态业务。2016 年底,在乐视"Open Eco"发布会

---

① 解码乐视高尔夫资本困局,覆巢之下岂有完卵. 搜狐新闻. 2017. http:∥www. sohu. com/a/154666490_99939075,最后访问时间 2018 年 8 月 15 日。
② "生态化反"之下却是平庸的产品 数据还原真实的乐视 App_创客分享. 爱妮微. 2017. http:∥www. anyv. net/index. php/article-1320573,最后访问时间 2018 年 8 月 15 日。
③ 亚足联宣布终止与乐视合作,我们可以看到亚冠电视直播啦? 搜狐新闻. 2017. http:∥www. sohu. com/a/127474597_499943,最后访问时间 2018 年 8 月 15 日。
④ 乐视体育放弃中超版权 苏宁旗下媒体 13.5 亿接盘. 每经网. 2017. http:∥www. nbd. com. cn/articles/2017-03-02/1080742. html,最后访问时间 2018 年 8 月 15 日。
⑤ "生态化反"之下却是平庸的产品 数据还原真实的乐视 App_创客分享. 爱妮微. 2017. http:∥www. anyv. net/index. php/article-1320573,最后访问时间 2018 年 8 月 15 日。

上，乐视针对不同的市场和用户需求，推出 5 款新品，分别为超级电视 uMax85/X65S、乐视智能家庭中心（SHC）、屏霸、乐视无线家庭音响以及全新乐视盒子 U4。① 乐视致新总裁梁军在发布会上表示："我们将在乐视垂直整合的闭环生态系统里，率先展开与第三方伙伴的深度合作，让他们无缝整合到乐视生态系统中，形成一致的用户体验和更高的商业价值，让用户和商业合作伙伴都能体验到乐视生态开放的价值。"此外在发布会上，乐视宣布其大屏生态已达千万级用户，超级电视将进入可运营高价值客户时代。②

乐视超级电视的超级之处在于，"平台+内容+软件+硬件+应用"的垂直整合，为用户提供除硬件外的一套完整的生态价值，如乐视云服务、乐视商城、乐视视频、乐视体育、乐视影业等。由于乐视超级电视将其定位于一台有着高生态价值的生态电视，与传统厂家不同的是，乐视超级电视硬件价值只占极少的价值要素，绝大部分的价值来自乐视生态中的互联网应用、内容、云平台和大数据。乐视超级电视在注重体价比（体验和价值的对比），采用高配低价的方式让用户为内容和服务的核心价值买单，而非为传统电视市场的高硬件非核心价值买单。③ 自 2013 年问世以来，乐视超级电视以其低于量产成本的定价和通过生态补贴的硬件，使其超级电视业务规模快速增长。④ 截至 2016 年底，乐视超级电视等智能终端产品销售成绩优异，乐视超级电视累计销售已达 1000 万台，终端用户日益增长，是互联网智能电视中的领先品牌。⑤ 但伴随

---

① 乐视大屏宣布 OpenEco 合作伙伴将享国民待遇. 环球网. 2016. http：//tech. huanqiu. com/digiEnterprise/2016 – 12/9837892. html，最后访问时间 2018 年 8 月 15 日。
② 乐视大屏宣布 OpenEco 合作伙伴将享国民待遇. 环球网. 2016. http：//tech. huanqiu. com/digiEnterprise/2016 – 12/9837892. html，最后访问时间 2018 年 8 月 15 日。
③ 乐视超级电视. 百度百科. 018https：//baike. baidu. com/item/% E4% B9% 90% E8% A7% 86% E8% B6% 85% E7% BA% A7% E7% 94% B5% E8% A7% 86/7306764? fromtitle = % E4% B9% 90% E8% A7% 86TV% E8% B6% 85% E7% BA% A7% E7% 94% B5% E8% A7% 86&fromid = 3875775，最后访问时间 2018 年 8 月 15 日。
④ 低于量产成本定价的乐视超级电视，到底是赔了还是赚了？财经头条. 2018. http：//t. cj. sina. com. cn/articles/view/6445522242/1802edd42001004epd，最后访问时间 2018 年 8 月 15 日。
⑤ 乐视网信息技术（北京）股份有限公司 2017 年年度报告. 2017. http：//disclosure. szse. cn/finalpage/2018 – 04 – 27/1204808165. PDF，最后访问时间 2018 年 8 月 15 日。

着 2016 年底乐视整体危机的爆发，乐视致新品牌与信誉严重受损，部分应收款项回收难度较大，导致公司现金流极度紧张。截至 2016 年 12 月 31 日，新乐视智家（原乐视致新）资产总额约为 108.81 亿元，营业收入为 127.83 亿元，净利润约为 -6.36 亿元。①

2017 年 9 月 27 日，乐视网发布公告称其正式更名为"新乐视信息技术（北京）股份有限公司"（新乐视）。报告称其经过一系列的战略调整，新乐视将集中资源聚焦大屏生态优势领域，打造以智能电视为核心的大屏互联网家庭娱乐生活。②

2.4 手机生态

成功推出智能电视业务后，乐视试图切入小米、华为荣耀等互联网手机阵营中。于 2015 年 4 月 14 日在北京举行的乐视超级手机发布会上，乐视以生态模式正式进军手机行业。乐视在 2015 年 4 月的发布会上首次发布了三款旗舰手机：乐视超级手机 1、乐视超级手机 1Pro、乐视超级手机 Max。③ 同年 10 月乐视再次发布乐视超级手机 1S，其 1 099 元的售价更是低于量产定价，为乐视手机在 2015 年带来了 400 万部的出货量。④ 2016 年 4 月，乐视发布超级手机 2 代系列：乐视 2、乐视 2Pro、Max2 以及 Pro3，在 2016 年底，乐视官网公布该年度销量接近 2000 万部。⑤ 然而，这一生态补贴硬件定价方式所带来的高销量的同时也为了后来的资金短缺问题种下了埋伏。

乐视采取的是以低于量产硬件成本的价格扩大销售，通过内容和服

---

① 新乐视智家融资方案更新：估值缩水 25% 去年前三季度亏损 8 亿元. 搜狐财经. 2018. http：//www.sohu.com/a/226722063_100001551，最后访问时间 2018 年 8 月 15 日。
② 乐视网改名新乐视 聚焦大屏生态撇清旧有关联. 搜狐新闻. 2017. http：//society.sohu.com/a/194985493_115465，最后访问时间 2018 年 8 月 15 日。
③ 范晓东. 乐视发布三款旗舰手机 最低售价 1499 元. 腾讯科技. 2015. http：//tech.qq.com/a/20150414/045144.htm，最后访问时间 2018 年 8 月 15 日。
④ 乐视坏账致信利损失 5.5 亿 仁宝无奈卖股权卖零件抵债. 搜狐财经. 2017. http：//www.sohu.com/a/167009076_617156，最后访问时间 2018 年 8 月 15 日。
⑤ 50 多家供应商登门讨债 乐视手机业务将何去何从. 电子技术应用. 2017. http：//www.chinaaet.com/article/3000065863，最后访问时间 2018 年 8 月 15 日。

务来盈利的商业模式。这一销售模式导致乐视每卖出一部手机就亏上百元。按照其 2016 年公布的累计 2 000 万台总销售来算,每台手机光硬件成本就平均亏损可达 200 元,直接成本净亏损额可达 40 亿元,使得销售现金流无法弥补其成本。① 为抢占市场份额,而不惜亏本销售,对上游供应链出现欠款是导致乐视手机资金链问题爆发的根本原因。

2016 年 11 月初,乐视手机爆出拖欠供应商上百亿货款的传闻,贾跃亭承认手机供应链压力导致资金紧张,乐视系的资金链危机正式爆发。另外,2016 年手机硬件供应链大范围的缺货,核心器件如显示屏、处理器,零配件如铜箔片、双工器等都处于缺货状态,导致乐视硬件成本价格上涨,对乐视而言无疑是雪上加霜。② 乐视官方商场显示,在售的乐视手机均已下架。在 2017 年 6 月份,有媒体报道称,乐视手机业务几乎停滞,有超过 50% 的大幅度裁员。乐视手机线下体验店正在大规模撤店和转型,售后网点也大面积停工,乐视手机每月销售已不足 10 万台。③

2.5 汽车生态

于 2014 年 12 月 9 日,乐视网 CEO 贾跃亭通过微博公布了乐视"SEE 计划",即是自主研发打造互联网智能电动汽车以及建立汽车互联网生态系统的"超级汽车"计划。梁军在大会上表示:"基于垂直整合的闭环生态链,我们为用户打造极致体验,一切以用户为中心;基于开放生态圈,我们面向汽车行业合作伙伴全面开放,与各位合作伙伴共赢共享,创造更大价值。"④

然而,乐视造车也面临着巨大的挑战。众所周知,汽车制造业要求的技术含量和复杂程度较高,属于资金、人才、技术密集型产业。从设

---

① 乐视生态迷途:欠款裁员坏消息不断 生态几近分崩离析.腾讯网.2017. https://new.qq.com/cmsn/20170629/20170629037859,最后访问时间 2018 年 8 月 15 日。
② 50 多家供应商登门讨债 乐视手机被曝裁员超过 50%.搜狐新闻.2018. http://m.sohu.com/n/496450717/,最后访问时间 2018 年 8 月 15 日。
③ 乐视的 2017:危机一年 七大生态还剩什么?证证网.2017. http://www.cs.com.cn/ssgs/gsxw/201712/t20171226_5641726.html,最后访问时间 2018 年 8 月 15 日。
④ 乐视汽车生态理念获官方认可 "互联网+汽车"怎么玩?.中国新闻网.2015. http://www.chinanews.com/auto/2015/09-10/7515291.shtml,最后访问时间 2018 年 8 月 15 日。

计、研发、土地设备到生产落地，每一环节都需要大量现金的投入。根据中银证券汽车首席分析师彭勇的计算，"就自主品牌乘用车而言，按照15 万辆产能设计，每辆车在生产设备和设施上的投资约 1 万元，前期研发一款车型的费用约为 3 亿元至 4 亿元，再加上相关环节，一个乘用车项目上马，至少需要 30 亿元左右的资金。"①

2015 年 10 月 17 日，乐视汽车以 7 亿美元战略收购易到用车的 70%股权。2016 年，乐视宣布投资 200 亿人民币在浙江的莫干山经济开发区建设超级汽车工厂和汽车生态小镇。2016 年 11 月 6 日，贾跃亭发布内部信表示乐视汽车业务已陆续花掉了 100 多亿人民币自有资金，据估计，乐视造车至少还需要再花 400 亿~500 亿元。②

2017 年 1 月 3 日下午，乐视超级汽车战略合作伙伴 Faraday Future 在拉斯维加斯正式发布了首款量产车。③ 2017 年 3 月 20 日，乐视重金聘请的拥有丰富汽车营销和管理经验的丁磊正式确认离职。五月初，任乐视超级汽车全球 CEO 不足两个月的张海亮也辞去乐视职务。④ 乐视一系列的高管离职宣告着乐视汽车人心不稳，群龙无首的现象。据悉，乐视在汽车板块投了上百亿人民币，新车虽然发布，但由于资金短缺的问题，迟迟未能上市。

2.6 互联网及云生态

2016 年 10 月 19 日，在美国旧金山举行的乐视发布会中，乐视正式宣布全面落地美国并推出遍布全球的乐视云平台。在乐视构建的七大子生态中，乐视云平台作为所有终端应用的技术保障和平台支撑，为美国

---

① 乐视 7 年烧钱超 1 500 亿元 造车为何如此烧钱. 新华网. 2017. http：//www.xinhuanet.com/tech/2017-07/14/c_1121316823.htm，最后访问时间 2018 年 8 月 15 日。
② 突发！乐视网再出大事，贾跃亭辞职了！搜狐新闻. 2017. http：//www.sinoergy.com/?p=31600，最后访问时间 2018 年 8 月 15 日。
③ 乐视跟法拉乐到底啥关系？FF91 发布乐视汽车梦还有多远？新浪科技. 2017. http：//tech.sina.com.cn/it/2017-01-04/doc-ifxzczfc6858030.shtml?_zbs_baidu_bk，最后访问时间 2018 年 8 月 15 日。
④ 突发！乐视网再出大事，贾跃亭辞职了！搜狐新闻. 2017. http：//www.sinoergy.com/?p=31600，最后访问时间 2018 年 8 月 15 日。

用户提供完善的内容体验。① 作为全球第一大视频云平台，乐视云覆盖全球 60 多个国家和的确的 750 个 CDN 节点、30T 出口带宽，打造垂直整合的 EaaS（Eco-as-a-Service）（生态即服务）云模式，打造视频内容从生产到发行的一套完整产业链。② 此外，乐视还与奈飞、亚马逊、Hulu、SHOWTIME 和 SLING TV 等美国著名内容商达成合作，通过生态电视、生态手机等终端硬件和 EUI 系统，在乐视云的技术支撑下，提供更完美的内容服务。目前，乐视云平台覆盖互联网、户外大屏、楼宇、影院、场馆等渠道，触达数十亿用户。③

2.7 互联网金融生态

2016 年，乐视正式公布了第七大生态体系——互联网金融业务。在布局上，乐视金融包括了乐视小贷、乐视财富、乐视支付和乐视财讯四大板块。王永利表示，乐视小贷主要关注供应链金融、消费金融、汽车金融和小微金融。这些领域也与乐视现有业务相补充。例如，乐视超级手机、超级电视和乐视超级汽车都会有上下游供应商关系，2 000 多万的付费用户也是消费金融的主要客户来源。④

然而，从互联网金融行业的市场竞争环境来看，受制于金融监管的管理规范化，许多金融服务必须要依托于牌照，后期可从事的交叉性业务能力将受到更大的限制。目前乐视仅有一个小贷牌照，相比之下，蚂蚁金服拥有了全牌照，这无疑给乐视的金融业务造成很大的发展限制。此外，行业巨头蚂蚁金服、京东、腾讯金融等主流平台服务开始趋同化，竞争激烈，乐视无疑面临各种各样的行业竞争难题。另外，乐视提供的金融服务，需要较强的专业性、大数据的风控能力等一系列专业化操作

---

① 乐视全面落地美国　全球化战略取得重大突破．凤凰财经．2016．http：//finance.ifeng.com/a/20161020/14951172_0.shtml，最后访问时间 2018 年 8 月 15 日。
② 商业直播联盟成立　乐视云提供全方位支持．凤凰科技．2017．http：//net.chinabyte.com/167/13932167.shtml，最后访问时间 2018 年 8 月 15 日。
③ 从全球直播到内容营销　乐视云出海怎么玩？环球网．2016．http：//tech.huanqiu.com/review/2016-10/9608173.html，最后访问时间 2018 年 8 月 15 日。
④ 姗姗来迟的乐视金融　做成什么样了？亿邦动力网．2016．http：//www.ebrun.com/20160908/191331.shtml，最后访问时间 2018 年 8 月 15 日。

能力。乐视互联网金融业务同样面临着专业性深度的问题。① 相较之下，由于缺乏相关牌照，对大数据的风控能力累积较少，乐视与中国目前主流的互联网金融服务巨头的差距已经较大。

3 危机四伏：乐视现状

2018年4月27日，乐视网披露的2017年年报中显示，净利润巨亏138.78亿元。此外，立信会计师事务所对乐视网出具了"无法表示意见"的审计报告。② 2017年是乐视网连续第二年净利润亏损，根据创业板退市要求，如果创业板企业连续三年净利润亏损，将暂停上市。暂停后一年仍亏损，将终止上市。截至2018年4月27日收盘，乐视网股价收于4.59元，2018年意外跌幅达70%。③

乐视网表示，2017年业绩大幅下降的因素主要是，由于持续收到关联方资金紧张、社会负面舆论持续扩大，对乐视网的声誉和信用造成较大影响。业务方面，乐视网的广告收入较去年同比下降87.39%、终端收入较去年同比下降75.09%，会员及发行业务收入较去年同比下降50.66%。④

此外，一直被业界寄予厚望的新乐视智家（原乐视致新）在2017年营收41亿元，净利润亏损57亿元，净资产为-18亿元。乐视网持有新乐视智家40.31%的股份，已将持有的34.9%的股份给了融创系公司，另外乐视控股持有的新乐视智家18.38%股权现处于冻结状态。年报中

---

① 乐视高调进军互联网金融，看似很美好. 虎嗅. 2016. https：//www.huxiu.com/article/169517.html，最后访问时间2018年8月15日。
② 乐视网巨亏139亿，新乐视智家亏57亿，乐视还能活过2018吗？凤凰网财经. 2018. http：//finance.ifeng.com/a/20180427/16217033_0.shtml，最后访问时间2018年8月15日。
③ 乐视网巨亏139亿，新乐视智家亏57亿，乐视还能活过2018吗？凤凰网财经. 2018. http：//finance.ifeng.com/a/20180427/16217033_0.shtml，最后访问时间2018年8月15日。
④ 说明会遭"拷问"乐视网称存在被暂停上市风险. 凤凰网财经. 2018. http：//finance.ifeng.com/a/20180515/16276455_0.shtml，最后访问时间2018年8月15日。

还提到，乐视网很有可能失去对新乐视智家的控股权。①

股权方面，贾跃亭持有乐视网 10.2 亿元股份，占总股本的 25.67%，仍为乐视网的实际控制人。② 然而，贾跃亭持有的全部股份均已被司法冻结或质押，从而有导致公司实际控制人变更的风险。乐视网二股东，融创系的嘉睿汇鑫，持股比例为 8.56%，也全部处于质押的状态。③

此外，截至 2017 年 12 月 31 日，乐视网存在融资借款及贷款类负债共计 92.88 亿元，其中 56.19 亿元将于 2018 年到期。然而，在 2018 年一季度，乐视网营业收入仅为 4.37 亿元，同比减少 89.41%，净利润为亏损 3.07 亿元。毫无疑问，乐视网在 2018 年将面临巨大的还款压力。另一方面，乐视网及其子公司共涉 198 项诉讼、仲裁事项，大量的诉讼纠纷等待乐视去解决，无疑是雪上加霜。④

4 结束语

如今，生态布局已成为互联网公司未来发展的趋势，未来行业内的竞争不只是某个产品的竞争，更多的是企业在生态链各环节之间的协同整合能力的竞争。乐视的生态理想很完美，可惜乐视只是专注于扩展版图，步伐猛烈激进，忽略了支撑生态最基本的要素——产品。企业家不仅要有情怀和理想，更要有系统管理能力。而企业只有专注于核心业务，好好做产品，获得用户的喜爱，才是强胜的根本。受困于盈利而无法增资的乐视网，目前只能依靠新乐视智家来突破困局。而孙宏斌开出的合作增资等药方，又是否能让乐视的业务有所起色呢？而最终又有谁来收到果实呢？乐视该何去何从？

---

① 乐视网巨亏 139 亿，新乐视智家亏 57 亿，乐视还能活过 2018 吗？凤凰网财经．2018．http：//finance.ifeng.com/a/20180427/16217033_0.shtml．最后访问时间 2018 年 8 月 15 日．
② 半年亏 11 亿净资产告负，乐视网意外涨停，因贾跃亭造车成功．凤凰网财经．2018．http：//tech.ifeng.com/a/20180831/45146535_0.shtml，最后访问时间 2018 年 8 月 15 日．
③ 一季度 14 万散户进场搏乐视网：汇金按兵不动，章建平减持．澎湃．2018．https：//www.thepaper.cn/newsDetail_forward_2098922，最后访问时间 2018 年 8 月 15 日．
④ 乐视网提示风险：56.19 亿元债务将于 2018 年到期．网易财经．2018．http：//money.163.com/18/0202/18/D9LLO80B00258105.html，最后访问时间 2018 年 8 月 15 日．

附 录

附录一：

表1 乐视网-利润表

报表类型	合并报表	合并报表	合并报表	合并报表
利润表(原始货币,万元)				
一、营业总收入	681 893.86	1 301 672.51	2 198 687.85	709 607.76
营业收入	681 893.86	1 301 672.51	2 195 095.14	702 521.58
利息收入	0.00	0.00	3 592.71	7 086.18
已赚保费	0.00	0.00	0.00	0.00
手续费及佣金收入	0.00	0.00	0.00	0.00
二、营业总成本	677 107.72	1 302 605.17	2 236 101.49	2 462 418.24
营业成本	582 813.35	1 111 200.91	1 822 922.06	970 671.00
利息支出	0.00	0.00	1 628.37	2 616.11
手续费及佣金支出	0.00	0.00	78.36	0.00
退保金	0.00	0.00	0.00	0.00
赔付支出净额	0.00	0.00	0.00	0.00
提取保险合同准备金净额	0.00	0.00	0.00	0.00
保单红利支出	0.00	0.00	0.00	0.00
分保费用	0.00	0.00	0.00	0.00
营业税金及附加	5 684.89	9 468.08	15 257.52	1 976.13
销售费用	48 903.55	104 073.68	236 588.30	171 457.07
管理费用	17 545.47	30 949.21	59 627.35	140 273.36
财务费用	16 791.55	34 897.96	64 802.71	87 271.05
资产减值损失	5 368.93	12 015.33	35 196.82	1 088 153.51
三、其他经营收益				
公允价值变动净收益	0.00	0.00	0.00	0.00
投资净收益	0.50	7 874.94	3 663.71	17 364.67
其中：对联营企业和合营企业的投资收益	-31.87	4.53	3 582.89	13 594.15

续表

报表类型	合并报表	合并报表	合并报表	合并报表
汇兑净收益	0.00	0.00	0.00	0.00
其他收益	0.00	0.00	0.00	5 398.36
加:营业利润差额(特殊报表科目)	0.00	0.00	0.00	0.00
加:营业利润差额(合计平衡项目)	0.00	0.00	0.00	0.00
四、营业利润	4 786.65	6 942.28	-33 749.93	-1 740 844.72
加:营业外收入	2 755.63	4 498.79	4 660.18	1 806.30
减:营业外支出	252.37	4 024.15	3 781.11	7 134.53
其中:非流动资产处置净损失	47.44	3 763.48	3 542.35	0.00
加:利润总额差额(特殊报表科目)	0.00	0.00	0.00	0.00
加:利润总额差额(合计平衡项目)	0.00	0.00	0 00	0.00
五、利润总额	7 289.91	7 416.92	-32 870.85	-1 746 172.95
减:所得税	-5 589.75	-14 294.76	-10 681.59	72 257.80
加:未确认的投资损失	0.00	0.00	0.00	0.00
加:净利润差额(特殊报表科目)	0.00	0.00	0.00	0.00
加:净利润差额(合计平衡项目)	0.00	0.00	0.00	0.00
六、净利润	12 879.66	21 711.68	-22 189.26	-1 818 430.75
减:少数股东损益	-23 523.29	-35 591.03	-77 665.19	-430 626.26
归属于母公司所有者的净利润	36 402.95	57 302.72	55 475.92	-1 387 804.48
加:其他综合收益	49.87	2 854.38	2 693.45	-11 830.18
七、综合收益总额	12 929.53	24 566.06	-19 495.81	-1 830 260.93
减:归属于少数股东的综合收益总额	-23 523.29	-35 591.03	-77 665.19	-434 212.14
归属于母公司普通股东综合收益总额	36 452.82	60 157.10	58 169.37	-1 396 048.79
八、每股收益				
(一)基本每股收益(元)	0.44	0.31	0.29	-3.48
(二)稀释每股收益(元)	0.43	0.30	0.29	-3.48

资料来源:万得 Wind 资讯 App,乐视网的财务数据标准化报表。

附录二：

表 2　　　　　　　　　乐视网 - 资产负债表

报告参数	12/31/2014	12/31/2015	12/31/2016	12/31/2017
报表类型	合并报表	合并报表	合并报表	合并报表
资产负债表（原始货币，万元）				
流动资产：				
货币资金	49 985.02	272 977.81	366 914.64	85 311.02
结算备付金	0.00	0.00	0.00	0.00
拆出资金	0.00	0.00	0.00	0.00
交易性金融资产	0.00	0.00	0.00	0.00
应收票据	1 133.73	90 913.09	588.47	200.00
应收账款	189 260.63	335 968.31	868 585.51	361 440.80
预付款项	29 871.83	51 817.98	61 933.13	57 438.61
应收保费	0.00	0.00	0.00	0.00
应收分保账款	0.00	0.00	0.00	0.00
应收分保合同准备金	0.00	0.00	0.00	0.00
应收利息	0.00	0.00	1 811.00	2 433.27
其他应收款	7 583.94	16 562.04	69 601.61	122 038.88
应收股利	0.00	0.00	0.00	0.00
买入返售金融资产	0.00	0.00	0.00	0.00
存货	73 352.70	113 878.74	94 517.94	65 315.79
其中：消耗性生物资产	0.00	0.00	0.00	0.00
划分为持有待售的资产	0.00	0.00	0.00	0.00
一年内到期的非流动资产	0.00	0.00	0.00	0.00
待摊费用	0.00	0.00	0.00	0.00
其他流动资产	7 300.00	29 061.65	122 964.33	97 221.62
流动资产差额（特殊报表科目）	0.00	0.00	0.00	0.00
流动资产差额（合计平衡项目）	0.00	0.00	0.00	0.00
流动资产合计	358 487.84	911 179.62	1 586 916.64	791 399.97

续表

报告参数	12/31/2014	12/31/2015	12/31/2016	12/31/2017
报表类型	合并报表	合并报表	合并报表	合并报表
非流动资产：				
发放贷款及垫款	0.00	0.00	71 414.18	5 866.96
可供出售金融资产	2 000.00	15 952.98	169 052.91	79 761.86
持有至到期投资	0.00	0.00	0.00	0.00
长期应收款	0.00	0.00	0.00	0.00
长期股权投资	0.00	1 004.53	207 030.21	208 996.45
投资性房地产	0.00	0.00	0.00	0.00
固定资产	34 301.51	62 934.82	114 031.56	54 687.89
在建工程	0.00	0.00	0.00	0.00
工程物资	0.00	0.00	0.00	0.00
固定资产清理	0.00	0.00	0.00	0.00
生产性生物资产	0.00	0.00	0.00	0.00
油气资产	0.00	0.00	0.00	0.00
无形资产	333 854.19	487 983.24	688 201.81	456 703.52
开发支出	38 805.60	42 415.53	69 657.82	14 808.52
商誉	74 758.53	74 758.53	74 758.53	74 758.53
长期待摊费用	193.07	108.21	154.64	80.67
递延所得税资产	19 621.86	50 725.15	76 334.34	5 517.09
其他非流动资产	23 079.73	51 152.86	165 829.96	97 183.46

续表

报告参数	12/31/2014	12/31/2015	12/31/2016	12/31/2017
报表类型	合并报表	合并报表	合并报表	合并报表
非流动资产差额(特殊报表科目)	0.00	0.00	0.00	0.00
非流动资产差额(合计平衡项目)	0.00	0.00	0.00	0.00
非流动资产合计	526 614.48	787 035.84	1 636 465.96	998 364.94
资产差额(特殊报表科目)	0.00	0.00	0.00	0.00
资产差额(合计平衡项目)	0.00	0.00	0.00	0.00
资产总计	885 102.32	1 698 215.46	3 223 382.60	1 789 764.91
流动负债:				
短期借款	138 800.00	173 500.00	260 036.10	275 482.66
向中央银行借款	0.00	0.00	0.00	0.00
吸收存款及同业存放	0.00	0.00	0.00	0.00
拆入资金	0.00	0.00	0.00	0.00
交易性金融负债	0.00	0.00	0.00	0.00
应付票据	2 000.00	0.00	22 688.40	0.00
应付账款	160 528.96	323 074.33	542 124.75	651 448.30
预收款项	32 339.56	173 307.63	18 266.99	45 675.49
卖出回购金融资产款	0.00	0.00	40 914.07	6 000.00
应付手续费及佣金	0.00	0.00	0.00	0.00
应付职工薪酬	300.91	515.77	960.99	122.89
应交税费	40 975.76	57 754.98	77 419.89	56 466.87
应付利息	1 520.02	5 264.52	8 187.57	11 176.84
其他应付款	2 734.97	1 937.07	10 502.97	68 185.14
应付分保账款	0.00	0.00	0.00	0.00
保险合同准备金	0.00	0.00	0.00	0.00
代理买卖证券款	0.00	0.00	0.00	0.00
代理承销证券款	0.00	0.00	0.00	0.00
划分为持有待售的负债	0.00	0.00	0.00	0.00
一年内到期的非流动负债	40 114.82	9 897.57	264 640.17	151 522.24
应付股利	1 111.88	0.00	2 585.09	4 344.62

续表

报告参数	12/31/2014	12/31/2015	12/31/2016	12/31/2017
报表类型	合并报表	合并报表	合并报表	合并报表
预提费用	0.00	0.00	0.00	0.00
递延收益-流动负债	0.00	0.00	0.00	0.00
应付短期债券	0.00	0.00	0.00	0.00
其他流动负债	19 960.67	0.00	0.00	179 000.00
流动负债差额(特殊报表科目)	0.00	0.00	0.00	0.00
流动负债差额(合计平衡项目)	0.00	0.00	0.00	0.00
流动负债合计	440 387.54	745 251.86	1 248 327.00	1 449 425.03
非流动负债:				
长期借款	0.00	30 000.00	302 444.58	0.00
应付债券	0.00	190 055.84	0.00	0.00
长期应付款	8 187.38	3 455.95	14 209.42	13 158.68
长期应付职工薪酬	0.00	0.00	0.00	0.00
专项应付款				
预计负债	0.00	0.00	0.00	34 033.18
递延所得税负债	0.00	648.99	303.79	303.79
递延收益-非流动负债	623.19	55.76	48 394.80	24 598.98
其他非流动负债	101 556.87	347 233.64	561 527.74	334 894.10
非流动负债差额(特殊报表科目)	0.00	0.00	0.00	0.00
非流动负债差额(合计平衡项目)	0.00	0.00	0.00	0.00
非流动负债合计	110 367.44	571 450.17	926 880.33	406 988.72
负债差额(特殊报表科目)	0.00	0.00	0.00	0.00
负债差额(合计平衡项目)	0.00	0.00	0.00	0.00
负债合计	550 754.99	1 316 702.03	2 175 207.33	1 856 413.76
所有者权益(或股东权益):				
实收资本(或股本)	84 119.01	185 601.52	198 168.01	398 944.02

续表

报告参数	12/31/2014	12/31/2015	12/31/2016	12/31/2017
报表类型	合并报表	合并报表	合并报表	合并报表
其他权益工具	0.00	0.00	0.00	0.00
资本公积金	136 601.85	54 914.90	619 723.56	864 323.43
减:库存股	0.00	0.00	0.00	0.00
其他综合收益	-70.66	2 783.71	5 477.16	-2 767.14
专项储备	0.00	0.00	0.00	0.00
盈余公积金	11 696.54	17 916.54	28 631.18	28 631.18
一般风险准备	0.00	0.00	0.00	0.00
未分配利润	84 336.04	131 549.28	170 556.91	-1 222 832.79
外币报表折算差额	0.00	0.00	0.00	0.00
未确认的投资损失	0.00	0.00	0.00	0.00
少数股东权益	17 664.57	-11 252.52	25 618.44	-132 947.54
股东权益差额(特殊报表科目)	0.00	0.00	0.00	0.00
股权权益差额(合计平衡项目)	0.00	0.00	0.00	0.00
归属于母公司所有者权益合计	316 682.77	392 765.94	1 022 556.83	66 298.70
所有者权益合计	334 347.34	381 513.43	1 048 175.27	-66 648.84
负债及股东权益差额(特殊报表项目)	0.00	0.00	0.00	0.00
负债及股东权益差额(合计平衡项目)	0.00	0.00	0.00	0.00
负债和所有者权益总计	885 102.32	1 698 215.46	3 223 382.60	1 789 764.91

资料来源:万得 Wind 资讯 App,乐视网的财务数据标准化报表。

附录三：

表3 乐视网－现金流量表

报告参数	12/31/2014	12/31/2015	12/31/2016	12/31/2017
报表类型	合并报表	合并报表	合并报表	合并报表
现金流量表(原始货币,万元)				
一、经营活动产生的现金流量：				
销售商品、提供劳务收到的现金	582 907.45	1 004 474.46	1 463 418.87	545 343.69
收到的税费返还	18.60	112.75	3 028.88	2 040.46
收到其他与经营活动有关的现金	13 913.77	11 328.51	68 273.48	116 230.29
保户储金净增加额	0.00	0.00	0.00	0.00
客户存款和同业存放款项净增加额	0.00	0.00	0.00	0.00
向中央银行借款净增加额	0.00	0.00	0.00	0.00
向其他金融机构拆入资金净增加额	0.00	0.00	0.00	0.00
收取利息和手续费净增加额	0.00	0.00	2 066.57	5 004.66
收到的原保险合同保费取得的现金	0.00	0.00	0.00	0.00
收到的再保业务现金净额	0.00	0.00	0.00	0.00
处置交易性金融资产净增加额	0.00	0.00	0.00	0.00
拆入资金净增加额	0.00	0.00	0.00	0.00
回购业务资金净增加额	0.00	0.00	40 914.07	0.00
经营活动现金流入差额(特殊报表科目)	0.00	0.00	0.00	0.00
经营活动现金流入差额(合计平衡项目)	0.00	0.00	0.00	0.00
经营活动现金流入小计	596 839.82	1 015 915.72	1 577 701.88	668 619.10
购买商品、接受劳务支付的现金	481 375.36	756 256.46	1 272 197.90	688 353.61

续表

报告参数	12/31/2014	12/31/2015	12/31/2016	12/31/2017
报表类型	合并报表	合并报表	合并报表	合并报表
支付给职工以及为职工支付的现金	35 434.60	59 542.83	109 819.34	107 640.48
支付的各项税费	14 410.06	25 762.02	40 456.72	17 684.04
支付其他与经营活动有关的现金	42 201.53	86 784.21	188 910.82	116 622.01
客户贷款及垫款净增加额	0.00	0.00	72 135.54	-4 088.40
存放央行和同业款项净增加额	0.00	0.00	0.00	0.00
支付原保险合同赔付款项的现金	0.00	0.00	0.00	0.00
支付手续费的现金	0.00	0.00	987.62	134.39
支付保单红利的现金	0.00	0.00	0.00	0.00
经营活动现金流出差额(特殊报表科目)	0.00	0.00	0.00	6 327.50
经营活动现金流出差额(合计平衡项目)	0.00	0.00	0.00	0.00
经营活动现金流出小计	573 421.55	928 345.53	1 684 507.95	932 673.64
经营活动产生的现金流量净额差额(合计平衡项目)	0.00	0.00	0.00	0.00
经营活动产生的现金流量净额	23 418.27	87 570.19	-106 806.08	-264 054.54
二、投资活动产生的现金流量：				
收回投资收到的现金	7 654.89	5 655.65	0.00	2 760.92
取得投资收益收到的现金	35.54	0.00	108.53	3 933.45
处置固定资产、无形资产和其他长期资产收回的现金净额	0.27	0.44	3.75	78.91
处置子公司及其他营业单位收到的现金净额	0.00	0.00	0.00	0.00
收到其他与投资活动有关的现金	0.00	0.00	12 210.00	69 387.56

续表

报告参数	12/31/2014	12/31/2015	12/31/2016	12/31/2017
报表类型	合并报表	合并报表	合并报表	合并报表
投资活动现金流入差额(特殊报表科目)	0.00	0.00	0.00	0.00
投资活动现金流入差额(合计平衡项目)	0.00	0.00	0.00	0.00
投资活动现金流入小计	7 690.70	5 656.09	12 322.28	76 160.83
购建固定资产、无形资产和其他长期资产支付的现金	127 386.98	280 934.97	546 994.62	261 144.68
投资支付的现金	8 950.61	14 222.80	365 878.06	0.00
取得子公司及其他营业单位支付的现金净额	23 920.47	0.00	0.00	0.00
支付其他与投资活动有关的现金	0.39	8 973.33	66 987.56	10 000.00
投资活动现金流出差额(特殊报表科目)	0.00	0.00	0.00	0.00
投资活动现金流出差额(合计平衡项目)	0.00	0.00	0.00	0.00
投资活动现金流出小计	160 258.46	304 131.10	979 860.24	271 144.68
投资活动产生的现金流量净额差额(合计平衡项目)	0.00	0.00	0.00	0.00
投资活动产生的现金流量净额	-152 567.76	-298 475.02	-967 537.96	-194 983.85
三、筹资活动产生的现金流量:				
吸收投资收到的现金	42 039.75	4 791.03	1 114 451.32	315 764.99
其中:子公司吸收少数股东投资收到的现金	0.00	0.00	0.00	311 100.00
取得借款收到的现金	266 060.00	904 657.44	628 956.27	374 620.05
收到其他与筹资活动有关的现金	0.00	40 093.39	27 245.74	268 915.82
发行债券收到的现金	0.00	189 526.00	0.00	0.00
筹资活动现金流入差额(特殊报表科目)	0.00	0.00	0.00	0.00

续表

报告参数	12/31/2014	12/31/2015	12/31/2016	12/31/2017
报表类型	合并报表	合并报表	合并报表	合并报表
筹资活动现金流入差额(合计平衡项目)	0.00	0.00	0.00	0.00
筹资活动现金流入小计	308 099.75	1 139 067.86	1 770 653.33	959 300.86
偿还债务支付的现金	173 840.66	674 692.62	494 709.82	443 534.16
分配股利、利润或偿付利息支付的现金	16 179.47	14 410.68	43 612.47	68 127.38
其中:子公司支付给少数股东的股利、利润	0.00	0.00	0.00	0.00
支付其他与筹资活动有关的现金	2 752.92	13 429.65	284 581.06	62 278.99
筹资活动现金流出差额(特殊报表科目)	0.00	0.00	0.00	0.00
筹资活动现金流出差额(合计平衡项目)	0.00	0.00	0.00	0.00
筹资活动现金流出小计	192 773.05	702 532.95	822 903.35	573 940.53
筹资活动产生的现金流量净额差额(合计平衡项目)	0.00	0.00	0.00	0.00
筹资活动产生的现金流量净额	115 326.70	436 534.91	947 749.98	385 360.32
四、现金及现金等价物净增加:				
汇率变动对现金的影响	-14.16	1 112.87	2 037.04	-698.74
直接法-现金及现金等价物净增加额差额(特殊报表科目)	0.00	0.00	0.00	0.00
直接法-现金及现金等价物净增加额差额(合计平衡项目)	0.00	0.00	0.00	0.00
现金及现金等价物净增加额	-13 836.95	226 742.95	-124 557.01	-74 376.80
期初现金及现金等价物余额	58 571.81	44 734.86	271 477.81	146 920.80
期末现金及现金等价物余额	44 734.86	271 477.81	146 920.80	72 543.99

续表

报告参数	12/31/2014	12/31/2015	12/31/2016	12/31/2017
报表类型	合并报表	合并报表	合并报表	合并报表
补充资料：				
净利润	12 879.66	21 711.68	−22 189.26	−1 818 430.75
加：资产减值准备	5 368.93	12 015.33	35 196.82	1 088 153.51
固定资产折旧、油气资产折耗、生产性生物资产折旧	4 669.22	11 357.50	20 927.21	32 272.75
无形资产摊销	103 263.91	152 612.37	207 143.63	308 409.11
长期待摊费用摊销	31.70	94.37	67.88	73.97
待摊费用减少	0.00	0.00	0.00	0.00
预提费用增加	0.00	0.00	0.00	0.00
处置固定资产、无形资产和其他长期资产的损失	0.00	3 763.48	3 542.35	10 797.27
固定资产报废损失	0.00	0.00	0.00	0.00
公允价值变动损失	0.00	0.00	0.00	0.00
财务费用	15 128.59	28 432.25	55 013.84	88 339.57
投资损失	−0.50	−7 874.94	−3 663.71	−17 364.67
递延所得税资产减少	−16 912.68	−31 103.29	−25 609.20	70 817.25
递延所得税负债增加	0.00	648.99	−345.20	0.00
存货的减少	−47 115.23	−40 371.13	16 706.46	9 732.51
经营性应收项目的减少	−160 244.14	−422 697.59	−480 668.11	−151 306.91
经营性应付项目的增加	99 483.73	355 564.91	73 498.28	121 094.67
未确认的投资损失	0.00	0.00	0.00	0.00

续表

报告参数	12/31/2014	12/31/2015	12/31/2016	12/31/2017
报表类型	合并报表	合并报表	合并报表	合并报表
其他	6 865.10	3 416.25	13 572.93	-6 642.81
间接法-经营活动现金流量净额差额(特殊报表科目)	0.00	0.00	0.00	0.00
间接法-经营活动现金流量净额差额(合计平衡项目)	0.00	0.00	0.00	0.00
经营活动产生的现金流量净额	23 418.27	87 570.19	-106 806.08	-264 054.54
债务转为资本	0.00	0.00	0.00	0.00
一年内到期的可转换公司债券	0.00	0.00	0.00	0.00
融资租入固定资产	19 848.83	4 827.33	25 763.09	0.00
现金的期末余额	44 734.86	271 477.81	146 920.80	72 543.99
减:现金的期初余额	58 571.81	44 734.86	271 477.81	146 920.80
加:现金等价物的期末余额	0.00	0.00	0.00	0.00
减:现金等价物的期初余额	0.00	0.00	0.00	0.00
加:间接法-现金净增加额差额(特殊报表科目)	0.00	0.00	0.00	0.00
加:间接法-现金净增加额差额(合计平衡项目)	0.00	0.00	0.00	0.00
间接法-现金及现金等价物净增加额	-13 836.95	226 742.95	-124 557.01	-74 376.80

资料来源:万得Wind资讯App,乐视网的财务数据标准化报表。

附录四：

表 4 乐视网-每股指标

报告参数	12/31/2014	12/31/2015	12/31/2016	12/31/2017
报表类型	合并报表	合并报表	合并报表	合并报表
每股指标				
每股收益 EPS-基本(元)	0.44	0.31	0.29	-3.48
每股收益 EPS-稀释(元)	0.43	0.30	0.29	-3.48
每股收益 EPS-期末股本摊薄(元)	0.43	0.31	0.28	-3.48
每股净资产 BPS(元)	3.76	2.12	5.16	0.17
每股经营活动产生的现金流量净额(元)	0.28	0.47	-0.54	-0.66
每股营业总收入(元)	8.11	7.01	11.10	1.78
每股营业收入(元)	8.11	7.01	11.08	1.76
每股资本公积(元)	1.62	0.30	3.13	2.17
每股盈余公积(元)	0.14	0.10	0.14	0.07
每股未分配利润(元)	1.00	0.71	0.86	-3.07
每股留存收益(元)	1.14	0.81	1.01	-2.99
每股现金流量净额(元)	-0.16	1.22	-0.63	-0.19
每股息税前利润(元)	0.26	0.19	0.11	-4.18
每股企业自由现金流量(元)	-0.25	-0.60	-3.42	-0.78
每股股东自由现金流量(元)	0.85	1.66	-2.74	-0.96

资料来源：万得 Wind 资讯 App，乐视网的财务数据标准化报表。

附录五：

表5 乐视网-盈利能力与收益质量

报告参数	12/31/2014	12/31/2015	12/31/2016	12/31/2017
报表类型	合并报表	合并报表	合并报表	合并报表
盈利能力与收益质量				
盈利能力				
净资产收益率ROE(%)	15.27	16.15	7.84	-254.91
净资产收益率ROE-扣除非经常损益(%)	14.48	15.64	7.70	-252.24
总资产净利润ROA(%)	1.86	1.68	-0.90	-72.55
总资产报酬率ROA(%)	3.13	2.73	0.85	-66.58
投入资本回报率ROIC(%)	8.75	8.80	4.07	-113.81
年化净资产收益率(%)	15.27	16.15	7.84	-254.91
年化总资产净利率(%)	1.86	1.68	-0.90	-72.55
年化总资产报酬率(%)	3.13	2.73	0.85	-66.58
销售净利率(%)	1.89	1.67	-1.01	-258.84
销售毛利率(%)	14.53	14.63	16.95	-38.17
销售成本率(%)	85.47	85.37	83.05	138.17
销售期间费用率(%)	12.21	13.05	16.45	56.80
净利润/营业总收入(%)	1.89	1.67	-1.01	-256.26
营业利润/营业总收入(%)	0.70	0.53	-1.54	-245.32
息税前利润/营业总收入(%)	3.18	2.71	0.96	-235.19
营业总成本/营业总收入(%)	99.30	100.07	101.70	347.01

续表

报告参数	12/31/2014	12/31/2015	12/31/2016	12/31/2017
报表类型	合并报表	合并报表	合并报表	合并报表
营业费用/营业总收入(%)	7.17	8.00	10.76	24.16
管理费用/营业总收入(%)	2.57	2.38	2.71	19.77
财务费用/营业总收入(%)	2.46	2.68	2.95	12.30
资产减值损失/营业总收入(%)	0.79	0.92	1.60	153.35
收益质量				
经营活动净收益/利润总额(%)	65.65	-12.57	0.00	0.00
价值变动净收益/利润总额(%)	0.01	106.18	0.00	0.00
营业外收支净额/利润总额(%)	34.34	6.40	0.00	0.00
所得税/利润总额(%)	-76.68	-192.73	0.00	0.00
扣除非经常损益后的净利润/净利润(%)	94.78	96.84	98.16	0.00

资料来源：万得 Wind 资讯 App，乐视网的财务数据标准化报表。

附录六：

表6　　　　　乐视网-资本结构与偿债能力

报告参数	12/31/2014	12/31/2015	12/31/2016	12/31/2017
报表类型	合并报表	合并报表	合并报表	合并报表
资本结构与偿债能力				
资本结构				
资产负债率(%)	62.23	77.53	67.48	103.72
权益乘数	2.65	4.45	3.08	0.00
流动资产/总资产(%)	40.50	53.66	49.23	44.22

续表

报告参数	12/31/2014	12/31/2015	12/31/2016	12/31/2017
报表类型	合并报表	合并报表	合并报表	合并报表
非流动资产/总资产(%)	59.50	46.34	50.77	55.78
有形资产/总资产(%)	-17.01	-15.50	3.52	-27.13
归属母公司股东的权益/全部投入资本(%)	63.31	49.00	53.15	12.88
带息债务/全部投入资本(%)	36.69	51.00	46.85	87.12
流动负债/负债合计(%)	79.96	56.60	57.39	78.08
非流动负债/负债合计(%)	20.04	43.40	42.61	21.92
偿债能力				
流动比率	0.81	1.22	1.27	0.55
速动比率	0.65	1.07	1.20	0.50
保守速动比率	0.56	0.96	1.05	0.39
产权比率(负债合计/归属母公司股东的权益)	1.65	3.45	2.08	-27.85
归属母公司股东的权益/负债合计	0.58	0.30	0.47	0.04
归属母公司股东的权益/带息债务	1.73	0.96	1.13	0.15
有形资产/负债合计	-0.27	-0.20	0.05	-0.26
有形资产/带息债务	-0.82	-0.64	0.13	-1.08
有形资产/净债务	-1.13	-1.94	0.21	-1.34
息税折旧摊销前利润/负债合计	0.24	0.15	0.11	-0.72
经营活动产生的现金流量净额/负债合计	0.04	0.07	-0.05	-0.14
经营活动产生的现金流量净额/带息债务	0.13	0.21	-0.12	-0.59

续表

报告参数	12/31/2014	12/31/2015	12/31/2016	12/31/2017
报表类型	合并报表	合并报表	合并报表	合并报表
经营活动产生的现金流量净额/流动负债	0.05	0.12	-0.09	-0.18
经营活动产生的现金流量净额/净债务	0.18	0.65	-0.20	-0.73
已获利息倍数（EBIT/利息费用）	1.51	1.27	0.39	-21.61
长期债务与营运资金比率	0.00	3.44	2.74	0.00

资料来源：万得 Wind 资讯 App，乐视网的财务数据标准化报表。

附录七：

表7　　　　　　　　　乐视网－运营能力

报告参数	12/31/2014	12/31/2015	12/31/2016	12/31/2017
报表类型	合并报表	合并报表	合并报表	合并报表
营运能力				
营业周期（天）	102.23	102.96	119.35	344.79
存货周转天数（天）	27.18	30.33	20.58	29.64
应收账款周转天数（天）	75.04	72.63	98.77	315.15
存货周转率（次）	13.24	11.87	17.49	12.15
应收账款周转率（次）	4.80	4.96	3.64	1.14
流动资产周转率（次）	2.40	2.05	1.76	0.60
固定资产周转率（次）	26.10	26.77	24.85	8.41
总资产周转率（次）	0.98	1.01	0.89	0.28
现金流量				
销售商品提供劳务收到的现金/营业收入（%）	85.48	77.17	66.67	77.63

续表

报告参数	12/31/2014	12/31/2015	12/31/2016	12/31/2017
报表类型	合并报表	合并报表	合并报表	合并报表
经营活动产生的现金流量净额/营业收入(%)	3.43	6.73	-4.87	-37.59
经营活动产生的现金流量净额/经营活动净收益	489.29	0.00	0.00	0.00
资本支出/折旧和摊销	1.18	1.71	2.40	0.77
成长能力				
基本每股收益(同比增长率)(%)	37.50	55.00	-6.45	-2,550.04
稀释每股收益(同比增长率)(%)	-35.48	50.00	-53.00	-2,569.15
每股经营活动产生的现金流量净额(同比增长率)(%)	26.43	69.47	-214.24	-22.80
营业利润(同比增长率)(%)	-79.78	45.03	-586.15	-4,568.11
利润总额(同比增长率)(%)	-70.41	1.74	-543.19	-5,212.22
归属母公司股东的净利润(同比增长率)(%)	42.75	57.41	-3.19	-2,601.63
归属母公司股东的净利润-扣除非经常损益(同比增长率)(%)	39.59	60.83	-1.87	-2,621.89
经营活动产生的现金流量净额(同比增长率)(%)	33.17	273.94	-221.97	-147.23
净资产收益率(摊薄)(同比增长率)(%)	-27.90	26.92	-62.81	-38,683.91
每股净资产(相对年初增长率)(%)	87.92	-43.79	143.83	-96.78
资产总计(相对年初增长率)(%)	76.30	91.87	89.81	-44.48
归属母公司股东的权益(相对年初增长率)(%)	97.98	24.03	160.35	-93.52
营业总收入(同比增长率)(%)	188.79	90.89	68.91	-67.73
营业收入(同比增长率)(%)	188.79	90.89	68.64	-68.00

资料来源：万得 Wind 资讯 App，乐视网的财务数据标准化报表。

附录八：

表 8 乐视网 – 主营构成（按产品）

报告参数	12/31/2014	12/31/2015	12/31/2016	12/31/2017
报表类型	合并报表	合并报表	合并报表	合并报表
主营构成(按产品)（原始货币,万元）				
营业总收入	681 893.86	1 301 672.51	2 198 687.85	709 607.76
产品	681 893.86	1 301 672.51	2 198 687.85	709 607.76
会员及发行业务	242 191.62	378 235.97	678 316.97	334 652.08
付费业务	152 594.97	271 014.11	560 044.00	212 834.85
版权分销业务	70 459.20	77 608.87	89 662.28	91 204.52
影视剧发行业务	19 137.45	29 613.00	28 610.69	30 612.71
终端业务	274 004.70	608 883.37	1 011 682.63	252 040.59
技术服务		15 117.26	89 350.50	64 148.47
广告业务	157 206.18	263 367.78	397 991.90	50 173.74
影视发行收入				
网络视频				
网络视频基础服务	—	—	—	—
网络视频版权分销收入				
网络高清视频服务收入				
网络超清播放服务收入				
视频平台增值服务				
视频平台广告发布收入				
视频平台用户分流收入				
软件开发收入				
其他主营业务	8 491.36	36 068.13	17 726.24	
其他业务			3 619.61	8 592.87
地区				
中国大陆				
天津	—	—	—	—
北京				

续表

报告参数	12/31/2014	12/31/2015	12/31/2016	12/31/2017
报表类型	合并报表	合并报表	合并报表	合并报表
其他业务(地区)				
营业成本	582 813.35	1 111 200.91	1 822 922.06	970 671.00
产品				
会员及发行业务				
付费业务	—	—	—	—
版权分销业务	—	—	—	—
影视剧发行业务	—	—	—	—
终端业务				
技术服务				
广告业务				
影视发行收入				
网络视频				
网络视频基础服务	—	—	—	—
网络视频版权分销收入	—	—	—	—
网络高清视频服务收入	—	—	—	—
网络超清播放服务收入	—	—	—	—
视频平台增值服务	—	—	—	—
视频平台广告发布收入	—	—	—	—
视频平台用户分流收入	—	—	—	—
软件开发收入	—	—	—	—
其他主营业务				
其他业务				
地区				
中国大陆				
天津	—	—	—	—
北京	—	—	—	—
其他业务(地区)				
毛利	99 080.52	190 471.60	372 173.08	(268 149.42)

续表

报告参数	12/31/2014	12/31/2015	12/31/2016	12/31/2017
报表类型	合并报表	合并报表	合并报表	合并报表
产品				
会员及发行业务				
付费业务	—	—	—	—
版权分销业务	—	—	—	—
影视剧发行业务				
终端业务				
技术服务				
广告业务				
影视发行收入				
网络视频				
网络视频基础服务	—	—	—	—
网络视频版权分销收入	—	—	—	—
网络高清视频服务收入	—	—	—	—
网络超清播放服务收入	—	—	—	—
视频平台增值服务	—	—	—	—
视频平台广告发布收入	—	—	—	—
视频平台用户分流收入	—	—	—	—
软件开发收入	—	—	—	—
其他主营业务				
其他业务				
地区				
中国大陆				
天津	—	—	—	—
北京	—	—	—	—
其他业务（地区）				
毛利率（%）	14.53	14.63	16.95	(38.17)
产品				
会员及发行业务				
付费业务	—	—	—	—

续表

报告参数	12/31/2014	12/31/2015	12/31/2016	12/31/2017
报表类型	合并报表	合并报表	合并报表	合并报表
版权分销业务	—	—	—	—
影视剧发行业务	—	—	—	—
终端业务				
技术服务				
广告业务				
影视发行收入				
网络视频				
网络视频基础服务	—	—	—	—
网络视频版权分销收入				
网络高清视频服务收入				
网络超清播放服务收入				
视频平台增值服务				
视频平台广告发布收入	—	—	—	—
视频平台用户分流收入				
软件开发收入	—	—	—	—
其他主营业务				
其他业务				
地区				
中国大陆				
天津	—	—	—	—
北京	—	—	—	—
其他业务(地区)				

资料来源：万得 Wind 资讯 App，乐视网的财务数据标准化报表。

第四部分

销售渠道和品牌战略

"戴着镣铐起舞"的中医药名企——白云山和黄[①]

> **摘 要**：本案例描述了一家由国资和外资合资创立的中药制药企业——广州白云山和记黄埔中药有限公司（以下简称"白云山和黄"）。白云山和黄近年来增长速度惊人，多款拳头产品在市场上都占据了超过50%的绝对领先地位。尽管如此，白云山和黄当下依然面临着对药企的政策限制日趋严格，市场营销活动受限，地方小药企在地方渠道上更占优势等问题。白云山和黄如何在新的政策环境下提高自身的营销效率，加强渠道管理以及更好地传递用户价值，都是值得思考的问题。
>
> **关键词**：战略慈善；营销规划；渠道管理；政策限制

1 引言

1999年，对于广州白云山中药厂这家国资企业而言，是个关乎企业生死存亡的关键时刻。在这个关键的时刻，一个年仅34岁的年轻小伙子——李楚源临危受命，走马上任白云山中药厂党委书记、厂长。通过几年时间的用心经营，白云山中药厂从原本面临着濒临倒闭困境，发展到企业规模扩大30倍，一跃发展为营业额过20亿元的大型中成药制药企业。[②]

[①] 本案例是在中山大学管理学院的陈元燊和谭佳怡协助下完成。本案例仅供教学使用，并提供材料作课堂讨论，并无任何意图证明、揭示或暗指所涉及的管理情景和管理方式是否合理及有效。出于保密的需要，本案例中的有关名称和数据信息等都有可能进行了必要的匿名、隐藏和掩饰处理。

[②] 百度百科：李楚源. https://baike.baidu.com/item/%E6%9D%8E%E6%A5%9A%E6%BA%90/2841869? fr = aladdin，最后访问时间2018年5月1日。

2005年，在白云山中药厂的基础上，广药集团广州白云山制药股份有限公司与华人首富李嘉诚先生旗下的和记黄埔集团共同出资，成立广州白云山和记黄埔中药有限公司，成为华南首家与世界500强企业合资的企业。

尽管白云山和黄多年来的发展历程充满了坎坷，但依托广药集团以及和记黄埔集团的强大资源，当下的白云山和黄是华南地区最大的单体中药生产企业，并成长为我国中药生产领域的领军企业之一。

过去的优异成绩让白云山和黄人感到无比骄傲，但在竞争激烈的医药行业里，因过去的成绩而自满懈怠并不会给公司未来的发展带来任何的帮助。更何况目前医药行业在营销领域受到政策的约束日趋严格，地方小企业对白云山和黄的挑战从未停止过，需要不断满足广药集团以及和黄集团两个母公司提出业务目标的白云山和黄依旧面临着非常严峻的考验。

2 公司简介

2.1 广药集团

2.1.1 广药发展情况

在介绍白云山和黄之前，有一家公司不得不提：白云山和黄的母公司——广州医药集团有限公司（以下简称"广药集团"）。白云山和黄就是广药集团这个中国最大的制药集团经营版图中的一块重要拼图（参见附录一）。①

广药集团是广州市政府授权经营管理国有资产的国有独资公司，主要从事中成药及植物药、化学原料药及制剂、生物药、大健康产品等的研发及制造、商贸物流配送以及医疗健康服务等业务，是广州市重点扶

---

① 广州医药集团有限公司官网 http://www.gpc.com.cn/infoovert.html，最后访问时间2018年3月20日星期二。

持发展的集科、工、贸于一体的大型企业集团。①

作为全国最大的制药企业和最大的中成药制造基地，广药集团拥有全国最多的中华老字号企业及百年企业：在全国所有 13 家制药百年老字号企业里，广药集团的司属企业就占了 10 家，广药集团旗下获得中华老字号认证的企业更是多达 12 家，数量独领全国。②

目前，广药集团拥有 20 多个超亿元品种，包括中国"伟哥"白云山金戈；白云山和黄中药的板蓝根系列、复方丹参片、口炎清、脑心清系列；中一药业的消渴丸；明兴制药的清开灵系列；星群药业的夏桑菊颗粒系列；奇星药业的华佗再造丸；王老吉凉茶；王老吉小儿七星茶；白云山总厂的阿莫西林胶囊、仙力素、注射用头孢硫脒等。③

在这 20 多个产品品类中，白云山和黄旗下产品占了四席，对集团发展起到了巨大的贡献。

2.1.2 广药"四大板块"

从 2015 年起，广药集团定下了在 2020 年冲刺"世界 500 强"的目标，计划以"资本化""走出去"为战略实现路径，推进"产业升级、资产升级、人才升级"三大升级，培育"电子商务、资本财务、医疗器械"三大新业态。

其中，广药集团更是将旗下子公司的业务经营进行了顶层规划，确定了"大南药、大健康、大商业、大医疗"四大业务板块，成为集团发展的"四驾马车"。在这样的战略指导下，整个广药集团的营业规模都呈现出极其快速的增长态势。

在具体实践方面，广药集团为了推进"大健康"业务的快速发展，宣布在全球范围内公开招募新合作伙伴，共享"王老吉"品牌资源，把

---

① 广州医药集团有限公司官网 http：//www.gpc.com.cn/infoovert.html，最后访问时间 2018 年 3 月 20 日星期二。
② 南方网（2016）八大企业拳头产品闪耀第三届中医科学大会中医药博览会广药集团：科技创新撑起中药"四化"战略 http：//epaper.southcn.com/nfdaily/html/2016－09/05/content_7579693.htm，最后访问时间 2018 年 5 月 1 日。
③ 广州医药集团有限公司官网 http：//www.gpc.com.cn/aboutUs.html，最后访问时间 2018 年 3 月 20 日星期二。

"王老吉"品牌向药酒、药妆、保健品、食品、运动器械等多个领域扩张。①

在白云山和黄所属的"大南药"板块,广药集团积极主动地跟地方政府展开全方位、多层次的战略合作。例如与四川省政府达成了协议,围绕四川省道地中药材等优势资源,有计划、有重点地发展道地大宗中药材规范化种植基地建设。②

对于白云山和黄而言,依托母公司广药集团的整体发展战略和支持,公司在原材料以及中药开发方面都具有了非常突出的竞争优势。

2.2 白云山和黄发展情况

2.2.1 公司历史

白云山和黄的名字由来,反映的正是这家公司的诞生历史。如前文所述,白云山和黄的前身是1988年5月成立的广州白云山中药厂,在此基础上,2005年广药集团白云山制药股份有限公司与和记黄埔(中国)公司合资筹建了白云山和黄③,因此,白云山和黄具有扎实的中药研发、生产基础,近年来一直致力于现代中药的研发与制造,为弘扬中药文化而不懈奋斗。

2.2.2 核心产品

经过多年的发展,白云山和黄旗下共有呼吸系统类用药、内分泌类用药等12大类,针对不同类型疾病的系列产品,其中复方丹参片、板蓝根更是销售额过亿的明星产品,在各自的药品细分市场占据了50%以上的市场份额。

白云山和黄旗下的拳头产品都是大众化的产品,为了保持领先地位,公司一直投入大量的资金对这些大众化药品进行深度开发,用专利来建

---

① 深圳特区报-张米(2017),"广药集团发布国际化战略规划"http://sztqb.sznews.com/html/2017-02/17/content_3726502.htm,最后访问时间2018年3月21日星期三。

② 华夏经纬网(2017),"广药集团与四川省签署战略协议四大板块合作"http://www.huaxia.com/tslj/flsj/ls/2017/05/5319786.html,最后访问时间2018年3月21日星期三。

③ 广州白云山和记黄埔中药有限公司官网 http://www.813zy.com/index.php?ac=article&at=list&tid=19,最后访问时间2018年3月21日星期三。

立自己的核心竞争力。

针对复方丹参片这款产品,白云山和黄在原材料、生产工艺、临床使用及产品包装上已经申请了十余项专利保护:① 在原材料方面,拥有河南方城丹参 GAP 基地和云南文山三七 GAP 基地,并拥有无公害丹参仿野生种植技术专利;在生产工艺方面,全国首创"分级提向提取技术工艺",使其疗效较之其他剂型更胜一筹,全国最早采用薄膜包衣技术,使该药品在人体内吸收更快、生物利用度更高,且不含糖,使那些忌糖患者能放心服用;在临床使用方面,运用高通量筛选技术,使白云山复方丹参片获得防治老年痴呆症专利(专利号:2003101124272)。②

对于同样是大众化药品的板蓝根,白云山和黄以钟南山院士领衔的呼吸疾病国家重点实验室为依托,白云山和钟南山联合开展中药板蓝根抗病毒作用机理研究,获得了许多重要突破。2009 年,白云山板蓝根成为首个获得美国国立卫生研究院(NIH)资助研究的中药产品。2015 年,钟南山团队在研究过程中,从白云山板蓝根中分离得到一种新的吲哚类化合物,证实抗病毒效果更好。后又发现白云山板蓝根多糖可以抑制流感病毒血凝素活性及抑制病毒介导的炎症反应,这一研究成果在 2017 年获得"第十九届中国专利优秀奖"。通过各方科研力量的联合攻关,白云山和黄验证出,板蓝根具有抑制多种流感病毒的作用,阻碍病毒吸附人体正常细胞,从而使流感病毒失去了危害作用,同时还不易产生耐药性。

2.2.3 科研实力

基于弘扬中药的企业使命,白云山和黄在中医药研发上投入了相当多的资源和精力。白云山和黄在 2010 年建成了华南地区首家企业现代中药研究院,聘请钟南山院士、国家药监局原副局长任德权、药代动力学专家刘昌孝院士等一批医药界重要专家进行现代中医药开发;在 2012 年

---

① 新文化报(2012),"复方丹参片成中药专利大户",凤凰网,http://news.ifeng.com/gundong/detail_2012_04/18/13958499_0.shtml,最后访问时间 2018 年 3 月 21 日星期三。

② 医药经济报(2016),白云山复方丹参片:开启中医治疗老年痴呆新时代 https://www.jianke.com/xwpd/3414956.html,最后访问时间 2018 年 3 月 22 日星期四。

与诺贝尔奖得主、"伟哥之父"穆拉德联合开发研究复方丹参片等产品。经过多年的持续投入，目前公司在编员工中，包括了院士1人，国务院特殊津贴专家1人，博士5人，硕士74人，工程技术人员占全部员工总数的38%，科研实力非常突出。

2.2.4 药材生产基地

目前，大部分优质的制药企业逐渐意识到原材料的品质控制对于产品生产的重要性，因此，自行建设和经营专属的药材生产基地已经成为制药行业中优质大企业的共同选择。其中，获得GAP认证（详细见附录二①）的生产基地意味着受到了国家GAP管理部门的认证，是质量良好的保障。②

而为了更好地保障生产药品的原材料质量，白云山和黄也已经逐步建立起了自己经营的药材生产基地，如：板蓝根药材规范化种植基地、穿心莲药材规范化种植基地、溪黄草药材规范化种植基地、三七药材规范化种植基地等（详细见附录三），主要关注其核心的药品生产原材料。

公司投资自建规范化的药材种植基地，意味着白云山和黄能够完全把控药品原材料、生产、销售整个流程。相比之下，由于财力不足，一般的中小型药企都难以承担起自营的药材种植基地，在生产药品的过程中，原材料基本上都是通过从农户手上散购而获得的。而中小型药企难以有效地监测这些散购的药材中的有效成分含量、农药喷洒的参与量等一系列非常关键的质量指标，因此，难有品质保障。

对于消费者而言，药品的质量问题是首要的。这意味着白云山和黄的努力为公司建立起了强大的竞争壁垒。但"酒香也怕巷子深"，如何有效地传递这个核心的用户价值，是白云山和黄当前应该考虑的。

---

① 百度百科：中华人民共和国广告法 https://baike.baidu.com/item/%E4%B8%AD%E5%8D%8E%E4%BA%BA%E6%B0%91%E5%85%B1%E5%92%8C%E5%9B%BD%E5%B9%BF%E5%91%8A%E6%B3%95? fromtitle=%E5%B9%BF%E5%91%8A%E6%B3%95&fromid=8698290，最后访问时间2018年3月22日星期四。

② 百度百科：GAP基地 https://baike.baidu.com/item/GAP%E5%9F%BA%E5%9C%B0/11041190? fr=aladdin，最后访问时间2018年3月22日星期四。

2.2.5 市场推广体系

作为全国性的医药企业，白云山和黄的销售推广网络目前已经覆盖全国。

在公司总部，市场活动策划主要由20多人规模的市场部来负责。市场部通过向专业的医药调研机构购买行业数据，以及接受一线销售人员反馈的销售数据来进行市场活动决策。在投放广告方面，白云山和黄具有自行决定是否投放广告的权力，但广告投放的具体执行会受到广药集团的严格控制。

在各地方市场，每个地区都有安排相应的市场经理，市场经理的下级为推广代表。由市场经理以及推广代表组建起来的地方市场推广体系，负责市场跟进以及直接的市场信息反馈。

通过这套相对完善的销售体系和控制制度，使得白云山和黄在全国布局的销售工作能够有效开展。

3 药企营销受到的政策限制

除了面对行业内剧烈的竞争外，白云山和黄目前还要应对来自法律法规约束所带来的风险，压力不容小觑。

目前，随着我国广告法规对医药企业的广告投放行为越来越多、越来越详细的约束，各大药企的营销活动都受到了严重的约束和限制，以往采取的常规营销手段都无法再进行使用。例如：2001年12月施行的《药品管理法》规定，从2002年12月1日起，所有处方药一律不得在大众媒体发布广告，只能在国务院卫生行政部门和国务院药品监督管理部门共同指定的医学、药学专业刊物上做广告；2007年5月施行的《药品广告审查办法》和《药品广告审查发布标准》又规定，处方药不得在大众传播媒介发布广告或者以其他方式进行以公众为对象的广告宣传，处方药的名称也不能出现在广告中；2015年修订的最新版的《中华人民共和国广告法》则明确规定了医药企业不得使用广告代言人做推荐、证明。

相关法律法规对医药企业的严格约束，对白云山和黄的处方药产品的营销活动产生了较大的影响。以白云山和黄的核心产品——白云山复方丹参片为例,复方丹参片属于处方药,在宣传方面受到的约束最为严格,完全不能出现在任何商业广告上,同时,参与论证复方丹参片的新功效的专家团队,也没有办法作为代言人为复方丹参片的新功效进行宣传和背书,这对白云山复方丹参片的品牌宣传推广造成了极大的阻碍。

不仅如此,尚未被写入药品说明书的功效更是被绝对禁止用于产品的宣传,白云山和黄在论证复方丹参片预防老年痴呆的功能上,投入了非常多的资源,而即便已经成功论证了相关的功效,要在说明书上添加这一适应证,仍然需要一系列审批,这个过程已历经数年。所以,对迫切希望能够宣传复方丹参片新功效的白云山和黄而言,这样的政策无疑也是一个非常棘手的障碍。

4 白云山和黄做的营销努力

在严格的广告法律监管下,公司的市场副总监王先生把白云山和黄在市场中的营销活动形象地比喻为"戴着镣铐跳舞"。在这样的背景下,白云山和黄只能另辟蹊径,跳出来"不一样的舞姿"。

白云山和黄选择的路径,就是通过承担企业社会责任,积极参与公益,以公益活动为支撑点,建立起自身良好的企业形象。

4.1 "新媒体+公益"

一年一度的"春运",是每个离家在外的中国人最为关切的一件大事。而白云山和黄的春运公益活动已坚持了 10 余年。

从帮助劳碌奔波的外来务工人员回乡的"温暖回家路,爱心伴您行"活动,[①] 到鼓励大家关注身边的那些放弃回家团圆,为春运大军默默付出的工作人员的"感谢您,陌生人"活动,白云山和黄一直在关注着"春运"这件民生大事,并积极地贡献出自己的力量。

---

① 四川在线-华西都市报(2015),温暖回家路,爱心伴您行,网易新闻,http://news.163.com/15/0209/05/AI04I9JA00014AED.html,最后访问时间 2018 年 5 月 1 日。

其中，在 2017 年春运推出的"感谢您，陌生人"活动中，白云山和黄更是顺应移动互联网的大潮，将活动与新媒体渠道紧密结合在一起，充分利用了新媒体的个性化和互动性的优势，组织了一系列的线上活动。如官方微信公众号的"写感人故事拿礼包"、"感谢您，陌生人"微博话题互动、"H5 爱心接力"、"白云山板蓝根暖冬感恩之旅"公益直播等。[1]

由于活动中的多数环节都在线上进行，降低了大众参与公益的门槛，活动的关注度随之大大提升。加上白云山和黄中药自身的影响力、合作伙伴的强势推送以及大量活跃在社交媒体上的公众、媒体及行业意见领袖的积极响应，活动效果非常喜人：活动开始推出的"感谢您，陌生人"——#为爱加一度#H5 接力人数瞬间就突破 1 万 +；短短五天时间里微博话题阅读数也达到了 51.5 万；首次尝试的公益直播更是引来 140 万网友的在线围观[2]。

白云山和黄的暖心感恩之旅公益活动，是企业把自身的资源运用到公益事业中，有效地聚集社会公益力量，将这些力量发挥至最大的过程，在创造社会价值的同时，达到了宣传企业的效果，实现双赢。

4.2 "永不过期的关爱"换药活动

除了对常规的公益活动进行赞助支持外，白云山和黄结合企业优势，推出了名为"永不过期的关爱"家庭过期药品回收公益活动。而这个活动，白云山和黄一经推出，就坚持了 15 年。

这个活动的推出，源于 2003 年那次令人记忆犹新的全民"抗击非典"。由于当年盛传板蓝根能够用于预防以及抗击"非典"，因此，处于"非典"恐慌中的市民疯狂抢购、囤积了大量的板蓝根。直到"非典"过后，消费者疯狂抢购的板蓝根中，有许多都是小企业为了短期利润匆忙上马生产的，质量参差不齐。同时，由于过度囤积，很多消费者家中

---

[1] 建筑帮轻松装（2017），"白云山和黄暖心感恩之旅，开创公益营销新模式"http：//baijiahao.baidu.com/s？id=1563909962618005&wfr=spider&for=pc，最后访问时间 2018 年 5 月 1 日。
[2] 中华网（2017），关注"春节不回家"群体，白云山板蓝根公益营销大不同 http：//hebei.news.163.com/17/0123/10/CBF84R3B027907QS.html，最后访问时间 2018 年 5 月 1 日。

也出现了大量的过期板蓝根。

为此，白云山和黄针对家庭小药箱展开了一项调查，发现家庭药品中30%~40%超过有效期3年以上，82.8%的家庭没有定期清理的习惯。而如果这些药品被随意丢弃的话，将会形成严重的社会问题。因为食品变质了可以扔掉，药品过期却不能随便扔——不但会污染环境，而且一旦流入不法商贩之手，其危害毫不亚于毒品。

在2004年，时任广州白云山中药厂厂长李楚源在经过一番深思熟虑后，决定拿出产品、资金，在全国范围内用最新批号的白云山板蓝根，免费更换消费者手中的各品牌板蓝根过期产品，不惜代价地从东北、河南、广东等地方免费换收回来的70万包过期板蓝根付之一炬，一下子解决了"非典"时期板蓝根过度囤积的问题。

而正是由于这一主动承担社会责任的举措，让白云山板蓝根一战成名，成为"明星药物"。白云山板蓝根"抗病毒，防流感"也随之响彻大江南北。[1]

正是由于2004年回收活动获得了巨大的成功，到了2005年，"永不过期的关爱"家庭过期药品回收被上升为了广药集团的一项基本政策。在活动中，由白云山和黄出品且在《回收药品品种目录》内的过期药品，可一对一更换。在《回收药品品种目录》外的过期药品（含不属广药集团生产的过期药品），也可免费回收，每5个销售包装可免费更换家庭日常生活用品。[2]

随着青藏铁路的开通，这项活动在2006年实现全国覆盖。之后的多年，随着活动规模持续扩大，针对广大农村、定点社区的孤寡老人等一系列更加具体贴心的举措被逐步推出。通过白云山和黄乃至全广药集团的不懈努力，在2014年"家庭过期药品回收（免费更换）机制"更是创下了"全球规模最大的家庭过期药品回收公益活动"吉尼斯世界

---

[1] 中华泰山网（2018），药品回收：一次源于非典的坚守 http://www.my0538.com/2018/0320/413760.shtml，最后访问时间2018年3月23日星期五。

[2] 内蒙古新闻网-晨晨（2016），白云山和黄开展免费更换家庭过期药品活动 http://www.ordosnews.com/content/2016-09/02/content_160420.htm，最后访问时间2018年3月23日星期五。

纪录。

而在最近几年，公司顺应互联网的大潮，积极携手壹药网、广药健民网，全球首创网上家庭过期药品回收，并且通过360健康、花椒、映客和天猫直播平台首次实现全网直播过期药回收全过程。除了让消费者感受到，广药白云山确确实实做到用心把好安全用药的每一关，白云山和黄积极主动地"触网"，也是在为了进一步扩大活动的知名度和影响力，反过来促进企业形象的建设。

十五年如一日的坚持，并非易事。十多年来，公司每年平均投入数千万元的资金用于回收和处理过期药品，回收过千吨过期药品。但目前公司因这个活动而获得的关注度已经远远地小于活动最初推出时创造出的轰动，在这项活动上的投入存在着边际收益递减的问题，如此庞大的投入应该继续下去，还是应该选择更加创新的公益形式，创造出与投入相对应的企业效益呢？这些问题都值得白云山和黄思考。

4.3 神农草堂的企业形象

除了进行各式各样的公益活动以外，白云山和黄没有忘记自己"中药科普化"的企业使命，为响应广东省建设中医药强省和文化大省的号召，2006年，白云山和黄自筹巨资建设全国首家融"天然"和"文化"于一体的半敞开式中医药博物馆——广州神农草堂中医药博物馆（首期投入1 000万元人民币，二期投入3 000万元人民币），用博物馆的形式，让大众能够更近距离地接触平时"常有耳闻但少有谋面"的中草药，在游玩和导游的导览过程中，更加深入地了解中医药知识，体验博大精深的中医药文化。

神农草堂博物馆总占地25300平方米，是全国首家融"天然"和"文化"于一体，体现岭南特色的中医药健康文化自然山水园林式中医药博物馆，将中医药历史文化陈列展示与原生态中草药种植有机结合起来，展示了中华中医药文化、岭南中医药文化、中医养生文化、大南药文化、凉茶文化等丰富内涵。

园区分为两大部分，一期——中华医药园于2006年11月正式对外开放，占地 3 000 多平方米；二期——岭南医药园于 2011 年 11 月对外开放，总用地面积约为 22 000 平方米。从开放以来，神农草堂已接待国内外游客超过 120 万人次。在第一期和第二期以游览为主的园区基础之上，白云山和黄已经在逐步筹划开发规模更加大的第三期——神农草堂数字园区，利用网络展示"神农草堂"及宣传中医药文化，开发更多体验式的活动，使神农草堂变成一个更加多元化，更加有吸引力的游览景点。

与普通的广告宣传手段不同，大众能够直接深入白云山和黄的生产园区内，在游览过程中沉浸式地体验白云山和黄钻研和重视中草药的企业文化，塑造了一个更加立体的企业形象。

也正是因为白云山和黄在这方面的大力投入，神农草堂受到各级领导的关注和重视。张德江同志誉之为广东"建设中医药强省文化大省的重大成果"。李希、张庆伟、陆昊、邵明立、温国辉等各级领导先后莅临草堂视察工作。神农草堂还作为 2017《财富》全球论坛的指定接待点，成为广州向世界来宾介绍中药文化的重要窗口。2017 年 12 月，神农草堂被评为国家 AAAA 级旅游景区，这对于企业宣传和品牌推广产生了非常积极地影响。

5 "老药新效"的宣传难题

作为白云山和黄的拳头产品，复方丹参片对公司的收入和增长有着巨大的贡献。而针对这款拳头产品，白云山和黄也投入了大量的研发费用于论证白云山复方丹参片具有预防老年痴呆的功效。但如何以合法合规的方式向客户传递产品的价值，新功效是否需要独立成新药品推出，这两大问题始终困扰着白云山和黄的销售团队。

十几年来，白云山和黄已经在复方丹参片上进行了巨额投入，但由于广告法的限制，以及国家对处方药适应证的严格管辖，白云山复方丹参片预防老年痴呆症的功能不能通过大众媒体的广告渠道来进行推广，所以始终没有得到有效的宣传。

因此，为了宣传白云山复方丹参片，公司赞助拍摄了《让爱回家》微电影，通过讲述一位父亲从小风雨无阻地接送儿子上学，当父亲逐渐年迈时，患上了老年痴呆症，慢慢地忘记了身边的人和事，直到某一天父亲离家出走，走丢了之后，儿子四处寻觅发现父亲就如当年一样，站在学校前等待着自己放学。

在这类关于关爱老年人痴呆病症的公益广告中，白云山和黄通过在某些镜头插入白云山复方丹参片的名字以及片尾中复方丹参片的赞助标志，暗示白云山复方丹参片与预防老年痴呆症之间的联系，从而避免了广告法中，对处方药功效宣传的严格限制。

但如此婉转的宣传手法，又是否能够得到消费者的理解和认同呢？数据显示，该视频七天内点击量超过100万次，随后又拍摄了姊妹篇《牵手·让爱回家》，上线三天点击达到131万，微博话题榜参与讨论人次达到559万。公司在赞助公益广告拍摄时，需要投入资源和人手，衡量成本和收益是必要的，所以，这一宣传手段未来是否能发挥出更大的价值，仍然有待检验。

除此之外，如何给新功效进行定位也是一个难题。由于政策约束，白云山和黄如果想在白云山复方丹参片的说明书上添加新的适应证会非常的困难。但如果选择独立于原本的复方丹参片，重新建立一个新的药品品类来进行销售的话，白云山和黄又面临着需要投入大量的宣传费用来开拓市场，在消费者心目中建立新的品牌认知，原本复方丹参片的品牌优势将难以迁移到新产品上来。

目前摆在销售团队面前的两个选择，一个是在原有的白云山复方丹参片基础上添加新的功能，另一个就是重新投入资源，打造一个专门针对预防老年痴呆症的药品品牌。

6 白云山和黄在药店渠道遇到的障碍

在医药行业里面，有一条行内人才知道的"潜规则"：当顾客在药店购买药品时，药店内的销售人员一般会首先推荐顾客购买由不知名品牌生产的药品，而一些正规的知名大厂商生产的药品，往往会被放在货架上最不起眼的地方。

在购买药物时，顾客一般都缺乏相关的药品品牌知识，而且没有明确的购买目标，所以一般的顾客会非常容易听信销售人员的指引，购买到小厂商生产的质量相对较差的药品。

这样的现象出现，与大品牌和小品牌相差甚远的药品生产成本有着巨大的联系。像白云山和黄这样的大品牌，生产药品采用的原材料基本来源于自行建设运营的GAP药材生产基地，而自营的药材生产基地在药材种植、检验等一系列的生产过程中都需要投入大量的资金，对比起小品牌直接从农户手上散购药材的选材方式，成本高出数倍。

虽然质量远远落后于白云山和黄，但小品牌为了避免让消费者对他们生产的药品产生"低价低质"的怀疑，在定价上，他们的产品销售价格仅仅略低于白云山和黄的产品价格，而出厂价却不足白云山和黄的产品的三分之一，其中的绝大部分差价都让给了药店这个主要的销售渠道。因此，当药店在销售这些小品牌的产品时，毛利率高达70%，远远超过销售大品牌产品所获得的10%的毛利。

在如此诱人的利益驱动之下，各大药店自然将主要的销售力量集中在这些高利润的小品牌上。虽然白云山和黄拥有覆盖全国的药店销售渠道，但是，在实际的销售过程当中，其产品并没有获得药店的充分推广。

对于零售业而言，渠道是品牌间竞争的"必争之地"。克服这样的销售障碍，绝非易事，但对于白云山和黄来说非常重要。

7 结语

企业的发展始终需要有限的条件下协调和整合各方资源。作为关系到老百姓生命健康的医药企业，白云山和黄受到的政策约束也更加的烦琐。公司一边肩负着弘扬中医药文化的使命，积极承担社会责任，另一边也需要为追求更加丰厚的利润，创造更高的股东价值而努力。

因此，背负着"众多镣铐"的白云山和黄如何才能在未来继续"翩翩起舞",将会是企业的管理者需要深思的问题。现在,市场副总监王总感到自己的部门必须尽快为以下问题找到解答的方案,这将为公司下一阶段的发展提供强有力的支持和保障。

8 问题

1. 在现有的政策监管和限制下,白云山和黄是否能够采取其他更加高效的营销方式?

2. 白云山和黄旗下的核心产品全部都是采用优质原材料制作,但目前这个重要的产品优势并没有为消费者所感知,也没有给产品带来溢价,这一情况该如何解决?

3. 目前白云山和黄在药店销售渠道上面临什么样的困境?白云山和黄应该如何处理这样的问题,使自己在销售渠道上具有更强大的竞争优势呢?

4. 目前白云山和黄已经基本验证出复方丹参片在预防老年痴呆方面具有一定的疗效,那么公司应该选择哪一种策略来推广这个复方丹参片的这个新功效呢?

附 录

附录一：

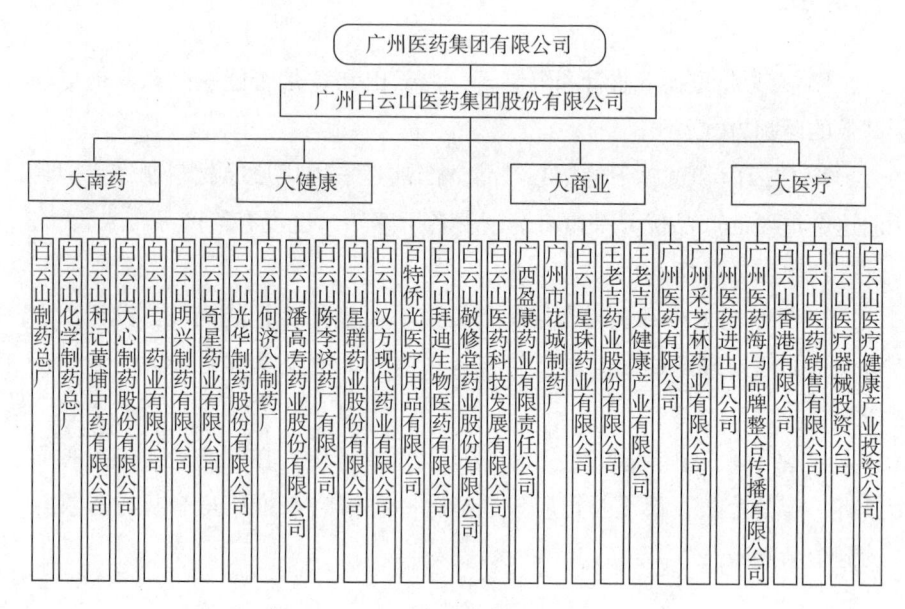

```
                    广州医药集团有限公司
                           │
              广州白云山医药集团股份有限公司
                           │
     ┌────────────┬──────────────┬────────────┐
   大南药        大健康          大商业         大医疗
```

子公司（自左至右）：
白云山制药总厂、白云山化学制药总厂、白云山和记黄埔中药有限公司、白云山天心制药股份有限公司、白云山中一药业有限公司、白云山明兴制药有限公司、白云山奇星药业有限公司、白云山光华制药股份有限公司、白云山何济公制药厂、白云山潘高寿药业股份有限公司、白云山陈李济药厂、白云山星群药业股份有限公司、白云山汉方现代药业有限公司、百特侨光医疗用品有限公司、白云山拜迪生物医药有限公司、白云山敬修堂药业股份有限公司、广西盈康药业有限责任公司、广州医药科技发展有限公司、广州市花城药厂、白云山星群药业有限公司、王老吉药业股份有限公司、王老吉大健康产业有限公司、广州医药有限公司、广州采芝林药业有限公司、广州医药进出口公司、广州医药海马品牌整合传播有限公司、白云山香港有限公司、白云山医药销售有限公司、白云山医疗器械投资有限公司、白云山医疗健康产业投资公司

图 1 广药集团公司架构

资料来源：企业内部资料。

附录二：

《中华人民共和国广告法》中关于限制医药企业广告行为的相关规定：

第十五条 麻醉药品、精神药品、医疗用毒性药品、放射性药品等特殊药品，药品类易制毒化学品，以及戒毒治疗的药品、医疗器械和治疗方法，不得作广告。

前款规定以外的处方药，只能在国务院卫生行政部门和国务院药品监督管理部门共同指定的医学、药学专业刊物上作广告。

第十六条 医疗、药品、医疗器械广告不得含有下列内容：

（一）表示功效、安全性的断言或者保证；

（二）说明治愈率或者有效率；

（三）与其他药品、医疗器械的功效和安全性或者其他医疗机构比较；

（四）利用广告代言人作推荐、证明；

（五）法律、行政法规规定禁止的其他内容。

药品广告的内容不得与国务院药品监督管理部门批准的说明书不一致，并应当显著标明禁忌、不良反应。处方药广告应当显著标明"本广告仅供医学药学专业人士阅读"，非处方药广告应当显著标明"请按药品说明书或者在药师指导下购买和使用"。

推荐给个人自用的医疗器械的广告，应当显著标明"请仔细阅读产品说明书或者在医务人员的指导下购买和使用"。医疗器械产品注册证明文件中有禁忌内容、注意事项的，广告中应当显著标明"禁忌内容或者注意事项详见说明书"。

第十七条 除医疗、药品、医疗器械广告外，禁止其他任何广告涉及疾病治疗功能，并不得使用医疗用语或者易使推销的商品与药品、医疗器械相混淆的用语。

根据《广告法》第十五条的规定，处方药只能在国务院卫生行政部门和国务院药品监督管理部门共同指定的医学、药学专业刊物上作广告。

附录二：

GAP 基地定义：

GAP 基地就是国家 GAP 管理部门认可的规模化、药用动植物养殖、种植基地，或是加盟于同类相关中药材专营企业的基地，也是制药集团制药原料供应地。

GAP 是指《中药材生产质量管理规范》，是将传统中药的优秀特色与现代科学技术相结合，按国际认可的标准规范进行研究、开发、生产和管理，是中药现代化的第一步。实施 GAP 以后，只要农户加盟于国家认可 GAP 基地，成为基地的一员，技术服务、种苗供应、产品质量认证、回收销售义务全由专营公司承担，农户只承担人力和物力的投入，既降低了技术风险，又减少了市场风险，甚至完全无风险。

附录四：

表1　　　　　广药集团中药材GAP基地2014年建设情况

序号	名称	地点	面积(亩)	参建企业
1	广西贵港蛤蚧养殖基地	广西	13	采芝林
2	肇庆狗脊基地	广东肇庆	1 800	采芝林
3	川贝母药材规范化种植基地	四川	3 500	潘高寿
4	金银花药材规范化种植基地	山东	10 000	明兴制药
5	丹参药材规范化种植基地	河南方城	3 000	白云山和黄中药
6	北山楂药材规范化种植基地	山东	3 000	采芝林等
7	半夏药材规范化种植基地	贵州	2 500	白云山光华
8	昆明山海棠药材规范化种植基地	贵州	1 500	陈李济药厂
9	钩藤药材规范化种植基地	贵州	1 000	采芝林等
10	黄芪药材规范化种植基地	内蒙古	4 000	中一药业
11	板蓝根药材规范化种植基地	安徽	10 000	白云山和黄中药
12	穿心莲药材规范化种植基地	广东清远、湛江	3 000	白云山和黄中药
13	溪黄草药材规范化种植基地	广东清远、台山	500	白云山和黄中药
14	三七药材规范化种植基地	云南文山	3 000	白云山和黄中药
15	山银花基地筹建	湖南隆回	1 000	白云山和黄中药
16	天花粉药材规范化种植基地	江苏射阳	3 000	中一药业
17	光慈菇药材规范化种植基地	安徽	1 000	中一药业
18	九节茶药材规范化种植基地	韶关乳源	8 100	敬修堂
19	小叶榕药材规范化种植基地	广东揭西	10 000	白云山总厂
20	岗梅药材规范化种植基地	广东和平	300	王老吉药业
21	鸡蛋花药材规范化种植基地	海南、老挝	6 000	王老吉药业
22	仙草药材规范化种植基地	广东	3 000	王老吉药业
23	栀子药材规范化种植基地	广东和平	300	明兴制药
24	夏枯草药材规范化种植基地	安徽	1 200	星群药业
25	川芎药材规范化种植基地	四川	3 000	奇星公司
26	人参药材规范化种植基地	吉林靖宇县	30	奇星公司等

续表

序号	名称	地点	面积(亩)	参建企业
27	五味子野生抚育种植基地	吉林靖宇县	2 000	奇星公司等
28	山银花规范化种植基地	重庆秀山	3 000	采芝林等
29	白术规范化种植基地	重庆秀山	3 000	采芝林等
30	黄精规范化种植基地	重庆秀山	500	采芝林等
31	黄芪规范化种植基地	黑龙江	500	中一药业
32	防风规范化种植基地	黑龙江	300	中一药业
33	鹿衔草规范化种植基地	黑龙江	300	中一药业
34	丹参规范化种植基地	西藏林芝	筹建	西藏广药公司
35	灵芝规范化种植基地	西藏林芝	筹建	西藏广药公司
36	西藏雪莲花规范化种植基地	西藏林芝	筹建	西藏广药公司

资料来源：企业内部资料。

附录五：

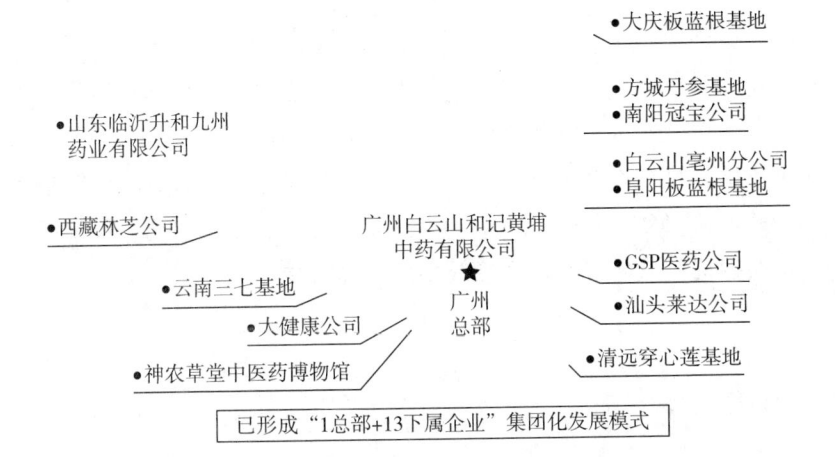

图 2 白云山和黄下属企业及药材生产基地分布图

资料来源：企业内部资料。

HY 电子科技公司：如何从代工转型？[①]

> **摘 要**：本案例描述了在改革开放四十年之际，中国广东省一家以制造业起家的代工企业（HY 电子科技有限公司）想要通过逐步搭建自己的销售团队，创建起属于自己的品牌，从而进行转型升级。传统代工企业没有自己的品牌、销售团队，即使有丰富的生产经验也只能依赖于为品牌商的订单服务，而不是直接接触消费者市场。而这也就导致了代工企业在价值链中的弱势地位，盈利甚微。HY 电子科技有限公司正是想要扭转这样的局面。希望通过打造属于自己的品牌和销售团队，在市场推出一款属于自己的畅销的蓝牙音箱。但自建品牌和自建团队毕竟是一个风险非常高的选择，HY 作为一家典型的制造企业，自建品牌和团队真的是一个合适的做法吗？目前线上销售成为诸多电子产品的主要销售渠道，若 HY 选择自建团队，又应当如何选择销售渠道呢？各个渠道带来的收益和成本该怎么权衡和预估？当下红火的微商销售可行吗？
>
> **关键词**：战略规划；渠道策略；品牌创建

1 引语

制造商和渠道商之间一直都存在着利润分配的矛盾，作为一家传统制造商的创始人，王先生对于这一问题也是困惑不已。一方面，由于信

[①] 本案例是在中山大学管理学院的程鹏、刘高辰和陈元燊协助下完成。本案例仅供教学使用，并提供材料作课堂讨论，并无任何意图证明、揭示或暗指所涉及的管理情景和管理方式是否合理及有效。出于保密的需要，本案例中的有关名称和数据信息等都有可能进行了必要的匿名、隐藏和掩饰处理。

息的不对称，渠道商占去了整个商品销售的大部分利润，但另一方面，着手建立起自己的销售团队也并非易事。而且，由于此前王先生几乎很少接触关于销售的问题，产品渠道的开发和选择也成为公司想要获取更多利润的一道鸿沟。

面临如此境地，王先生到底该如何抉择呢？风险，还是收益，一切都是未知。

2　HY 电子科技有限公司

改革开放 40 年，随着国家深化改革，各个领域不断创新，越来越多的企业在用先进技术不断拓宽自己的市场与产品链，HY 电子科技有限公司亦是其中的一员。

HY 电子科技有限公司创建于 2005 年，总部工业园位于中国广东省东莞市，公司员工目前有 600 多人，集科、工、贸于一体，是生产智能小家电（如智能空气清新机、智能香料机、智能家居产品、智能音响系列）等产品的生产基地。

公司目前拥有世界先进的生产设备，包括贴片机、邦定机、注塑机等自动化设备近百台，电子塑胶、五金、装配组装成品机，装配成品几十万的日产量，因此能满足国内外上亿的年订单量，获得国际知名连锁超市的信赖。

东莞 HY 电子科技有限公司经过十多年的发展，沉淀了深厚的文化底蕴，建立了"高质量、重承诺、精服务"的核心价值观，形成了"团结，拼搏，开拓，创新"的团队精神，树立了"求真，务实，精准"的工作作风，致力于为顾客提供绿色、优质、高性价比的产品和服务，让人类享受更美好的生活。

3　HY 创始人

HY 的创办者王先生的发家史，本身就可以称得上是传统民营企业发展的典型例子，从为别人打工的草根工人开始，一步一步经过自己的不断学习和钻研，慢慢地熟悉和掌握了行业的发展情况，最终自己创业，独当一面。

王先生20世纪80年代中初中毕业，由于家里的经济水平限制，没有办法继续学习下去。但进取的王先生对自己的初中学历水平并不满足。因此，为了进一步提高自己的知识水平，他选择了"半工读"的方法。初中毕业之后，一边做农贸产品买卖赚取学费，一边到成人函授接受电子工程教育，学习相关的基础知识。

之后，王先生就到深圳担任维修工。王先生勤于钻研技术，渐渐地就成为技术领域的熟练工人。不仅如此，在这个阶段，王先生就已经展现出非常积极的工作态度，会主动和组长反映产品质量问题，从企业的角度来思考问题，主动思考如何做好品控，降低坏机率，为企业解决好成本。

王先生经过一番辗转，加入了一家玩具厂，之后，他便开始展现出其产品创造力。当时，为了产品的快速迭代，王先生常常要隔着时差开会，为美国的客户进行研发设计，产品在美国大受欢迎。也正是因为王先生的突出表现和一路积累下来的丰富经验，王先生开始了独立创业。刚开始时，只有他一个人运营整家店铺。但多亏之前在行业内结识的朋友帮忙，他获得了不少被朋友推荐过来的生意，成功存活了下来。在这个过程中他积累了创业的第一桶金，公司后来的大量的设备都是在这个阶段购置下来的。在销售量最高的时候，因为工厂仅仅承担的是加工环节，对比起销售端的合作伙伴，利润相当的微薄。

随着这几年来宏观经济下行压力逐步增大，民营企业税收负担依旧较大，"HY"也承受了非常大的经营压力。同时，原本需求旺盛的出口和外贸交易量也有下降的趋势，特别是在2015~2017年，王先生带着产品到广交会参加展览时，就能明显感受到订单数量的减少和分散化。

逐渐增大的经营压力和在价值链中的弱势地位，迫使王先生开始思考：如何改变这样的局面，打造好自己的产品品牌和知名度？如何搭建起自己的销售渠道，摆脱单纯代工生产的低利润局面？

4 现有产品：蓝牙音箱

按照最新的产品来看，HY 率先经过大力研发，推出了蓝牙音箱。该音箱具有时尚的外观与动听的音质，并有以下 3 个十分突出的优点：

1. 随时随地听音乐。通过先进的蓝牙连接技术，将蓝牙音箱和 PC 电脑进行连接，从而可以听到无限量音乐。

2. 简单易用的操控，通过几次简单的操作就可以轻松实现多种复杂的功能，交互逻辑简单，符合用户操作预期，有着较高的实用性。

3. 内置聚合锂电池，可以用通用 USB 接口进行充电，可以实现随时随地的充电与使用。

5 竞争品的威胁

在蓝牙音箱市场，HY 公司将要面对大量的竞争对手。在目前的市场上，已经有大量品牌受到消费者的追捧，但是市场品牌格局高度不稳定，在 2013 年和 2014 年之间，在中国蓝牙音箱市场中，与去年相比，最受关注的品牌关注排名波动较大，关注比例变化最大的 DOSS 甚至达到 10% 以上，尽管它依然保持在关注排行榜的第一名。

除了关注蓝牙音箱的各大品牌之外，消费者似乎更加关注品牌旗下的产品。在 2014 年，中国蓝牙音箱市场最受关注的十款产品分属七家的不同的公司，每家公司都有重点推出的一款或者两款产品，而不是将力量平均分散在各个产品之中。居于关注排名第一位的产品关注度在 5% 至 6% 之间，其价格在 200 元至 300 元之间。第二位受到较高关注度的原因则是因为其到达 1 200 元的售价。而其他产品的关注度则均在 5% 以下，前十位中仍有一款产品关注度不足 2%。[1] 整体来说，关注度前十位的产品价格都处在中等水平，在 100 元至 300 元之间。更多的消费者关

---

[1] 李皓明. 2014 – 2015 年中国蓝牙音箱市场研究报告. 2015.02.06. http://zdc.zol.com.cn/504/5047136_all.html#p5062946 最后访问时间 2017 年 10 月 18 日。

注蓝牙音响价格都处在中端水平，大约在 100 元至 300 元之间。而市场上大部分产品也恰好处在这一价格区间①。不过随着社会的发展，消费水平的上升，消费者对蓝牙音箱的音乐音质要求越来越高。高端的蓝牙音箱也受到越来越多的消费者的关注。

6 自身能力

HY 公司在研发这款产品之初，就想着要将这个品牌做大、做强。作为一个科技公司，要想有持续不断地竞争力，必须拥有一定的科研支持。

6.1 买方议价能力

王先生觉得蓝牙音箱市场仍有巨大的增长空间，尤其是随着车载蓝牙音箱的增加，现代人对音乐音质要求的提高，高端蓝牙音箱的需求会越来越多。很多蓝牙音箱生产厂商都发现了这一需求，都在积极改善自己的产品，以更好地迎合消费者的需求。在这样的情况下，价格也成了一个重要的竞争因素。

蓝牙音箱市场有很多较为著名的品牌和产品，品牌已经成为竞争和差异化的一个主要因素，并且也是同样品质的产品能得到溢价的一个重要手段。而对于分销商，他们掌握的销售渠道对于 HY 公司十分重要。而且他们购买的量和可选择的产品都很多，因此分销商甚至拥有着比消费者更强的议价能力。

6.2 销售渠道的问题

HY 公司本来是一家代工企业，但是随着近几年持续的经营，王先生发觉较多的利润都被渠道商剥夺，因此要想自己进入零售行业。王先生之前主要是做代工，终端消费者的接触较少，当时也没有想过要创立自己的品牌，因此如何创造自己的销售渠道和为自己的品牌打开知名度是

---

① 李皓明. 2014－2015 年中国蓝牙音箱市场研究报告. 2015.02.06. http：//zdc.zol.com.cn/504/5047136_all.html#p5062946　最后访问时间 2017 年 10 月 18 日。

当前面临的主要难题。

HY 非常想要拥有自己的品牌，并且能够摆脱这些渠道商，以获得更多的利润。然而，如何找到销售这些蓝牙音箱的销售渠道就是摆在王先生面前的头号难题。王先生认为公司目前有两种方式可行。第一种就是完全离开这些渠道商，重新建立自己新的销售渠道。但是对于一家从未考虑过销售环节的 HY 公司，又将如何有效的重新建立自己的分销渠道呢？如何去迎合消费者的需求呢？第二种方式就是保留原有渠道商的同时，开发自己新的销售渠道，那么这些原有的渠道商会不会排挤 HY 的产品呢？通过两种渠道销售的价格是否应该相同呢？

6.3 国际市场

在近几年，中国政府提出"一带一路"的倡议，并且鼓励企业出口货物。在 2016 年 6 月，国务院印发了《关于促进外贸回稳向好的若干意见》，提出诸多措施帮助外贸型企业出口，并且各个地方政府也出台相应政策鼓励出口。无论是在税务上，还是在交通等其他方面，中国政府都为出口导向型企业提供了巨大的便利。而且相比于国际市场，中国市场现在已经处于生产力过剩的状态。

对于 HY 来说，在现在要打入国际市场，除了传统的广交会以外，还有了一个新的选择。在 2014 年，亚马逊中国大幅扩张团队，不仅让中国卖家入驻全球亚马逊站点，还开启了本土化的中文服务。让海外市场成为许多小卖家心目中的新蓝海，直接促成了 B2C 跨境电商在 2015～2016 年的爆发。[①] 除了针对欧美发达国家市场的亚马逊以外，还有阿里巴巴推出的速卖通也是另外一个选择。速卖通在 2014 年开始深耕俄罗斯、巴西等新兴市场，在当地排名高于同类电商平台。所以，现在"HY"的出海也面临着渠道的选择。

虽然国际市场有巨大的吸引力，但是国际市场同时也有着更多未知因素，诸如环境更加复杂等不利因素，对于市场知之甚少的 HY 要选择

---

① 南七道（2017），虎嗅网：中国卖家占领亚马逊，https：//mp.weixin.qq.com/s/ucfBkt-fiSuxNY81Iu4qvCw，最后访问时间 2018 年 5 月 1 日。

直接跳过国内市场,直接走向国外么,还是先在国内市场试探,还是两者同时进行呢?如果走出口的路线,那么哪个国家的市场又应该率先进入呢?

6.4 网络销售渠道的选择

由于目前互联网行业的蓬勃发展,消费者越来越倾向于通过网络渠道来进行购物,尤其是在消费蓝牙音箱等面向主要年轻人的电子产品时。面对着国内高达5.14亿的网络消费者群体和消费能力较强的国外消费者,[1] 正考虑建立起属于自己的独立品牌,进行独立销售的HY电子科技公司(目前已注册了商标R标),自然而然地想到要将新研发的蓝牙音箱利用线上渠道,推广到市场当中。

目前"HY"已经组建起了一个3~4人的外贸部作为销售部门,但团队目前人手有限,所以面对繁杂的线上渠道,作为新品牌进入的HY电子科技公司,就要考虑选取哪一个渠道进入?能否同时进入一个以上的渠道?国内和海外市场是否可能同时兼顾?不同的渠道之间的进驻门槛、目标人群、主流的定价范围、竞争的剧烈程度、能带给公司的价值等都是需要进行考虑和权衡的。经过一番筛选之后,HY公司主要考虑的渠道有以下几个:国内线上渠道有天猫、京东、亚马逊中国、淘宝以及微商,国外线上渠道有速卖通、亚马逊。

6.4.1 国内渠道

(1) 天猫

天猫是阿里巴巴旗下的目前市场份额最大的B2C网购平台(可参考附录四)[2],采用开放平台服务模式,并不提供自营服务。商家以中大型企业为主,进驻门槛和费用较高,主打高品质的产品销售,目前已经引入了大量的知名品牌商家进驻,覆盖了线下90%以上的品牌。目标客户大多为一二线城市白领等人群,具有较高的消费能力,注重网购品质和

---

[1] 电子商务研究中心 (2017),《2017年度(上)中国网络零售市场数据监测报告》, http://b2b.toocle.com/zt/17wllsbg1/,最后访问时间2018年5月1日。
[2] 易观,《中国网上零售B2C市场年度综合分析2017》。

体验的消费者。

要进驻天猫平台的品牌除了需要上传企业证件、审查企业资格以外，还要面临平台对企业和品牌的实力评估。只有符合天猫的平台定位后，方可进入。在天猫注册的店铺有三种类型：旗舰店、专卖店、专营店。各类店铺的具体进驻要求以及进驻成本可以参考附录五。① 天猫平台中品牌呈现多样化，将近 200 个品牌进驻。既有丰富的国际大牌，国内名牌（例如：JBL、索尼、小米等），同时也有热销的国内草根厂家。因此，竞争环境非常激烈，将近 70% 的产品销售量低于 500 台，最高销量达到月销量 11 万台，和底部品牌销量相差百倍。在小型蓝牙音箱的产品细分市场中，销售量良好的产品价格主要集中在 0～200 元的价格区间内，以国内品牌为主。

阿里巴巴平台下属有专门的商家服务市场（B2B），没有网店运营相关经验的商家，能够直接从平台中找到第三方提供店铺装修、店铺管理、营销推广以及客服外包等服务。②

（2）京东

京东是国内第二大 B2C 网购平台，在 3C 数码产品销售方面口碑较好。平台内部以自营产品为主，同时允许部分商家在平台内设立旗舰店、专卖店、专营店。核心竞争力是自建物流带来的快速送货能力。目标客户大多数为一二线城市青年，对数码产品有较多了解与喜爱程度较高，同时愿意以相对较高的价格来购买数码产品。与天猫的目标客户群体有较大重合。平台定位为中高端，店铺分为旗舰店、专卖店、专营店。京东设立重点招募的品牌，并会对进驻的品牌进行筛选和把控。同时允许商家自行推荐品牌，相关的进驻成本可参考附录六。③ 在京东进驻的品

---

① 天猫官网，《天猫 2017 年度各类目年费软件服务费一览表》，https：//rule.tmall.com/tdetail－4867.htm？ spm＝a223k.7864291.1216756058.6.e2eed11y8yL26&tag＝self，发布时间：2016－10－12，最后访问时间 2018 年 5 月 1 日。

② 阿里巴巴旗下商家服务市场，https：//fuwu.taobao.com/index.html，最后访问时间 2018 年 5 月 1 日。

③ 京东官网，京东《2017 年开放平台各类目资费一览表》，https：//help.jd.com/rule/ruleDetail.action？ruleId＝2607，发布时间：2016－1－5，最后访问时间 2018 年 5 月 1 日。

牌数量非常庞大,达到了将近700个,且国际大牌尤其丰富。在平台中主要的产品供应以京东自营为主。京东在数码产品的销售上,定位相对较高,国际大牌销售数据最为抢眼,主流价格在200~500元,同时不乏千元以上的高端、专业级音箱。

平台上的商家可以利用京东的仓储以及物流平台进行发货,销售以及售后服务。采用京东的配送服务,速度较快,用户满意度普遍高。利用的模式主要分为FBP、SOP、SOPL、LBP(详情可以参见附录七)。

(3)亚马逊中国

亚马逊中国是B2C电子商务网站,产品由自营和第三方共同提供,自营产品质量较高,且较多的海外直购产品,可供选择,属于中高端市场。亚马逊的另一个优势则是拥有强大的物流系统,送货速度和服务质量良好。目标客户主要为一二线商务白领人群,经济能力较高,对全球跨境购物感兴趣,同时,对价格敏感度较低。

亚马逊商城要求进驻拥有营业执照和商标授权,和天猫、京东一样,不接纳个体工商户的。但和其他平台不同,在亚马逊商城上,数码产品商家能够享受零年费的优惠,仅需交纳50 000元的保障金,并根据销售按比例提取8%的佣金,无销售不收费。亚马逊内销售蓝牙音箱的品牌不足100家,且主要为高端的海外品牌。亚马逊平台本身具有自营产品,以及同一产品以统一入口,商家折叠式呈现的方式。作为销售主力的产品基本为国际知名品牌,价格主要分布在200~500元的区间。同时,千元以上级别的高端音箱是平台中另一个比较热门和抢眼的品类。商家进驻后可以选择将货物发往亚马逊运营中心,利用亚马逊平台自建的仓储以及物流平台进行发货,销售以及售后服务(详情可参见附录八①)。亚马逊的自建物流十分发达,全国大中城市基本可以实现次日达,同时部分城市可以实现当日达,客户满意度较高。

(4)淘宝

淘宝是阿里巴巴旗下的包括C2C、团购、分销、拍卖等多种电子商

---

① 亚马逊官网,"亚马逊物流"收费标准,https://kaidian.amazon.cn/services/fulfillment-by-amazon/pricing.html/ref=as_cn_services_nav_fbapricing,最后访问时间2018年5月1日。

务模式在内的综合性零售商圈。定位为中低端,服务于大量的小型企业和个人商家,进驻门槛低。目标客户多为对于网上购物较为热衷,价格敏感度较高(消费水平偏低)且易受潮流影响的人群。淘宝内的商户分为两种类型:个人店铺和企业店铺。淘宝不收取任何年费。开办个人店铺仅需要提供身份证即可,不需要营业执照。如果是要在淘宝开办企业店铺,仅需要缴纳1 000元保证金和简单的商家认证即可。平台内音箱品牌数量在30个左右。虽然品牌数量不多,但销量差距极其悬殊。竞争环境非常激烈,最高月销量高达11万台,但也有将近95%的产品销售量低于500台,85%的产品销售量低于100台,顶部梯队销量和底部销量相差近万倍。且淘宝平台向天猫商城的导流倾向明显,主流商铺都已经进驻天猫,底部商家基本都是没有进驻到天猫的个人店铺。

平台整体定位为低端,绝大部分的商品价位集中在30~100元的区间内。以国内草根品牌为主。和天猫商城一样,能享受到阿里巴巴旗下的商家服务商城中的付费服务。

(5)微商

微商基于移动互联网,借助于社交软件为工具,以人为中心,社交为纽带的新型销售渠道。目前主要有两种发展形态,一种是C2C(Customer to Customer)模式,基于微信公众平台的(服务号+朋友圈)微商,此类占据微商主流地位;另一种是B2C(Business to Customer)模式,在这种模式下,品牌或是微信大号自行生产或进货,以公众号吸引顾客,再引流到自营网店(由第三方平台提供技术支持)。

由于微商的社交性特点,多数用户的消费需求多以接触到相关推荐后,被动触发为主,受发布者的朋友圈或受众范围的影响。进驻门槛极低,在C2C模式下,仅需要利用个人微信号即可实现。在B2C模式下,利用第三方平台技术支持开设店铺,不同平台收费标准不同,以目前最大的微商入驻服务平台有赞商城为例,年费为9800元/年。由于社交性的渠道特点,产品销售相对分散,没有较为固定统一的展示模式,以KOL(关键意见领袖)的影响力作为产品销售的主要推动力。

由于微商自身定位不同,价格有高有低,根据在微信平台中的搜索,排名在前的几个微店中,销售的蓝牙音箱大多是 300 元以下的产品,价格差距不大,属于中低端的产品。通过付费,第三方平台能够提供为商家提供接入公众号的商城销售系统和营销插件,并有相关的运营课程,协助商家进行销售和管理。

6.4.2 海外渠道

(1) 速卖通

速卖通是阿里巴巴旗下唯一面向全球市场打造的在线交易平台,被誉为"国际版淘宝"。门槛低、中国卖家多、主打新兴市场。基本上,主攻亚马逊还没有占领的市场,发展非常迅速。但产品同质化严重,而且,在制度建设上,包括杜绝刷单、完善公平透明机制、打击人为干预的灰色行为等,却落后于国外的 B2C 平台。

在收费标准上,速卖通每年的年费为 1 万元人民币。同时,有奖励条款,当销售额达到 1.5 万美元时,就能减免 50% 的年费,销售额达到 4 万美元时,能减免 100% 的年费。①

(2) 亚马逊

作为全球商品品种最多的网上零售商和全球第二大互联网企业覆盖全球市场,在海外市场,尤其是发达国家市场,亚马逊都是处于领导地位的,比其他同类电商平台覆盖面都要广,仓储和物流服务都要完善。无论是服务质量和版权保护,都要比速卖通要好,因此,对计划出海的中小卖家来说,非常有吸引力。

在收费标准上,亚马逊月租金为 39.9 美元,每件产品的销售佣金为 8%。②

在国内渠道中,天猫、淘宝、京东为目前网络销售渠道中的流量巨头,而亚马逊与微商则相对较弱。天猫、京东、亚马逊作为大型的 B2C

---

① 速卖通官网,速卖通 2018 年度各类目技术服务费年费及考核一览表,https://sell.aliexpress.com/__pc/Technicalfee2018.htm?spm=5261.10714522.0.0.2293a210KnYe6d,最后访问时间 2018 年 5 月 1 日。

② 亚马逊官网,亚马逊全球开店费用介绍,https://gs.amazon.cn/north-america/pricing.htm/ref=as_cn_ags_subnav_na_price,最后访问时间 2018 年 5 月 1 日。

平台定位相对较高，适合大型品牌进驻，而对于小型企业而言，淘宝和微商则是门槛较低，相对合适的选择。在海外渠道中，两个大型平台分别代表两种不同的市场选择：发达国家市场和发展中国家市场面对这几个渠道各自的优劣，创始人王先生一时间也陷入了选择的困难之中。同时，在是否组建和扩张更加强大的销售团队的问题上，王先生也感到困惑。

7 结束语

面对蓝牙音箱在国内如火如荼的局面，HY 也逐渐开始了自己的发力。但是面对市场上形形色色的蓝牙音箱，如何做出自己的特色是王先生不断思考的问题。在当下的市场环境中，每一步都需要不断地思考，谨慎地执行，才能够充分发挥出自己公司的实力，才能够推出一款十分契合十分畅销的产品。

如何打造自己的蓝牙音箱品牌？如何选择渠道？如何保持 HY 的竞争优势？这引起了王先生深深的思考。

附 录

附录一：

表1　　　　　　　　蓝牙与 WiFi 音箱的区别

指标	蓝牙音箱	WiFi 音箱
已面世产品	多	少
使用频率（Hz）	2.4G	2.4G/5G
传输速率	784kbps～24Mbps（仅限4.0）	54Mbps～150Mbps
无线组网功能	无	有
无线 AP 功能	无	有
发射端	手机、平板电脑、笔记本电脑	手机、平板电脑、笔记本电脑
操作设置	较复杂	简单
音频指标	低、中	中、高
传输距离	10米左右	100米左右
穿墙能力	无	有
无线中继接力	无	有，可以作为 WiFi 热点
抗干扰性	低	中
研发难度	中	高
成本	中	高

资料来源：新好数码科技．蓝牙音箱与 WiFi 音箱的区别．2016.02.14. https：//club.1688.com/article/60447496.htm 最后访问时间 2017 年 10 月 18 日。

附录二：

表2　　　　2013～2014 年中国蓝牙音箱市场品牌关注对比

排名	2013 年		2014 年	
	品牌	关注比例（%）	品牌	关注比例（%）
1	DOSS	23.5	DOSS	13.2
2	漫步者	9.9	艾特铭客↑	10.4
3	朗琴	9.2	漫步者↓	10.0
4	艾特铭客	6.9	JBL New	9.5
5	不见不散	6.0	咔哟↑	6.5
6	奋达	4.8	飞利浦↑	5.8
7	飞利浦	4.6	魅动 New	5.5
8	咔哟	4.1	BOSE New	4.8
9	耳神	3.3	不见不散↓	3.1
10	麦博	3.1	罗技 New	2.6
—	其他	24.6	其他	28.6

资料来源：李皓明．2014－2015 年中国蓝牙音箱市场研究报告．2015.02.06. http：//zdc.zol.com.cn/504/5047136_all.html#p5062946　最后访问时间 2017 年 10 月 18 日。

附录三：

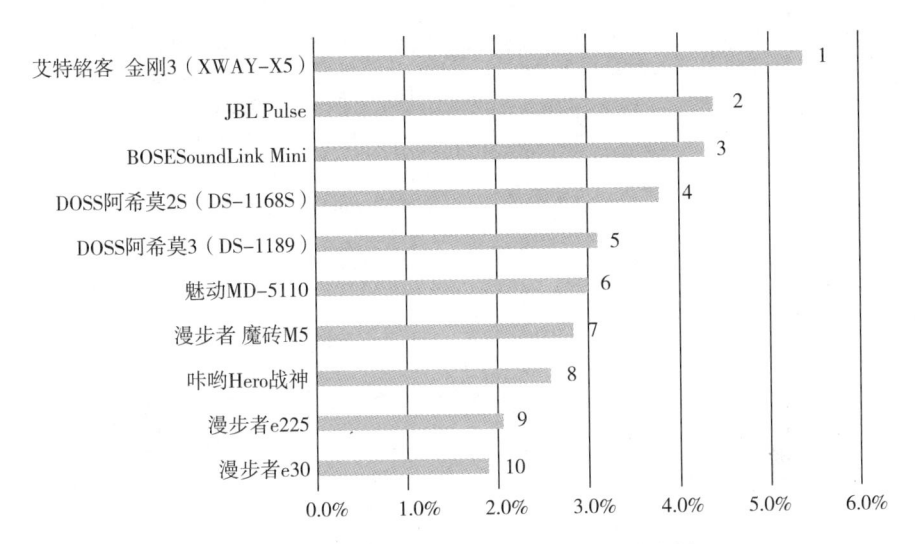

排名	产品	关注比例
1	艾特铭客 金刚3（XWAY-X5）	~5.3%
2	JBL Pulse	~4.3%
3	BOSE SoundLink Mini	~4.2%
4	DOSS阿希莫2S（DS-1168S）	~3.7%
5	DOSS阿希莫3（DS-1189）	~3.1%
6	魅动MD-5110	~2.9%
7	漫步者 魔砖M5	~2.8%
8	咔哟Hero战神	~2.7%
9	漫步者e225	~2.4%
10	漫步者e30	~1.9%

图1 2014年中国蓝牙音箱市场产品关注比例

资料来源：李皓明.2014－2015年中国蓝牙音箱市场研究报告.2015.02.06. http://zdc.zol.com.cn/504/5047136_all.html#p5062946，最后访问时间2017年10月18日。

附录四：

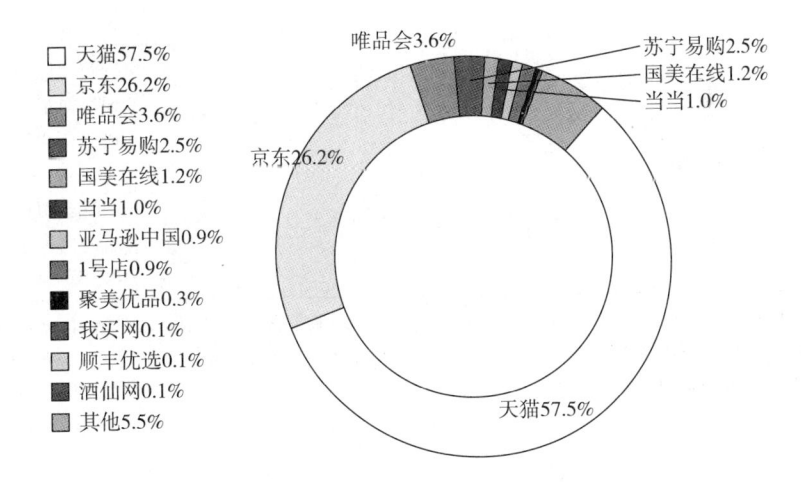

2016年中国网络零售B2C市场份额：
- 天猫 57.5%
- 京东 26.2%
- 唯品会 3.6%
- 苏宁易购 2.5%
- 国美在线 1.2%
- 当当 1.0%
- 亚马逊中国 0.9%
- 1号店 0.9%
- 聚美优品 0.3%
- 我买网 0.1%
- 顺丰优选 0.1%
- 酒仙网 0.1%
- 其他 5.5%

图2 2016年中国网络零售B2C市场份额

附录五：

表3　天猫2017年度3C数码配件类店铺年费软件服务费一览表

类目	店铺类型	品牌要求	软件服务费费率（%）	软件服务费年费（元）	享受50%年费折扣优惠对应年销售额（元）	享受100%年费折扣优惠对应年销售额（元）	保证金
3C数码配件	旗舰店	以自有品牌或由商标权人提供独占授权的品牌入驻天猫	2	30 000	360 000	1 200 000	持商标注册受理通知书的店铺保证金为人民币10万元，持注册商标的店铺保证金为人民币5万元
	专卖店	以商标权人提供普通授权的品牌入驻天猫	2	30 000	360 000	1 200 000	持商标注册受理通知书的店铺保证金为人民币10万元，持注册商标的店铺保证金为人民币5万元
	专营店	同一天猫经营大类下经营两个及以上获得授权的品牌	2	30 000	360 000	1 200 000	持商标注册受理通知书的店铺保证金为人民币15万元，持注册商标的店铺保证金为人民币10万元

资料来源：天猫官网，《天猫2017年度各类目年费软件服务费一览表》，https://rule.tmall.com/tdetail-4867.htm?spm=a223k.7864291.1216756058.6.e2eed11y8yL26&tag=self，发布时间：2016-10-12，最后访问时间2018年5月1日。

附录六：

表4　　　　　京东2017年度便携/无线音箱销售资费一览表

类目	店铺类型	品牌要求	费率 SOP	费率 FBP	平台使用费（元/月）	保证金
便携/无线音箱	旗舰店	以自有品牌，或由权利人出具的在京东开放平台开设品牌旗舰店的独占授权文件	8%		1 000	60 000
	专卖店	持他人品牌授权文件				
	专营店	相同一级类目下两个及以上他人授权或自有品牌商品				

资料来源：京东官网，京东《2017年开放平台各类目资费一览表》，发布日期2016-01-05，https://help.jd.com/rule/ruleDetail.action?ruleId=2607，最后访问时间2018年5月1日。

附录七：

表5　　　　　京东商城供应方合作方式一览

模式	解释	店铺	仓储	配送	售后	客服	发票
FBP	全业务委托	自营	商家将货物放置到平台仓库	平台配送	平台售后	平台客服	商家给平台开具增值税发票，平台给客户开具发票
LBP	授权销售及配送	代销	商家库存	卖家将货物配送给平台	平台售后	平台客服	商家给平台开具增值税发票，平台给客户开具发票
SOP	商家自营	第三方	商家库存	商家配送	商家售后	商家客服	商家给客户开具发票
SOPL	商家自营委托配送	第三方	商家库存	卖家将货物配送给平台	商家售后	商家客服	商家给客户开具发票

资料来源：京东官网。

附录八：

表6　　　　　亚马逊平台物流收费标准

服务项目	单价	亚马逊物流服务内容
亚马逊物流贴标服务（可选）	0.15 元/件	亚马逊为商品贴标
仓储费	5.17 元/每天每立方米	负责将卖家的商品存储在亚马逊运营中心
基础服务费	2.50 元/件	基础服务包括库存智能分配、收件、上架、拣货及包装
配送费	首重 6.50 元/每单，续重 3.85 元/千克	当顾客下单时，亚马逊确保商品及时快速地配送到顾客手中
客户服务	免费	客户服务包括配送查询、专业客服、退货
信息服务	免费	提供专业的指导来帮助卖家更高效地使用"亚马逊物流"
商品保价	免费	由亚马逊自身原因造成的商品损坏，平台将按照亚马逊赔偿政策做出赔偿
退库	3.00 元/件	如产生退库，将按照此标准收取退库费用，包括拣货、配货、扫描、包装等所产生的相应服务费用

资料来源：亚马逊官网，"亚马逊物流"收费标准，https://kaidian.amazon.cn/services/fulfillment-by-amazon/pricing.html/ref=as_cn_services_nav_fbapricing，最后访问时间 2018 年 5 月 1 日。

扩张美国屡次受挫,华为将如何应对?[①]

> **摘　要:** 2018年3月,继年初华为与AT&T的合作崩盘后,又一家美国公司百思买(Best Buy)宣布停止订购华为制造的新款智能手机。而百思买给出的终止合作的理由十分含糊——该公司宣称,由于"种种原因"将改变产品供应策略,因此选择停止与华为的合作。作为全球第三大智能手机制造商,华为通过扩展智能手机市场,在欧洲、亚洲、拉美和非洲赢得了广阔的市场份额。对比来看,公司在美国的市场份额却只算是初步发展,显得不值一提。同时,美国政府准备对中国进口商品加征关税,采取措施限制中国投资,让华为进军美国市场的波折进程更是雪上加霜。在动荡的全球化市场中,华为将如何面对种种挑战和机遇,实现国际化企业的进一步发展?
>
> **关键词:** 品牌形象;企业文化;海外市场

1　华为技术有限公司

华为是全球领先的ICT(信息与通信)基础设施和智能终端提供商,总部位于广东省深圳市,是一家由员工持有全部股份的民营企业。1987年,华为在深圳南油新村的一所破旧民房里成立,当时还是一个几乎没有任何技术基因的从事贸易业务的民企。创办人任正非在创业之前,是国企南油集团的一名中层干部。1988年,开始代理中国香港鸿年公司

[①] 本案例是在郑康妮(达尔豪西大学2017届MBA)的协助下完成。本案例仅供教学使用,并提供材料作课堂讨论,并无任何意图证明、揭示或暗指所涉及的管理情景和管理方式是否合理及有效。出于保密的需要,本案例中的有关名称和数据信息等都有可能进行了必要的匿名、隐藏和掩饰处理。

HAX 的电话交换机产品而踏入了电信行业。当时的华为没资格代理来自国外的大品牌,以"农村包围城市"的方式推广业务,通过贸易代理积攒下第一桶金以研发自己的技术和产品。1990 年,华为研制出偏低端的 BH03 交换机,获得用户认可;1991 年,华为研制出能够容纳 500 个电话用户的 HJD48 交换机,大获成功。1992 年,华为销售收入突破 1 亿元。接下来的日子里,华为突破了通信设备核心技术,在 1994 年成功地推出的 C&C08 大型程控交换机,并逐渐占据了中国的固定交换及接入网等通信设备市场。华为不断扩大其市场占有率,至 20 世纪 90 年代末期已经在中国占有很大市场份额,并首次在印度班加罗尔设立研发中心。2000 年,华为在瑞典首都斯德哥尔摩设立研发中心,海外市场销售额高达 1 亿元。2001 年在美国设立四个研发中心,至 2007 年,华为在光传输网络、移动及固定交换网络、数据通信网络几大领域内拥有较强实力,并在全球电信市场与爱立信、阿尔卡特、思科等老牌通讯公司展开激烈竞争。自 2012 年起,华为成为全球第一大电信设备制造商。[①] 2013 年,华为首超全球第一大电信设备商爱立信。

  2012 年,在电信设备领域已经独霸天下的华为,开始进军手机业务。至 2017 年,华为稳坐国内手机市场份额第一。在 2016 年,华为扩展其业务至笔记本电脑领域。2016 年 8 月,全国工商联发布"2016 中国民营企业 500 强"榜单,华为以 3 950.09 亿元的年营业收入成为 500 强榜首。[②] 2017 年 6 月 6 日,《2017 年 BrandZ 最具价值全球品牌 100 强》公布,华为名列第 49 位。[③] 美国《财富》杂志发布了最新一期的世界 500 强名单。华为以 785.108 亿美元营业收入首次打入前百强,排名第

[①] 华为官网. (2018). http://www.huawei.com, 最后访问时间 2018 年 8 月 15 日。

[②] 凤凰财经综合. (2016). 中国民营企业 500 强排行榜发布:华为第一万科第十. http://finance.ifeng.com/a/20160825/14798444_0.shtml?_zbs_baidu_bk, 最后访问时间 2018 年 8 月 15 日。

[③] 搜狐财经. (2017). 2017 BrandZ 全球最具价值品牌 100. http://www.sohu.com/a/146935245_460257, 最后访问时间 2018 年 8 月 15 日。

83 位。① 2018 年 2 月 23 日,沃达丰和华为完成首次 5G 通话测试。②

华为重视研发,逐渐发展出优秀的营销和研发团队,从最初的十几人扩大到如今的 18 万大军。经历三十年的迅速发展,华为凭借实力成为全球通信产业的龙头老大,在大量吸收西方管理经验的同时,依然怀抱着其独特的企业文化,保持高度的危机意识,积极开拓世界市场,目标早日成功实现其全球化经营战略。展望未来,华为轮值董事长胡厚崑表示:华为要坚持不懈的开放创新,以立于不败之地。未来十年,华为将以每年超过 100 亿美元的规模持续加大在技术创新上的投入,积极开放合作,吸引、培养顶尖人才,加强探索性研究,从而更好地使能数字化、智能化转型。

2 华为业绩

通过两组数据对比可以概括华为 30 年来取得的辉煌成就(图 1):华为从最初的 6 人创业团队发展扩张到目前 18 万员工;收入从 2.1 万元到现在 6 000 亿元,实现了三千万倍的增长。自 1995 年以来,企业收入在 20 多年间的持续增长堪称中国民企历史上的奇迹(图 2)。③

面对华为取得的巨大成就,华为的创始人任正非先生在内部的干部会上不止一次提到:华为没有成功,华为只是成长。

根据中商情报网,④ 中国企业联合会、中国企业家协会发布《2017 年中国制造业企业 500 强榜单》,华为在继 2016 年进入前十后,于 2017 年在中国制造业企业 500 强榜单上升至第四位。但是,根据华为 2013~

---

① 凤凰网科技.(2018).华为 2017 年年报发布:净利润 475 亿元,同比增长 28.1%.
② IT 之家.容承(2018).沃达丰和华为完成首次 5G 通话测试.https://www.ithome.com/html/it/348463.htm,最后访问时间 2018 年 8 月 15 日.
③ 搜狐科技.(2018).华为文化是狼性文化?这是全社会对我们最大的误解.http://www.sohu.com/a/214686379_358836,最后访问时间 2018 年 8 月 15 日.
④ 中商情报网.(2017).2017 年中国制造业企业 500 强:华为经营数据分析(附图表).http://www.askci.com/news/chanye/20170917/115757107881.shtml,最后访问时间 2018 年 8 月 15 日.

2017年间的营业收入统计（见图3）①，尽管华为在5年内实现了营业收入翻番，其净利润仅475亿元，利润率不足8%，依然无法跟腾讯和阿里高达20%以上的净利润率相比。

2018年3月30日，华为发布的2017年年报显示其全球销售收入6036亿元，② 同比增长15.7%。净利润475亿元人民币，同比增长28.1%。收入结构上，运营商业务收入以2 978亿元占比49.3%；消费者业务以2 372亿元占比39.3%；企业业务收入以549亿元占比9.1%（见图4）③。

对比往年的财报，华为企业业务已连续三年排在增幅首位。其支柱业务运营商从2016年开始表现出下滑趋势：2016年为23.6%，2015年为21.4%，2014年为16.4%，到了2017年首次出现增长幅度低于10%，仅为2.5%（见图5）。相反，由于华为大力投资研发上并独立开发应用处理器芯片，累积的知识产权，华为智能手机已畅销全球，其消费者业务高速成长，2017年，华为（含荣耀品牌）智能手机全年发货总量达到1.53亿台，全球份额稳居前三（图6）。

在全球市场方面，华为2017年报显示，其亚太市场收入增长，美洲市场出现消减，华为在中国、亚太、欧洲中东非洲市场分别增长了29%、10.3%、4.7%。虽然增长，但与2016年的增幅相比亦是大幅下滑，美洲市场更是出现负增长，下滑高达10.9%（2016年该市场增长13.3%）。华为各地区销售数据见图7。④

中国成为华为业绩的主要增长点，华为认为，中国市场受益于运营

---

① 朱茜．（2018）．十张图带你了解华为2017年财报看点 全球通信设备龙头华为"牛"在何．https：//www.qianzhan.com/analyst/detail/220/180410 – e7aadf00.html，最后访问时间2018年8月15日。

② 华为官网．（2017）．华为2017年年报 http：//www.huawei.com，最后访问时间2018年8月15日。

③ 百家号．（2018）．一张图读懂华为2017年报，销售收入突破6000亿！http：//baijiahao.baidu.com/s? id =1596422548075611593&wfr = spider&for = pc，最后访问时间2018年8月15日。

④ 市界，邹志庸，张洋，刘能．（2018）．华为员工平均年薪69万 8万人搞研发 任正非还有哪些管理绝招? http：//tech.hexun.com/2018 – 03 – 31/192751520.html，最后访问时间2018年8月15日。

商 4G 网络建设、智能手机持续增长以及企业行业解决方案能力的增强。美洲地区的下滑，是受近期美国对华为屡次加以限制，如 2018 年 3 月 22 日，美国知名电子零售商百思买迫于政府压力，放弃了与华为的合作，停售华为手机。先前美国运营商 AT&T 也终止了与华为在手机销售方面的合作。

最近几年，华为的运营效率在不断提升。从华为在 2017 年年报中，华为的存货周转天数由 2014 年的 100 天以上下降至 71 天，较 2016 年减少了 15 天。尽管这一数据包括了电信设备等周期较长的产品，但也反映国内手机厂商普遍在供应链端乏力，与苹果的存货周转天数在一周以内相比，还有很大提升空间。应收账款、应付账款周转天数也都减少了 10 天以上。企业的销售管理、费用率也从 16.6% 下降至 15.4%。

3 创新研发[①]

通信业是一个高投入高技术含量的行业。华为从创业至今，经过三十年的磨难，深刻体会到自主研发对于打造核心竞争力，保证企业可持续发展的重要性。竞争力表现在创新动力、创新能力、创新意识上。要想在市场上立足，必须实现不断地技术创新。华为总裁任正非认为，"不创新是华为最大的风险"。因此，华为始终坚持走自主研发的道路，并确定专注于通信核心网络技术的研究与开发。

3.1 研发投入

华为是一个十分注重技术研发的公司，在研发领域持续投入了大量资金。华为从公司创建之初始终坚持将销售额的 10% 作为研发资金，近年来研发费用占收入的比例更是增加到 15%；在过去的 30 年来，研发投入是公司利润的两倍。2016 年，华为在创新研发领域投入的资金首次超过 100 亿美元—在欧盟委员会发布的 "2016 年全球企业研发费用排行"

---

① 蔡勤．（2018）．华为三十而立 解读华为成长背后的故事．http://news.imobile.com.cn/articles/2018/0124/184063.shtml，最后访问时间 2018 年 8 月 15 日。

中,名列第八位;2017年,华为的研发资金增加至高达120亿美元——在"2017全球企业研发投入排行榜"名列全世界第六。①

2018年4月17日,华为在深圳举办以"构建万物互联的智能世界"为主题的第十五届全球分析师大会。华为轮值董事长徐直军在大会中谈到华为在过去的十年里(2008~2017年),华为累计研发投入达3 940亿元人民币,超过其他所有国内手机厂商之和。公司预计未来十年会保持每年基于销售收入15%左右的持续研发投入,用于支持华为以创新驱动未来发展的战略。② 据欧盟委员会2016年12月底发布的"2016全球企业研发投入排行榜",华为以83.58亿欧元(608亿元人民币)研发投入位居中国第一、世界第八,如表1所示。③ 华为的研发投入主要集中在电信领域,这确保了其大规模基础设施供应商的领先地位。

3.2 研究机构

华为早在1999年就已经在俄罗斯设立了数学研究所以进行基础性研发。随后,华为为吸引人才,在海外设立分支机构。其德国慕尼黑的研究所已拥有将近400名专家,其中近80%是本地专家。2001年开始,华为在美国硅谷和达拉斯的两个研究所挂牌,推进CDMA、数据通信和云计算的国际化研发布局。另一方面,因为欧洲是3G的发源地,爱立信是3G技术的领导者,华为在瑞典斯德哥尔摩设立了3G技术研究所。为推进射频技术开发,华为在该技术世界领先的俄罗斯的莫斯科建立了研究所。经历不断地发展与建设,现在的华为在德国、瑞典斯德哥尔摩、美国达拉斯及硅谷、印度班加罗尔、俄罗斯莫斯科、日本、加拿大、土耳其、迪拜、法国、中国的深圳、上海、北京、南京、西安、成都、杭州、

---

① 新浪科技(2017). 欧盟发"2017全球企业研发投入排行榜"华为进前十. http://tech.sina.com.cn/mobile/n/n/2017-12-14/doc-ifyptkyk4515732.shtml, 最后访问时间2018年8月15日.

② 砺石商业评论. (2018). 华为6036亿营收、475亿净利润背后:十年累计研发投入3940亿元. https://wallstreetcn.com/articles/3284926, 最后访问时间2018年8月15日.

③ 东亚财经, 东财君. (2016). 2016全球企业研发投入排行榜:大众第一、华为第八, 美日企业最重研发. http://www.ne-asia.com/archives/view-3186-1.html, 最后访问时间2018年8月15日.

重庆、武汉等地设立了 16 个研究所和 36 个联合创新中心。

3.3 研发人员

技术创新离不开创新性人才队伍建设。华为拥有全球规模最大的研发团队，并聘用了全球各地区科研人员从事研发工作。华为非常重视创新性人才的选拔和招聘，并以最优厚待遇吸引优秀的研发技术人才加盟。在其招聘网站上写道，"认真负责和管理有效的员工是华为最大的财富。尊重知识、尊重个性、集体奋斗和不迁就有功的员工，是我们事业可持续成长的内在要求"。在总人数 18 万人的华为员工中，接近半数为研发人员。除了建立研究中心，华为与全世界各地两百多所大学实验室及教授合作研发项目。

华为的研发团队组织结构发生过两次重大调整，从 1987 年至 1997 年的第一阶段，是华为创业的前十年，跟中国许多传统企业一样，华为对研发部门采用了职能式管理，分为中央研发、中试和生产三大部门，无项目管理，无可行的计划，无产品数据管理，无版本管理，无技术管理，无企业标准。从 1998 年到 2011 年，是华为进入弱矩阵管理阶段。虽然仍然保持中央研发、中试和生产三大部门，开始实施项目经理制，由项目经理负责产品的中央研发、中试和生产。华为在研发人才激励方面采取的"获取分享制"：作战部门根据经营结果获取奖金，后台支持部门通过为作战部门提供服务分享奖金，让人人都能分享到公司成长的收益。[①] 华为目前的人员管理结构为矩阵结构，即一个开发人员分别属于资源线和项目线。而诸多的资源线和项目线组成了一个人力矩阵。资源线按大的职能划分部门，诸如软件开发部，硬件开发部，资料开发部等。项目线为真正的项目开发作战单位，全面负责项目所需资源的调度，项目进度控制，项目状态汇报等。在项目开发前期由项目组向资源线协调人力，项目开发完成后，释放人力回资源线。华为项目管理中人员为三级结构：PM（Project Manager）、PL（Project Leader）及开发人员。

---

① 搜狐科技．（2017）．技术为王背后，华为腾讯如何激励研发人员主动创新？http：//www.sohu.com/a/208466673_247887，最后访问时间 2018 年 8 月 15 日。

创新是无形的，它不是一个简单的结果，也不仅浓缩在某个产品里，而是能真实体现一家公司的文化和远见。华为鼓励公司中的技术专家、科学家将二分之一的时间用于世界各地的"咖啡交流"，并通过这种无边界的思想交流为公司创新带来新的灵感。另外华为的高层相信，工程师只有在一个舒适的环境下工作才可能将效率提到最高。巨大的创新资金人力投入也为华为带来了技术领域的巨大突破：数据显示，从 2000 年开始，华为的专利申请趋势呈急剧增长趋势：截至 2017 年底，华为累计获得专利授权 74 307 件，其中 90% 以上为发明专利。仅 2017 年华为向欧洲专利局申请了 2 398 项专利，其专利申请数在全世界企业中排名第一。

华为通过校园招聘、社会招聘两种方式汇集自己所需的人才，而其中又将校园招聘作为主要方式，形成了华为特有的校招模式。华为通过校园招聘会宣传自己的企业形象，公司文化，扩大华为在应届学生中的影响，从而广纳贤才。经过笔试、面试和公司考察后的录用者进入公司后，华为为他们提供系统的培训。

华为为员工培训每年投资多达上亿，并编写公司特有的培训教材，从而让员工结合实际发生的案例理解华为的文化、产品、技术等方面。培训后公司会就培训结果进行严格的任职资格考试，考试通过的员工才能得到上岗机会；另外，培训结果也是公司考核体系中的重要因素，对员工在华为的职业发展、晋职加薪机会产生影响。

同时，华为将多元化战略实践于员工政策中，总数超过 15 万的员工中，华为拥有接近 3 万的外籍员工，这一数字随着华为全球化的脚步，仍在逐年增长。华为尊重不同员工群体的文化差异，推进管理和员工队伍的国际化，鼓励当地化管理原则。在北美、欧洲、日本等海外分公司，中高管大多为了解本地文化的外国人。随着华为越来越开放的对外政策，公司会更多聘用西方企业高管，帮助华为进一步打开海外市场。

值得一提的是，华为实行在中国史无前例的员工持股制度，华为员工持股比例高达 99%。华为通过实行员工持股计划进一步激励员工的工作热情,将公司发展与个人发展结合在一起,形成了有效的激励机制。[①]

3.4 研发领域[②]

华为聚焦全联结网络、智能计算、创新终端三大领域,在产品、技术、基础研究、工程能力、标准和产业生态等方面持续投入。

3.4.1 华为致力于把领先技术转化

在无线领域,华为发布了5G端到端解决方案,协助全球多个运营商在多个核心城市完成5G预商用部署。华为打造了未来无线网络三大基础能力:SingleRAN Pro、移动网络全云化和无线智能。2017年全球移动宽带论坛上,华为发布基于三大元素的5G目标网构架,帮助运营商构筑三位一体的2020时代移动网络多业务能力,共同促进移动产业的蓬勃发展,最终实现人人皆移动、万物皆互联、无线重塑全行业的美好愿景。

在网络领域,发布了智简网络(Intent-Driven Network),提出商业驱动、用户为中心的网络转型架构,包括了"智慧、极简、超宽、安全、开放"五大特征。

在软件领域,聚焦打造云化、服务化、开放的运营领域软件平台,持续提升开发集成及工程交付效率,支撑业务规模交付:融合计费系统(CBS)满足数字化物联网的转型需求;构建高可靠安全的移动支付解决方案,提供普惠金融服务;统一网管系统(Single EMS)打造统一的运维领域平台等。

在云核心网领域,致力于构筑联结管理、音视频、业务感知的智能管道三大核心能力,面向不同接入网络提供端到端的联结与音视频,基于差异化体验控制使能上层应用。

在网络能源领域,秉承"数字化、网络化、智能化"理念,华为坚持"硅进铜退"和"比特管理瓦特"的方向,融合电力电子技术、数字信息技术、通信技术与物联网技术,持续为客户提供有竞争力的产品与

[①] 搜狐科技.(2017).技术为王背后,华为腾讯如何激励研发人员主动创新?http://www.sohu.com/a/208466673_247887,最后访问时间2018年8月15日。

[②] 华为官网.(2018).http://www.huawei.com,最后访问时间2018年8月15日。

解决方案。

3.4.2 华为 IT 致力于成为智能时代云数据中心的创新者

在云计算领域，提供面向行业业务云化的系列化解决方案：

在人工智能与大数据领域，发布 EI 企业智能平台，并推出基于大数据、数据库、人工智能技术的分布式服务，帮助企业通过数据创新提升生产效率。在公共安全行业，推出"深圳城市交通大脑工程"，提升交通流量和交通违章自动识别的效率。在金融行业，推出融合数据仓库平台，降低数据仓库系统扩容成本，提升核心分析作业性能。华为已将人工智能技术广泛运用到自身的企业运营中，覆盖物流、客服、质检、风控等多业务场景。

在云存储领域，存储即服务（STaaS）解决方案旨在为客户提供云上云下体验一致的存储资源服务和智能的数据运维管理，实现数据流动，帮助企业加速存储服务全面云化转型。

在服务器领域，推出"无边界计算"战略，聚焦行业数字化、智能化转型需求。

3.4.3 华为云发挥软硬件协同优势

在计算领域，帮助企业把传统业务搬上云端；在存储领域，推出存储双活容灾服务，共享卷和云盘业界性能最佳；在网络领域，与中国电信联合发挥云网协同优势，推出云网融合产品，实现一键上云，使得客户数据中心到公有云通道的打通时间从几周优化到秒级；并在企业应用上云和云应用管理领域，在数据库领域，在企业智能领域，在安全领域，继续推动。

3.4.4 华为消费者业务

在智能手机领域，发布 HUAWEI Mate 10 系列产品，搭载集成专用神经元网络单元（NPU）的人工智能处理器麒麟 970，全面提高拍照、通话清晰度、高密度电池的快充、手机续航及手机流畅的等方面的指标。

在 PC 领域，发布了 MateBook X，通过结构优化设计，实现超窄边框，屏占比更高；采用先进散热材料与散热技术实现 PC 整机无风扇高效散热；联合杜比打造全景声音系统，为消费者创造很好的音效体验。

在智能穿戴领域，第二代智能运动手表 WATCH 2 实现独立连接 eSIM 技术，支持移动联通 4G 网络，并且应用心率连续监测算法及技术，指导健康的睡眠及运动。

3.4.5 理论研究

在未来网络理论研究领域有突破。例如，幂率排队的数学模型在理论上证明了无线业务类型与业务延迟、业务吞吐的关系；基于马尔可夫过程的概率网络模型，相比经典泊松和幂率的网络模型，新模型误差更低。

在网络技术研究领域，积极开展先进无线技术中长期研究，面向未来场景化的通信需求，开展无线新技术和新理论的探索和验证。积极探索终端智能化和企业智能化，在终端智能化交互和企业供应链智能化上取得进步。

3.4.6 合作共同推动 ICT 技术发展

华为创新研究计划（HIRP）2017 年在无线、网络、存储、终端等技术领域资助多个研究创新项目；与全球数学家、物理学家以及各专业学者开放合作，开展先进无线算法、未来网络架构等合作研究，利用基础理论解决 ICT 领域的发展和基础问题；面向公有云、网络智能化和运维智能化，开展云计算、数据管理以及人工智能等领域合作，探索在大数据环境下低时延、大带宽、大联结以及智能化应用等难题。

4 "狼性"企业文化[①]

在艰苦的创业环境和强大的竞争对手挤压下成长起来的华为，始终以企业文化、奋斗精神激励着公司不断前进。华为的成长史印证了华为文化、华为精神的强大性：从一无所有到成为全球第一大电信设备制造商，华为始终将企业文化贯穿于公司经营战略之中，并坚持华为精神对于产品研发、员工管理、到企业发展的积极作用。

---

① 王松柏. 华为的"狼群"战争文化. 2011-01-07.

华为的创始人任正非任的背景是一名军人，对军队有一种特殊的情怀。因此，任正非在华为对员工进行管理时，推崇的是军事化的管理。这逐渐形成了华为非常鲜明的一种军事文化，给外界极其深刻的印象。而"狼性"与军人精神是高度契合的。狼性文化一直是华为企业文化中重要的组成部分。所以华为就用军事文化来凝聚员工、来规范员工的行为，而用狼性文化去对员工的个性和精神进行鞭策，一个注重于行为规范，一个着重于精神塑造，两者可以说是相辅相成。华为的创始及成长阶段，正是依托着军事文化和狼性文化才能不断地成长、壮大，成长为一家世界级的名企。"狼性"一直是外界对华为文化的最形象概括，"狼性"文化对初创期的华为确实起到了不可磨灭的作用，但是经过多年的发展、补充和融合，这已经不能代表华为文化的全部。[1]

任正非曾说："发展中的企业犹如一只饥饿的野狼。狼有最显著的三大特性：一是敏锐的嗅觉；二是不屈不挠、奋不顾身、永不疲倦的进攻精神；三是群体奋斗的意识。同样，一个企业要想扩张，也必须具备狼的这三个特性。"这正是在短短三十年中迅速崛起的华为一直坚守者的"狼性"文化：在瞬息万变的市场中保持危机感；面对企业发展中的阻碍不屈不挠，坚持奋斗精神；提倡群体英雄主义、团队凝聚力。华为非常崇尚"狼"，认为狼是企业学习的榜样，要向狼学习"狼性"，狼性永远不会过时。作为最重要的团队精神之一，华为的"狼性文化"可以用这样的几个词语来概括：学习、创新、获益、团结。用狼性文化来说，学习和创新代表敏锐的嗅觉，获益代表进攻精神，而团结就代表群体奋斗精神[2]。

华为十分注重培养公司员工对于"狼性"文化的认同，将企业文化融入于公司管理的日常活动当中。公司有组织地对员工进行企业文化培训，培养员工的敬业精神、合作精神和奉献精神，加深全体华为人对于

---

[1] HR案例网．（2018）．深度解读华为的狼性文化．http：//www.hrsee.com/? id = 593，最后访问时间2018年8月15日。

[2] 百度百科．（2018）．华为企业文化．https：//baike.baidu.com/item/%E5%8D%8E%E4%B8%BA%E4%BC%81%E4%B8%9A%E6%96%87%E5%8C%96/5841005? fr = aladdin，最后访问时间2018年8月15日。

"狼性"精神的认同,将个人职业目标于企业利益结为一体。华为人以其特有的狼性精神,集体奋斗数十载,伴随着企业成长为今日的商业巨头。

华为的狼性文化的表现体现在以下四个方面①:

(1) 敏锐的嗅觉:对危机和机会的嗅觉。在外界对华为一片盛赞之下,任正非居安思危,在《华为的冬天》中阐述了华为面临的危机和挑战,以危机感警示员工居安思危,只有不断突破,在成功中挖掘进一步前进的机会,才是企业的可持续发展之道。这种危机预警能够让处于初创期的华为专注生产、注重研发和创新、不断进步,鼓励公司所有员工共同努力。华为的狼性文化希望员工能够有着敏锐的市场洞察力,及时发现市场环境的变化和市场机遇,并对市场做出快速响应。华为需要有狼性精神的营销人员,而且把他们打造成一支支由"狼群"组成的营销团队。

(2) 坚决服从。华为管理层的思想作风对企业的发展和定位影响深远,尤其创业初期,任正非的不少主张都得到了员工的认可,并带领公司员工和华为不断成长,这种服从型文化对统一企业战略目标和思想具有重要作用,能够提升企业凝聚力,让企业员工都朝一个方向努力。

(3) 团队凝聚力。华为的狼性文化是指销售队伍应该像狼群一样,以一股整体力量向外主动出击,赢取市场份额。为抢占目标市场可不惜一切代价,但对自己的团队,要胜则举杯相庆,败则拼死相救。团队合作不仅是跨文化的群体协作精神,也是打破部门墙、提升流程效率的有力保障。也就是那句"胜则举杯相庆,败则拼死相救"成为华为核心的价值观。

(4) 奋斗拼搏。华为的狼性文化在内外都有充分的演绎:面对外部竞争,华为一般采用凶狠的价格策略,例如,在于中兴通讯的竞争过程中,华为通过优势产品的利润补贴来弥补劣势产品,与竞争对手打价格战,不惜一切手段抢占市场份额,占据市场领先地位;华为狼性文化的

---

① HR案例网. (2016). 华为的企业文化之进化:超越狼性. http://www.hrsee.com/?id=386,最后访问时间2018年8月15日。

奋斗拼搏精神体现在研发战略层面上，当研发人员面临技术创新需求和工作困境时，不屈不挠，奋斗拼搏是公司对员工的警示和要求。

为了维护营销团队的"狼性"，不断激励销售部门和市场部门提升业务成绩，保证市场一线人员充满活力，华为市场前端的销售员工一般不会持续三年以上。这是由于当销售人员在同一岗位工作超过相对较长的时间后，对华为产品产生足够的了解，考虑产品竞争的优势和劣势，销售士气会有所减损。而刚刚经过培训的新员工往往充满雄心壮志，更能推动华为在产品市场上的销售额。

任正非对人性的深刻洞察，通过让基层有"饥饿感"、中层有"危机感"、高层有"使命感"的简单规则，打造出了一支敢打战，能打仗，打胜仗的狼性团队。让基层有"饥饿感"就是要让员工有企图心，有对奖金的渴望、对股票的渴望、对晋级的渴望、对成功的渴望（任正非语）。华为公司在招聘新员工的时候，很少招聘在大城市长大，家境富裕，衣食无忧，养尊处优的毕业生，公司尤其钟爱出生寒门的学生。任正非曾明确要求人力资源部门多招聘经济不发达省份的学生，他认为家庭困难的学生对改善自己的生存现状有强烈的渴望，这种渴望将会激发基层员工艰苦奋斗的精神；让中层有"危机感"就是要让中层有责任心，即以实现公司目标为中心为导向，对工作高度投入，追求不懈改进，去向周边提供更多更好的服务（任正非语）。华为对管理者实行严格的强制比例淘汰机制，每年至少有 10% 的管理者要下课，转为普通员工。华为公司还通过述职、业绩排名、岗位轮换、荣誉奖励、关键黑事件就地免职等机制传递压力给中层管理者。始终让小富即安的中间层觉得危机四伏，诚惶诚恐，唯有如此，才能克服人的惰性，驱动中间层持续奋斗；让高层有"使命感"就是要让高层干部有事业心。任正非用非常朴素的语言描述为："有钱也干，没钱也干，我就是爱干这活。"高层干部不能以物质利益为驱动力，而必须有强烈的事业心、使命感，这是一群已经完成了物质"原始积累"的精英团队，推动他们每日奋斗的是一种精神，一种源自本能的对事业的热爱和激情，非此别无其他。华为公司通过轮值 CEO 制度来强化高层的使命感。通过评定公司"蓝血十杰"来追认有历史贡献有使命感的干部，通过评定"明日之星"来牵引未来涌现更多有使命感的干部。管理学大师德鲁克基于企业特有的人、组织、分工的原理，预见未来企业规模持续扩大的趋势，提出有别于传统管理学的三大任务之一"确保工作富有生产力，并且使员工有所成就，产生效益"，将是未来企业组织运作时面临的最大挑战。华为管理如此庞大的商业组织，面对复杂的市场环境，还能让大象也跳舞，在中国历史上未曾有过。如何破解中国企业一大就失去活力、僵化、官僚的宿命？华为基于人性的、现实的、简单的管理实践，无疑为众多中国企业树立了可借鉴的成功典范。[①]

与公司的"狼性"文化相配合，华为采用矩阵式管理模式：公司内各职能部门相互配合，及时响应，极大提高了处理问题的效率。特别是销售团队、销售人员之间的相互配合使华为可以将供货等待时间缩短为短短四天，这样的合作效率极大地提高了客户满意度。

5 品牌形象

5.1 品牌定位

华为的创始人任正非先生是一名退伍军人，华为品牌名称的寓意是"中华有为"。华为坚持产品定位于中高端市场，希望凭借其强大的产品研发能力，树立高端品牌形象。华为总裁任正非曾提出，华为注重于在产品质量和服务水平上赶超苹果和三星，而非销售数量。在 2018 年的新年致辞中，任正非再次强调，应"专心致志盯着客户需求"，表示华为与苹果、三星仍有一定差距。在未来，除了继续对于高端市场的持续投入，华为将提高对于低端手机产品的重视，满足普通消费者的需要。另外，华为还将提升产品外观设计，不仅仅通过优质服务和产品功能吸引

---

① 搜狐财经．（2017）．为什么大家学不会华为的狼性企业文化？这篇文章点透了！http://www.sohu.com/a/146102161_365272，最后访问时间 2018 年 8 月 15 日。

客户，更要提升其外观及工艺设计方面的竞争力。①

在 Chnbrand 发布的 2017 年中国顾客满意度指数（C-CSI）品牌排名和分析报告中，华为首次超过苹果，荣获手机行业第一名，被评为"2017 年 C-CSI 中国手机行业顾客最满意品牌"。这主要得益于华为始终坚持对于产品质量的高要求高标准，使"质量可靠"成为华为品牌形象的重要标签。②

在国际市场上，华为注重树立高品质、高性价比的产品形象。从最初进入亚非拉等新兴市场中吸收经验，加速"本地化"的市场战略，积极应对来自发达市场的挑战。华为招收了大量当地员工，在海外设立研究所，虚心引进当地先进管理经验。华为在国际化进程中严格遵从联合国法律和美国法律，遵从市场所在国家地区的文化风俗，强调对所在国家或地区法律环境和文化认知的重要性。华为的海外分公司在发展市场的过程中要遵从所在国家的法律，要求员工主动适应当地风俗，从语言到生活习惯等方面适应所在市场的环境，以此高效率的响应当地客户的需求，提升服务质量。

依靠技术研发和产品质量方面的领先，华为在全球市场上的品牌形象得到不断提升。2017 年，华为在全球市场中的品牌知名度高达 85%；作为全球三大智能手机品牌之一，华为在英国知名品牌公司 BrandZ 2017 年评选出国外知名度最高的中国十大科技品牌中，位列第二名；2018 年，华为的品牌价值继续上升，在 Brand Finance Global 500 中位列第 25。③

---

① 新浪综合. 2018.01.04. 任正非新年首训话：华为要重视低端手机 大力扶持荣耀品牌走向海外. 2018.01.05. http：//finance. sina. com. cn/chanjing/gsnews/2018－01－04/doc-ifyqinzs8348384. shtml，最后访问时间 2018 年 8 月 15 日。

② 搜狐财头条，ZOL 中关村在线. 2017.10.12. 2017 中国消费者满意度大调查：华为斩获手机行业第一. https：//t. cj. sina. com. cn/articles/view/1747383115/6826f34b0340020t3，最后访问时间 2018 年 8 月 15 日。

③ Sina 财经头条，环球网. （2018）. 华为位列 Brand Finance 全球品牌价值榜第 25. https：//t. cj. sina. com. cn/articles/view/1686546714/6486a91a0200054p5，最后访问时间 2018 年 8 月 15 日。

5.2 品牌建设和管理[1][2]

品牌管理是通过有效监管控制企业品牌与消费者在之间的关系，制定出合理的品牌营销策略，吸引并刺激更多的消费者，最终形成企业品牌的竞争优势。华为一直致力于打造"最佳通信公司"的市场品牌形象。华为在做品牌时建设时选择了最难的一条路：从 B2B 到 B2C，从"白牌"到自有品牌，从低端品牌到全球高端品牌。"从一个 B2B 品牌转做 B2C 品牌，这在行业里还没有成功的先例，而华为品牌由低端到高端逆向发展的路径，也的确违背了通常品牌发展的规律，更不用说，一个中国品牌想在全世界取得成功，特别是在消费领域。这会非常难。"2016年年末，华为消费者业务 CMO 张晓云在接受《第一财经周刊》专访时剖析华为在品牌拓展上所面临的几大挑战。中国本土企业用了很多时间其实都是在做 marketing（市场营销），很少有谁真正做到 branding（品牌）的层面，华为在将二者区分开的道路上无经验可借鉴。在中国市场，华为品牌已经基本解决了认知度问题，需要提升的是影响力。而在海外消费者更为理性，需要由品牌拉动销量。华为背着"中国制造"的标签走出去，进入欧美这类成熟市场，首先承袭的就是"低质量"，"便宜货"的品牌印象，加之中国企业在全球技术产业界另外一个糟糕名声——"Copy to China"，华为想扭转海外市场的固有认知、塑造一个有创新力和科技感的优秀品牌形象，显然并非易事。

华为认为，虽然日韩也曾涌现不少成功的全球性品牌，但毕竟时移世易，现在从它们身上已经学不到什么太有用的东西。当年，日本品牌的崛起是抓住了精密制造的机会，而韩国的品牌成功进入海外市场，则受益于国家政策。此外，三星手机品牌的成长，与体育赞助密切相关，2000 年对奥运会的 TOP 赞助已达到 4 000 万美元，时任三星会长李健熙认为要让三星品牌尽快变得家喻户晓，成为世界顶级品牌，TOP 赞助是

---

[1] IT 业界第一财经周刊．(2018)．华为：对于做品牌这件事，自己选择了最难走的一条路．http://tech.qq.com/a/20170218/005573.htm，最后访问时间 2018 年 8 月 15 日。

[2] 杨媛媛，陈选至．(2015)．华为公司的品牌管理现状及对策研究．Value Engineering（价值工程）．26-27，最后访问时间 2018 年 8 月 15 日。

唯一的一条路。此后不断持续的体育赞助加明星代言，让三星在中国市场顺利取代诺基亚，进入品牌和销量的快速上升期。对华为来说，苹果仍然是"很好的学习对象"，苹果的品牌运营，显现出很多值得借鉴的内容，"比如它的文化层面，比如怎么更好地处理品牌认知，以及怎么通过漏斗再发散到不同的市场"。

华为在全球有五大市场分部，不同的区域完成不同的能力建设——伦敦优势在品牌管理，巴黎长于创意，新加坡则负责数据调研和处理分析。深圳的角色，是负责建立流程、标准和验收，即运营管控。

华为产品有一句口号"Make it Possible"（把不可能变为可能），华为选择品牌形象代言人的过程上，也多是围绕这句广告语策划故事。华为对代言人的选择也经历了不易察觉的转变，从一开始"大开大合"的方式，重在鼓舞人心，体现华为奋斗的精神，到2016年以来开始讲述普通人的情感。在手机品牌广告策划中，修改过20多个版本和细节打磨，华为《Be Present》品牌广告于2016年圣诞节推出。它描绘了一家人对手机的依赖，但是在圣诞节这一天，华为鼓励大家放下手机，跟亲情在一起。这支花费数月时间制作的《Be Present》广告，柔化了华为的形象，强调回归生活本身。视频在当地视频网站获得了几千万的浏览量，并成为2016年年底YouTube在欧洲地区最火的圣诞视频之一。在品牌的投入力度上，华为不断调整，往年会赞助欧洲的十余个俱乐部球队，2016年以来则大幅减少。华为意识到赞助做不到高效传播，并且当消费者更想了解你的故事时，赞助没法提供，只提供logo讲不了一个公司的故事。

6 市场扩张

6.1 概述[①]

华为在国际市场的开发，采用了农村包围城市的做法。面对激烈竞

---

① 参考网．（2017）．从华为跨国经营看中国民企的海外扩张之路．http://www.fx361.com/page/2017/1122/2494744.shtm，最后访问时间2018年8月15日。

争的通信产品领域，欧美跨国巨头分享着欧美市场的蛋糕，华为则去啃亚非拉市场的骨头。1995年，经过七八年的国内市场艰难创业，华为启动了拓展国际市场的漫长旅程，起点就是非洲和亚洲的一些第三世界国家。毗邻华为大本营深圳的中国香港，在地理位置上具有优势，成为华为国际化的试金石。1996年，华为与和记黄埔合作，为其提供固定网络解决方案。华为在这次与国际市场的接触中获得了宝贵的运作经验，并在产品和服务的质量上也提升了档次。在中国香港取得成功后，华为将目标转移到发展中国家市场，重点是发展潜力大的俄罗斯和南美市场。1997年，华为在俄罗斯建立了首家合资公司，采取的经营战略是本地化模式。

从2000年开始，华为开始在亚洲、中东、非洲等地区持续扩张。继在南非和沙特等相对比较发达的国家市场取得成功后，华为转向了被几大通信巨头霸占的欧洲市场。华为首先采取的策略是与欧洲本土较大的代理商建立合作关系，通过委托代理的方式将产品推入市场。2001年，华为产品进入德国、法国、西班牙、英国等国家。华为2004年开始面向发达国家的通信运营商开展通信设备销售活动。以英国通信运营商BT公司的采用为开端，在欧洲和日本成功拿到了订单。

在面向通信运营商的通信设备领域日渐构筑稳固地位的同时，华为还在扩大业务范围。例如强化了以智能手机为代表的消费者终端业务，以及提供数据中心和办公设备的法人ICT解决方案业务。面向消费者的终端业务之前一直以针对通信运营商的OEM/ODM生产为主。2009年前后，这一方针开始转换，强化了自主品牌的销售。2012年面向日美欧等发达国家投放了高端智能手机"Ascend"系列。

总体而言，华为的海外扩张遵循了距离上先近后远、技术上由易到难的规律。

6.2 华为的海外发展模式

直销方式：在进入国际市场初期，华为主要采取了直接派出销售人员与通信运营商沟通的直销方法，华为开创了一条被称之"新丝绸之路"的营销渠道，主动积极邀请国外客户到中国进行考察，了解华为所处的发展环境，促使客户消除对中国市场和产品的固有思想成见；华为还采取了产品试用的方式，为华为进军国际市场取得良好开端。以此为基础，华为逐渐在海外建立起分支机构，从最初的国际部全权负责海外业务，逐步建立起其独有的海外营销体系。

国际间战略合作（合资）：直销方式主要针对与中国市场情况相近的发展中国家市场，在发达国家市场更依靠产品和服务的质量。华为采取了与当地企业合作，以创建合资公司的方式打开市场。如在德国，华为与当地知名度高且有信誉的代理商合作；与西门子成立合资企业，针对中国市场开发 TD-SCDMA 移动通信技术。在美国，华为则与 3Com 成立合资企业，共同经营数据通信产品的研究开发、生产和销售业务。

成立海外研发机构（对外直接投资）：华为在海外创建了众多的技术研发中心，吸收全球范围的优秀研发人员，并拥有了国际领先技术的自主知识产权。华为在瑞典斯德哥尔摩、美国达拉斯及硅谷、印度班加罗尔、俄罗斯莫斯科等地设立了研发机构，通过跨文化团队合作，实施全球异步研发战略。

知名市场调研机构 Canalys 的最新报告显示，华为包括芬兰、荷兰、比利时、波兰、西班牙、意大利、捷克等欧洲主流国家市场份额均已超过 20%，东南亚、中东、非洲以及南美洲等地区保持高速增长。[①]

6.3 华为全球化战略[②]

华为在全球化扩张中主动接纳和融入由西方人所主导的全球商业秩序，在管理制度和流程方面"全面西化"。从 1996 年开始，华为先后聘请 IBM 等美国、英国的十多家咨询公司对华为进行研发、供应链、人力资源、财务以及市场体系的管理变革，这是华为能够在全球市场立足并

---

① 凤凰资讯.（2017）. 海外市场大有斩获：华为的世界扩张路，看一看 P10 就知道了. http：//news.ifeng.com/a/20170524/51153400_0.shtml，最后访问时间 2018 年 8 月 15 日。

② 参观华为，华为的全球化扩张有三个核心特征. http：//www.cghuawei.com/archives/12236，最后访问时间 2018 年 8 月 15 日。

获得成功的根本要素。

华为全球化扩张中遵守联合国法律和所在国家的法律。华为在巴西市场的开拓将近 20 年，累计亏损 13 亿美元，亏损的主要原因是对巴西法律环境缺乏认知。

华为全球化扩张中遵从当地文化。华为有一个道德遵从委员会，其主要职能就是引导和规范华为员工从语言、习俗、宗教、文化、乃至于生活习惯等方面主动适应和融入所在国家或地区。

华为的全球化理念是坚持不结盟主义，华为认为结盟是反开放的。任正非的观点是：左手打微软的伞，右手打思科的伞，没有永远的敌人和永远的朋友，华为要奉行合作主义。

6.4 美国市场屡屡遭受挫折

市场研究机构 Gartner 调查数据标明，华为在 2018 年第 2 季度的全球市场中的智能手机销量排在第三，销售量高达 4.04 亿部，市场份额超过 10%，达到了 10.5%（见表2）[①]。而排名第一的三星，市场份额和销量与去年同期相比都有所下降。

因为华为的产品定位于中高端市场，公司将市场战略重点集中于国内市场、欧洲市场和一直以来期望渗入的美国市场。正如其他的亚洲企业在初入西方市场时所遭遇的障碍一样，华为面临着许多因缺乏对西方市场的认知、文化差异而产生的挑战。

让华为的国际化进程更加困难重重的一特殊原因是，在相对敏感的电信行业中，华为总裁任正非的军队出身为公司披上了一层神秘色彩。尽管公司本身是私企，同时总裁任正非持有的股份很小，其实对国际扩张应该没有影响，然而由于特殊的产品性质，华为进军美国市场面临着非同寻常的挑战。

华为数次尝试进入西方市场，屡屡遭受挫折：2003 年，华为首次尝试进军美国市场，被卷入与思科的专利纠纷；2011 年，美国联邦政府阻

---

① 199IT. (2018). Gartner：2018 年 Q1 全球智能手机销量近 38.4 亿台. http://www.199it.com/archives/732713.html，最后访问时间 2018 年 8 月 15 日。

止华为收购3Leaf公司，声称华为会对美国产生安全威胁；2012年，澳大利亚政府同样以国家安全的名义禁止华为参加"国家宽带网络"（NBN）的竞标；同年，美国众议院情报委员会发布了对于华为的报告，称华为提供的通信设备用于间谍活动，严格限制华为在美国的经营活动；①② 2018年，华为与美国运营商AT&T的合作计划流产，AT&T受到联邦通信委员会的压力在合作尾声时宣布单方面解约③，华为进军美国再次受挫；2018年3月22日，更有消息传出，Best Buy已经停止采购华为智能手机，并将在未来几周内停止对华为产品的销售④。

虽然华为在进军美国市场的过程中屡遭挫折，但华为高层表示不会放弃美国市场，将继续投资并期望将销售量增至原有的两倍。华为将从两方面着手打开美国市场困局：第一，通过对高端产品降价使华为手机与三星、苹果相比更具有价格竞争力；第二，在美国市场新增销售低价产品以打开低端手机市场，通过高性价比产品抢占市场份额。

同时，为了进一步拓展全球市场，抢占市场份额，华为总裁任正非提出还需打开低端市场。华为在一些人口大国的市场份额较低，将继续扩张这些市场中的份额。据美国科技网站ZDNET3消息，华为计划将携带其入门高端产品重新返回巴西市场，目前正在与巴西政府和媒体进行沟通。在印度市场，华为印度消费业务集团副总裁2017年表示，集团的首要目标是在印度实现10%的市场份额。⑤

---

① 财新网（2017）．华为美国并购得与失．http：//opinion.caixin.com/2017-07-25/101121711.html，最后访问时间2018年8月15日．

② 百科互动．华为．http：//www.baike.com/wiki/%E5%8D%8E%E4%B8%BA，最后访问时间2018年8月15日．

③ 王云辉，新浪网（2018）．进击的华为 坎坷的"美国梦"．https：//top.sina.cn/zx/2018-01-11/tnews-ifyqqieu5809451.d.html?cre=tianyi&mod=wpage&loc=18&r=32&doct=0&rfunc=0&tj=none&tr=32&wm=，最后访问时间2018年8月15日．

④ 新浪科技（2018）．华为在美国再受打击：传零售商百思买将停售华为手机．http：//tech.sina.com.cn/t/2018-03-22/doc-ifyskeue5100032.shtml，最后访问时间2018年8月15日．

⑤ 新浪科技．2017.07.07．华为在印度调整价格 预计占据智能手机市场1/4份额．http：//tech.sina.com.cn/roll/2017-07-08/doc-ifyhvyie0556341.shtml，最后访问时间2018年8月15日．

6.5 战略合作

为实现全球化扩张，华为与 IBM 等欧美咨询公司合作，对公司的整个管理体制进行变革、全面西华，其范围包括了供应链、人力资源管理、市场销售、研发体系等各方面，使华为在管理制度和流畅方面做到与西方企业看齐，其组织结构和市场营销流程与国际接轨，从而更好地融入西方市场。

华为在全球范围内加强技术市场协作，与世界上 80% 的通讯公司建立合作关系，以开放、合作、共赢的理念制定了一系列合作计划，这其中包括了许多与华为存在竞争关系的国际化公司：西门子、IBM、德州仪器、英特尔、摩托罗拉等。

华为的合作伙伴可大致划分为三类：渠道伙伴；联盟伙伴；解决方案伙伴。此外，华为还加入了多个产业联盟，包括 eLTE 产业联盟；智慧城市产业联盟；VTM 解决方案联盟；和 FusionSpher 解决方案联盟；并作为联盟的重要成员积极支持各项活动。

华为的渠道体系分为两层：一级渠道伙伴涵盖了总经销商、一级经销商和华为云经销商。二级渠道伙伴则是包括金牌、银盘、分销金盘、分销银牌、分销电商和认证经销商（见图8）[①]。

华为的联盟伙伴包括 SAP，埃森哲；和软通动力信息技术有限公司。2005 年以来，华为和软通动力建立合作关系并逐渐建立起战略合作伙伴关系，共同构建了能效管理解决方案。2012 年，华为成为 SAP 第一个在中国的全球技术战略合作伙伴。通过引入 SAP HANA 实时应用平台，华为和 SAP 为市场提供了更高性能的业务平台解决方案。2014 年，华为与埃森哲签署战略联盟协议，借助埃森哲在数字资讯服务的能力和身后的行业经验，为客户提供创新解决方案。

华为的解决方案伙伴计划主要针对独立软件开发商和独立硬件供应商；华为向其提供技术、设备、营销等方面的支持，以实现在不同行业、

---

① 华为官网，http://e.huawei.com/cn/partner/become-a-partner，最后访问时间 2018 年 8 月 15 日。

产品领域的互利共赢。①

7　结束语

  华为作为中国民营企业的成功代表，以企业精神激励着公司不断前进，坚持走自主研发的道路，并通过在管理制度和流程方面的灵活改造，经过三十年的发展壮大，成长为世界市场上国际化大企业。华为在自主研发和产品创新方面取得的成功，尽管帮助公司在亚非拉和欧洲等地占领了相当大的市场份额，却没有在美国市场上获得一张通行牌。为保证企业可持续发展的重要性，树立良好的品牌形象，加强企业文化对华为发展的积极作用，建立更多合作共赢的企业合作关系，华为应该如何在包括美国市场之内的世界市场上继续谱写他的成功故事？

---

① 华为官网, 2016. 华为企业业务解决方案伙伴计划, https://www.huawei.com/cn/press-events/news/2016/9/Huawei-Enterprise-Solution-Partner-Program, 最后访问时间2018年8月15日。

扩张美国屡次受挫,华为将如何应对?

附　录

附录一:

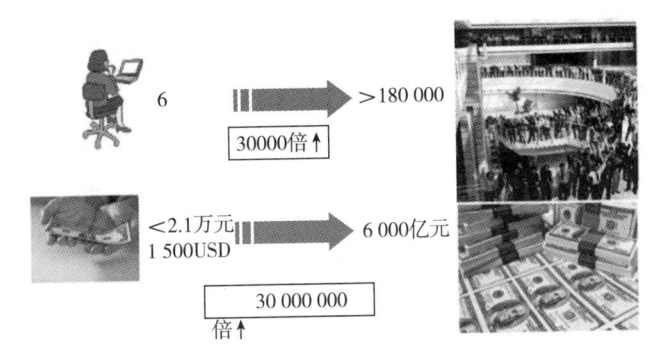

图1　华为发展两组数字

资料来源:http://www.sohu.com/a/214686379_358836. 最后访问时间2018年8月15日。

附录二:

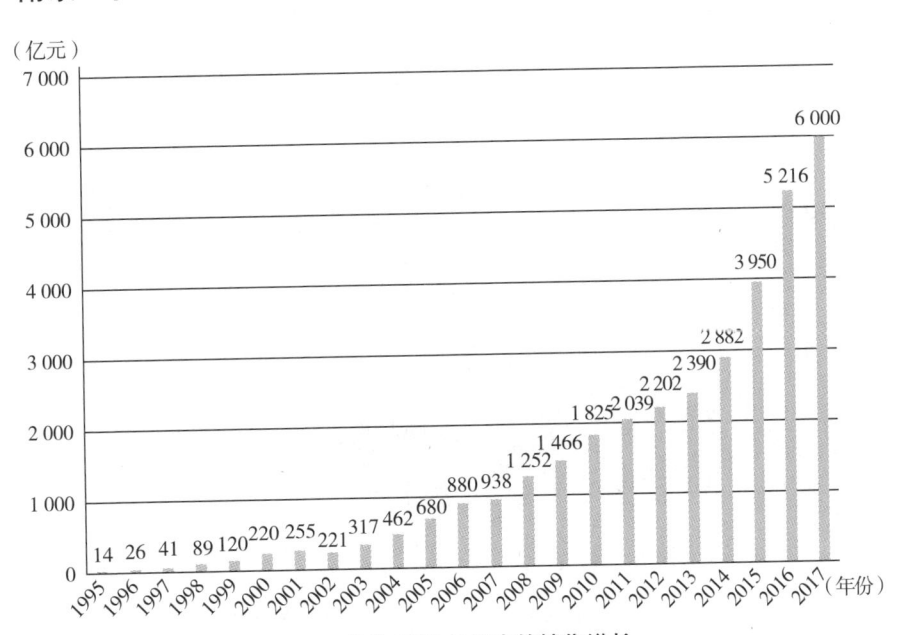

图2　华为1995年以来的销售增长

资料来源:http://www.sohu.com/a/214686379_358836,最后访问时间2018年8月15日。

附录三：

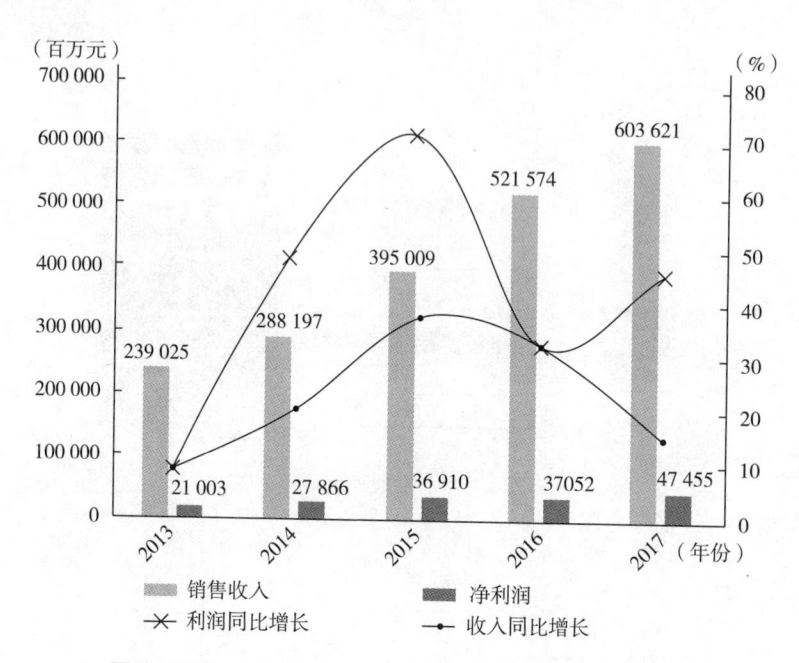

图 3 2013~2017 年华为 5 年销售收入及净利润增长走势

资料来源：朱茜，https://www.qianzhan.com/analyst/detail/220/180410-e7aadf00.html，最后访问时间 2018 年 8 月 15 日。

附录四：

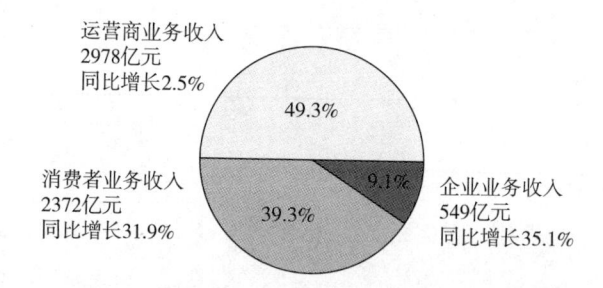

图 4 华为 2017 年收入结构

- 运营商业务收入 2978 亿元 同比增长 2.5%（49.3%）
- 消费者业务收入 2372 亿元 同比增长 31.9%（39.3%）
- 企业业务收入 549 亿元 同比增长 35.1%（9.1%）

资料来源：百家号，http://baijiahao.baidu.com/s?id=1596422548075611593&wfr=spider&for=pc，最后访问时间 2018 年 8 月 15 日。

扩张美国屡次受挫，华为将如何应对？

附录五：

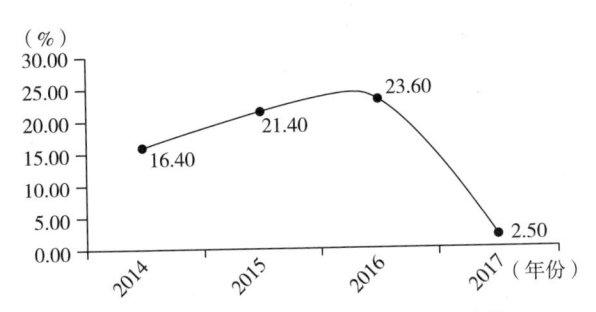

图5 2014～2017年运营商业务增速走势

数据点：2014年 16.40%，2015年 21.40%，2016年 23.60%，2017年 2.50%

资料来源：朱茜，https://www.qianzhan.com/analyst/detail/220/180410-e7aadf00.html，最后访问时间2018年8月15日。

附录六：

表1 2017年全球手机销量榜

品牌	2017年出货量(百万部)	2017年市场份额(%)	2016年出货量(百万部)	2016年市场份额(%)
三星	317.3	21.60	311.4	21.10
苹果	215.8	14.70	215.4	14.60
华为	153.1	10.40	139.3	9.50
OPPO	111.8	7.60	99.8	6.80
小米	92.4	6.30	53.0	3.60
其他	577.7	39.50	654.5	44.40
总计	1472.4	100.00	1 473.4	100.00

资料来源：朱茜，https://www.qianzhan.com/analyst/detail/220/180410-e7aadf00.html，最后访问时间2018年8月15日。

附录七：

单位：百万元

	2017年	2016年	同比变动
中国	305 092	236 512	29.0%
欧洲、中东、非洲	163 854	156 509	4.7%
亚太	74 427	67 500	10.3%
美洲	39 285	44 082	10.9%
其他	20 963	16 971	23.5%
总计	603 621	521 574	15.7%

饼图数据：
- 中国 305 092 ↗29.0% 50.5%
- 欧洲中东非洲 163 854 ↗4.7% 27.1%
- 亚太 74 427 ↗10.3% 12.3%
- 美洲 39 285 ↘10.9% 6.5%

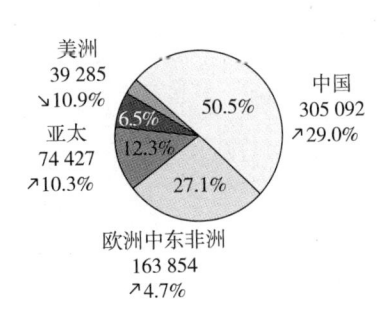

图6 华为各地区销售数据

资料来源：邹志庸，张洋，刘能. http://tech.hexun.com/2018-03-31/192751520.html，最后访问时间2018年8月15日。

附录八：

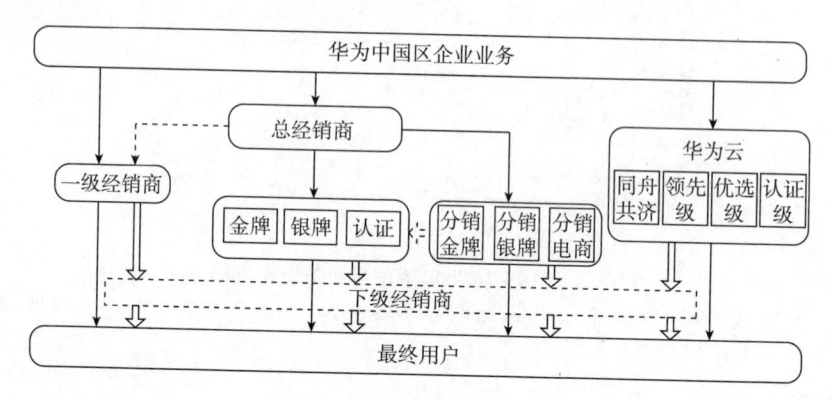

图7 华为渠道体系介绍

资料来源：华为官网，http://e.huawei.com/cn/partner/become-a-partner，最后访问时间2018年8月15日。

附录九：

表2　　**2016年全球企业研发投入排行榜TOP10**

全球研发投入排行榜TOP10		
排名	企业名称（国家）	投入额度（亿欧元）
1	大众汽车（德国）	136.12
2	三星电子（韩国）	125.28
3	英特尔（美国）	111.40
4	谷歌（美国）	110.54
5	微软（美国）	110.11
6	诺华（瑞士）	90.02
7	罗氏（瑞士）	86.40
8	华为（中国）	83.58
9	强生（美国）	83.09
10	丰田汽车（日本）	80.47

资料来源：东亚财经，http://www.ne-asia.com/archives/view-3186-1.html，最后访问时间2018年8月15日。

附录十：

表3　2017年第4季度全球市场中的手机销量

Worldwide Smartphone Sales to End Users by Vendor in 1Q18(Thousands of Units)

Vendor	1Q18 Units	1Q18 Market Share(%)	1Q17 Units	1Q17 Market Share(%)
Samsung	78 564.8	20.5	78 776.2	20.8
Apple	54 058.9	14.1	51 992.5	13.7
Huawei	40 426.7	10.5	34 181.2	9.0
Xiaomi	28 498.2	7.4	12 707.3	3.4
OPPO	28 173.1	7.3	30 922.3	8.2
Others	153 782.1	40.1	169 921.1	44.9
Total	383 503.9	100.0	378 500.6	100.0

资料来源：199IT，http：//www.199it.com/archives/732713.html，最后访问时间2018年8月15日。